U0074114

中國現代文學

第三十八期

中國現代文學學會

《中國現代文學》半年刊編審委員會

編審委員（以姓氏筆劃為序）：

王德威（哈佛大學東亞及語言文明系講座教授）
江寶釵（中正大學台灣文學研究所教授）
呂正惠（淡江大學中文系教授）
李瑞騰（中央大學中文系教授）
李　怡（四川大學文學與傳播學院教授）
林鎮山（加拿大雅博達大學東亞系教授）
邱貴芬（中興大學台灣文學與跨國文化研究所教授）
洪淑苓（台灣大學中文系教授）
范銘如（政治大學台灣文學研究所教授）
浦忠成（東華大學民族事務與發展系教授）
張中良（上海交通大學中文系教授）
張堂錡（政治大學中文系副教授）
陳平原（北京大學中文系教授）
陳思和（復旦大學中文系教授）
陳國球（香港教育學院中國文學講座教授）
陳大為（台北大學中文系教授）
程光煒（中國人民大學中文系教授）
楊聯芬（中國人民大學中文系教授）
黎湘萍（中國社會科學院文學所教授）
嚴紀華（中國文化大學中文系教授）

第三十八期編輯委員

王德威　陳國球　黃英哲　陳大為　鍾怡雯　劉秀美　高嘉謙

中國現代文學　第三十八期
2020 年 12 月

目　次　·　第三十八期

中國現代文學　第三十八期
2020 年 12 月

Contents • No.38

Monograph

Common paper

中國現代文學　第三十八期
2020 年 12 月 1-2 頁

本土香港

近年來香港文學在本土意識方面的討論越來越熱，本土香港可以是很狹義的排除一切，也可以很廣義的容納更多看起來無關，其實另有玄機的議題。樊善標〈讀書、政治與寫作——從《日記》看一九四九年後的葉靈鳳〉鎮定了已故老作家葉靈鳳（1905-1975），上海出身的葉靈鳳曾為創造社成員，1938 年來香港定居，後半輩子的寫作完全屬於英殖民時代的香港文學，他更歷經了香港淪陷期、見證了「六七暴動」，也看到彼岸文革的起落。本文根據《葉靈鳳日記》重新研讀了葉靈鳳如何協調讀書人、愛國者、作家這三個身份，並討論眾多評論家對他的詮釋或誤讀，最終也回應了《香港方物志》究竟是把香港收編進大中原，還是代表「香港認同」的爭論。樊善標在文末說了一段很有意思的話：「『本土』在很多人心目中是一個地方，但葉靈鳳很可能會說他的『本土』是書本。這對於愈來愈關注『本土身份』的我們，未嘗不是一種提醒。」

西西（1937-）也是上海人，1950 年來港定居，比葉靈鳳晚一個世代。1950 年以後的香港不但是華人世界最自由的地方，真正的自由中國，更像一塊無疆界的海棉在吸收當代西方文學與文化思溯。趙曉彤〈從電影到文學的存在主義：論西西〈象是笨蛋〉〉，同時從文學和電影文本，重探西西〈象是笨蛋〉複雜的存在主義思想來源和表現。很多讀者會忽略西西的影評人身份，要完整討論西西的閱讀史或成長史（尤其她對存在主義的吸收和轉化），少不了電影。存在主義影響了西西的小說創作，也滋潤了香港文化。誠如趙曉彤所言：〈象是笨蛋〉複雜的「存在主義」省思，明顯結合了西西通過電影及書刊文化所得，回應著她身處的時代及社會，以及她對現實的關懷，當可作為重估西西「存在主義時期」的重要參考。

跟西西至少隔了兩、三個世代的李維怡（1975-），卻是當前香港文壇少數具有明顯左翼立場，並以現實主義小說為本的 70 後小說家。郭詩詠在〈鬼魅的現實：論李維怡小說與現實主義論述〉裡指出：李維怡有些小說遊走於現實與幽冥之間，通過虛實莫辨的靈異元素，建構了一個人鬼混雜的倫理世界，所以本文不得不把（看似）格格不入的鬼魅和現實主義結合在一起談，如此才能更精確的詮釋李維怡的寫作路數。在郭詩詠看來：「無論是取法於盧卡契、加洛蒂，還是轉化中國傳統鬼故事，李維怡的寫作實踐總是讓人看到她理解他人、介入現實、改變世界的初心」。

本輯最後一篇是有關香港都市文學的宏觀論述。王家琪在〈香港文學的都市論述及其邊界〉裡探討了都市的界定，再從後殖民、都市文化、現代主義思潮來了解香港都市的文化構成。王家琪在都市理論層面的建構，可作為香港都市文學研究的一塊重要基石，文中所述的各時代香港都市文學的演變，因此有了更清晰的依據。更重要的是，好在論文裡提

出幾點思考，並嘗試「反思都市文學與特定文學形式的聯繫，文學作品對都市的態度為何及應否作為其本土身份認同的表現，都市以外香港其他類型景觀的書寫，以及反思都市論述在時間和空間上的『限度』或者說『邊界』應該如何釐定」，這個提問很好，但我們恐怕不能從香港來看香港，若把視野放大到倫敦或巴黎，即可解決「『都市性』還能否視為香港的特點的問題。

國立台北大學中文系教授　陳大為
元智大學中語系教授　鍾怡雯

中國現代文學　第三十八期
2020 年 12 月 3-26 頁

讀書、政治與寫作
——從《日記》看一九四九年後的葉靈鳳*

樊善標**

摘要

　　葉靈鳳成名於上海，1938 年三十三歲起長居香港，直至去世，歷經二十世紀香港最動盪的幾個時段：一九四〇年代的「淪陷時期」、1949 年的中華人民共和國建立、1967 年的「六七暴動」。葉靈鳳給後人留下兩個頗不和諧的印象：愛國反殖的民族主義者、淵博淡澹的隨筆作家。本文借助新近整理出版的《葉靈鳳日記》以了解葉靈鳳讀書人、愛國者和作家這三個身份的顯隱和衝突，以及他怎樣努力地協調於其間。正是這種協調催生了葉靈鳳最具開創性的《香港方物志》隨筆系列，也解釋了他為何長期留在不喜歡的工作崗位。在近二、三十年的香港文學研究裡，「本土意識」顯得愈來愈重要，有時可能簡化了歷史的面貌。重探葉靈鳳的生平和寫作，可以提醒我們不宜低估現實裡集體與個人、政治與藝術等關係的複雜性。

關鍵字：葉靈鳳、香港文學、日記、隨筆

---

* 感謝許迪鏘先生分享資料及高見，張詠梅博士、香港文學大系工作人員在材料蒐集上的幫助，以及兩位隱名評審人的指正。
** 樊善標，香港中文大學中國語言及文學系教授。

Reading, politics and writing:
Understanding Ye Lingfeng after 1949 through his *Diary*

Sin-Piu Fan***

Abstract

Ye Lingfeng became famous in Shanghai and lived in Hong Kong at the age of 33 in 1938 until his death. He experienced the most turbulent periods of Hong Kong in the twentieth century: the Japanese Occupation in the early 1940s, the founding of the People's Republic of China in 1949, and the "1967 Riot". Ye left two rather discordant impressions for us: a patriotic and anti-colonial nationalist, and a scholarly and gentle essayist. This paper uses the newly published The *Diary of Ye Lingfeng* to understand the three identities of Ye Lingfeng, namely, a scholar, a patriot, and a writer, and how he worked hard to negotiate among them. It is this kind of negotiation that gave birth to Ye's most groundbreaking series of essays on "Hong Kong Local Records", and also explained why he stayed in a job he didn't like for a long time. In the recent 20 to 30 years of Hong Kong literary research, "local consciousness" has become more and more important, and it may sometimes simplify the face of history. Revisiting Ye's life and writing can remind us that we should not underestimate the complexity of the relationship between collective and individual, politics and art in reality.

Key words: Ye Lingfeng, Hong Kong literature, diary, essay

*** Sin-Piu Fan : Professor, Department of Chinese Language and Literature, The Chinese University of Hong Kong.

一、前言

　　葉靈鳳（1905[1]-1975）成名於一九二〇年代的上海，後半生長居香港。[2]現在的讀者提到葉靈鳳，往往泛起兩個印象：愛國反殖的民族主義者、別具風格的隨筆作家。前者來自他蒐集史料撰文揭露香港被英國侵佔的經過、念念不忘要把珍藏的《新安縣志》捐獻給國家等事；[3]後者則體現於「從文藝角度擴展了地方風物描述本身的知識意義」、「蘊藉而淡澹的書話文風」，以及追懷舊事舊物時「從容而真摯的情懷」。[4]這兩個形象其實有點衝突。如果葉靈鳳在痛恨的殖民地生活了近四十年，淡澹從容的隨筆又是在怎樣的心態下寫出來的？在那敏感的時空裡，他如何應付集體與個人、政治與藝術的衝突？近二、三十年間「本土意識」在香港文學研究中顯得愈來愈重要，有時卻可能簡化了歷史的面貌。重讀一位如此「古遠」以致「本土意識」可疑的作者，或可令我們再度注意現實的複雜性。

　　最近整理出版的《葉靈鳳日記》（以下簡稱《日記》），讓我們有機會窺探葉靈鳳不為人所注意的面向。《日記》一直由家屬保管，多年前報人及作家羅孚曾撰文簡介，引錄了一部份。[5]其後香港文學研究者盧瑋鑾、張詠梅獲授權整理，2020 年正式出版。[6]《日記》由 1943 年起，至 1974 年止，整理者徵得家屬同意，所有內容不作刪節。[7]然而保存下來的日記本來並不完整，大致上每天都有記事的是三段時間：1949 年 9 月至 1953 年 2 月、1967 年 3 月至 1970 年 12 月、1973 年 1 月至 1974 年 5 月，中間仍有輟筆，總計僅約七年。[8]但

1　有些資料說葉靈鳳生於 1904 年。此處據趙克臻〈葉靈鳳簡介〉，葉靈鳳，《葉靈鳳日記・別錄》（香港：三聯書店〔香港〕有限公司，2020），頁 vii。趙克臻是葉靈鳳的妻子。

2　葉靈鳳 1938 年起在香港長居，經歷了 1941 至 1945 年由日本統治的「淪陷時期」，直至 1975 年去世。葉靈鳳多年老友、也是葉氏遺著重要編者的羅孚有一篇〈葉靈鳳的後半生〉，收於絲韋（羅孚）編，《葉靈鳳卷》（香港：三聯書店〔香港〕有限公司，1995），頁 346-352。

3　前一事可參考了丁新豹為葉靈鳳，《香港的失落》（香港：中華書局[香港]有限公司，2011）所撰的〈導讀〉（頁 xiii-xv）。該書由羅孚編選，初版於 1989 年，丁新豹的〈導讀〉在 2011 年再次出版時增入。後一事見絲韋，〈葉靈鳳的後半生〉，《葉靈鳳卷》，頁 349。當然，葉靈鳳在淪陷時期為日本政府工作的「落水事件」也引起了長期的爭論，近年認為葉靈鳳清白的看法較佔上風，可參盧瑋鑾、鄭樹森、熊志琴，〈淪陷時期香港文學及資料三人談〉，盧瑋鑾、鄭樹森主編，熊志琴編校《淪陷時期香港文學資料選（一九四一至一九四五年）》（香港：天地圖書有限公司，2017），頁 11-14。趙稀方則仍持相反意見，參趙稀方，〈視線之外的葉靈鳳〉，《報刊香港：歷史語境與文學場域》（香港：三聯書店〔香港〕有限公司，2019），頁 186-207。歷史的秘辛往往難以完全洞悉，本文只是說葉靈鳳在後人眼中留下了愛國的「印象」，而愛國在具體的時空裡又有其政治意涵，詳見下文第三節。

4　這是陳智德對葉靈鳳有關地方風物、中外圖書、故土往事三類小品的評語，見陳智德，〈導讀：葉靈鳳散文敍論〉，葉靈鳳著、陳智德編《香港當代作家作品選集・葉靈鳳卷》（香港：天地圖書有限公司，2017），頁 18。

5　羅孚，〈葉靈鳳的日記〉，《書城》5（2008.5），頁 53-56。

6　盧瑋鑾箋，張詠梅注，《葉靈鳳日記》（香港：三聯書店〔香港〕有限公司，2020）。

7　盧瑋鑾、張詠梅，〈編後記：出版的緣由〉，《葉靈鳳日記》下冊，頁 371。

8　中斷的時間是 1950 年 3 至 12 月、1969 年 8 至 12 月中、1973 年 4 月下旬至 8 月中旬。1950 年是因為接到戴望舒在北京病逝的靈耗，過度傷心，1969 及 1973 年則是由於健康問題，見 1950 年 12 月 31 日、1969

這三段時間分佈在中華人民共和國建國之初、在香港引起極大衝擊並影響深遠的「六七暴動」,[9]以及暴動餘波漸平的時候,對考察葉靈鳳因時世改易而引起的心態變化至為重要。[10]

《日記》的記事環繞閱讀、寫作、編輯等事情,旁及家庭和社交生活,詳細程度超過眾所周知的《魯迅日記》,但比不上葉靈鳳老友、也是左派文化人陳君葆的日記。[11]不過陳君葆是學者,葉靈鳳是作家,葉氏的日記對了解當時寫作人的處境和心態有更直接的幫助。

日記本質上記錄了寫作者的主觀視點、私密想法,但不一定完全坦白。從《日記》中披露兒子欠債、女兒離家出走之類的「家醜」看來,葉靈鳳應該是不準備發表的,但細讀全部《日記》,又可發現有不少似乎是有意留白之處。[12]事實上即使不準備出版的日記,也並非只為個人備忘,因為記事就是一種私下面對、塑造,以至解釋自我的行動,如有隱諱迴避,或許是恐防萬一有人讀到,也可能因為無法直面自身。對讀者來說,這種日記是通向記事者內心的羊腸小徑,可以循此體察人生路上的抉擇和猶疑。

《日記》有助突破目前葉靈鳳研究的瓶頸,還有另一個原因。葉靈鳳定居香港後,主要發表場地是報紙副刊,只有少部份作品編集成書。但無論作者親手編訂,或去世之後由其他人輯集,都極少標明最初發表的日期和園地。[13]論者從單行本看葉靈鳳,既難發現變化的趨勢,也無從想像未入集作品的面貌。《日記》裡大量關於寫作和發表的記事,提供了重要的線索,讓我們知悉葉靈鳳不同時期的心態,以及後來形象的嬗變痕跡。

年 12 月 19 日及 1973 年 4 月 19 日的日記。扣除這三段時間,約為七年一個月。其他年份中,1946 及 1947 年有幾個月記得較頻密,但仍只是數日一記。1947 年 7 月起本來接近每天都有記事,但 19 日次女夭折,日記又告中輟,直至 1949 年 4 月初。見 1947 年 7 月 19 日的日記。1962 年只記了一日,1965、1966 兩年只記了幾次回中國大陸的行程,1954 至 1961 年、1963 年、1971 至 1972 年沒有日記。盧瑋鑾推測可能是遺失或根本沒有記,見《葉靈鳳日記》下冊,頁 370。

[9] 「六七暴動」指 1967 年由中國派駐香港的幹部及在港左派工會、社團發動的反香港政府運動,一般認為源於中國大陸的文化大革命,運動高潮中出現了武裝衝突及炸彈傷人等事件,故香港政府宣布為暴動,左派則稱之為「反英抗暴」。可參考張家偉,《香港六七暴動內情》(香港:太平洋世紀出版社有限公司,2000)、張家偉,《六七暴動──香港戰後歷史的分水嶺》(香港:香港大學出版社,2012)、余汝信,《香港,1967》(香港:天地圖書有限公司,2012)、程翔,《香港六七暴動始末──解讀吳荻舟》(香港:牛津大學出版社,2018)。為保持行文中性,以下簡稱為「六七」。

[10] 1949 年前,葉靈鳳也經歷了幾次大變,但《葉靈鳳日記》中材料非常有限,故不納入本文的討論中。

[11] 謝榮滾主編,《陳君葆日記全集》(香港:商務印書館〔香港〕有限公司,2004)共七卷,包括 1932 至 1982 年的日記。陳、葉二人交往密切,陳君葆所記的事情和感想往往比葉靈鳳詳細,為研究葉靈鳳提供了不少線索。

[12] 本書的特約編輯許迪鏘也認為《日記》「不是為了將來出版而寫,但白紙黑字寫下來,就有機會公開,葉靈鳳至少有這方面的自覺」。他指的是在香港淪陷時期的經歷,葉靈鳳寫得非常簡約。但其他時段似乎也有故意從略的痕跡。參許迪鏘,〈葉靈鳳的最後三十年〉,《城市文藝》15.3(2020.6),頁 79。

[13] 葉靈鳳手定的單行本創作集包括《香港方物志》(1958)、《文藝隨筆》(1963)、《香江舊事》(1968)、《北窗讀書錄》(1969)、《晚晴雜記》(1970)、《張保仔的傳說和真相》(1970)。逝世後由羅孚編集的包括《讀書隨筆》共三集(1988)、《香港的失落》(1989)、《香海沉浮錄》(1989)、《香島滄桑錄》(1989)。以上各書後括弧裡的是初版年份,但筆者並未全部得見。〈《文藝隨筆》後記〉:「寫得最早的一篇和寫得最近的一篇,時間的間隔至少在十年以上」;〈《北窗讀書錄》校後記〉:「有的是近一兩年寫的,有的已經是十年以前的了」,見陳智德編《葉靈鳳卷》,頁 272、201。本文引用葉靈鳳作品儘量取自陳智德所編書,以其現時較易取得,有需要時補充說明原來所入文集或發表日期。

　　可是假如只有日記原文，要研究上述問題仍是非常困難的，這裡必須感謝兩位整理者聯同編輯團隊，下了非常大的工夫，增益了《日記》的史料價值。盧瑋鑾統籌整個出版計劃，並「搜求多種已刊及未刊資料，對日記涉及之人、地、書、文提供背景介紹或說明，或探索及分析日記中『微言隱義』，並據親身經歷提出個人獨到的見解」，這些文字以「箋」的名義繫於《日記》原文各處；張詠梅則「以頁下注形式，提供時事旁證、人物簡歷、店鋪所在、書刊版本等資料」，而對本文尤其有用的是，「日記中提到專欄文章、曾看電影、時事新聞，均盡量查找相關報刊，一一標明出處」。[14]《日記》後附《別錄》一冊，匯集相關圖片，與原文互相印證。

　　1949 年後葉靈鳳發表隨筆散文的報紙，主要是《星島日報》、《大公報》、《新晚報》，此外還有《新生晚報》、《文匯報》等。各報都有顯微膠卷，但只有《大公報》拍攝效果較佳，其餘各種除了標題尚算清晰，往往難以全文通讀。因此，除非從目前未知的途徑獲得各報紙本，否則要大規模重讀葉靈鳳作品的初刊版本是不可能的。在這種情況下，經過整理的《日記》幾乎可說是了解葉靈鳳較原真面貌的唯一憑藉了。

二、讀書人葉靈鳳

　　《日記》中買書和讀書的記事極多，其實葉靈鳳在上海時已有藏書家的聲譽。[15]黃蒙田與葉靈鳳在香港時相往來，據他歸納，葉靈鳳藏書的範圍包括「中西美術、西洋文學、史地文物、古典筆記、地方誌、民族和民俗風土等，每一類中的方面很廣，有些很冷門」。[16]但葉靈鳳不止藏書，還大量閱讀。他喜歡冷僻的書，[17]並非為了賞玩版本，而是求知的熱切。有兩個例子可以證明。《日記》1950 年 1 月 13 日：

---

[14]　《葉靈鳳日記》上冊，頁 ix。經張詠梅核對，葉靈鳳的筆名多達七十個，較之羅孚提供的十七個，多出數倍。張詠梅認為「可能是他〔葉靈鳳〕當〔《星島日報・星座》〕編輯時為了填滿版面和賺取稿費，只好用不同筆名在同一版面上發表文章。」這些新發現的筆名令人必須重新評估葉靈鳳和《星島日報・星座》的面貌。見絲韋（羅孚）編，《葉靈鳳卷》，頁 307；《葉靈鳳日記》下冊，頁 376。

[15]　當時藏書約有一萬冊，並在《辛報》上撰寫《讀書隨筆》專欄。後來上海被日軍攻陷，藏書散失，《讀書隨筆》則在 1946 年由上海的上海雜誌公司出版。參葉靈鳳，〈我的藏書的長成〉，陳智德編《葉靈鳳卷》，頁 304-305；陳子善，〈《讀書隨筆》的版本和遺文〉，《撈針集——陳子善書話》（杭州：浙江人民出版社，1997），頁 149-151。

[16]　黃蒙田，〈小記葉靈鳳先生〉，絲韋編《葉靈鳳卷》，頁 332。

[17]　葉靈鳳，〈我的讀書〉：「愈是冷僻古怪的書，愈想找來一讀為快」，《晚晴雜記》（香港：上海書局，1971），頁 2。

翻閱舊《東方雜誌》（十餘年前者），見有署名黃花節者，寫關於民俗小考據的文章頗多，如桃符、門神、鬧新房等等，頗可一讀，據聞此君現仍居本港，有便當一識之。[18]

葉靈鳳想結識黃花節，是因為彼此都是民俗學的同好。現存《日記》沒有其他關於黃花節的記事，但黃氏和陳君葆是朋友，葉靈鳳其後是有可能和他相識的。[19]

《日記》1951 年 7 月 19 日：

晚，柳木下來報館見訪，閒談日本出版界，彼謂美國有一寫自然史之作家，名「賽東」，與法布爾齊名。我則從未知有此人，暇當一查。[20]

《日記》1951 年 7 月 25 日：

前記之動物學家「賽東」，原名為 Seton，美國人，一九零零年前後去世。[21]

《日記》1974 年 1 月 20 日：

我仍喜歡描寫自然的小品，以及日本人所寫的生活小品。[22]

《日記》沒有讀賽東作品的記事，但葉靈鳳在自己有興趣的範圍隨時留意相關作者和作品，卻是數十年如一日。

孜孜不倦的求知熱情讓葉靈鳳成為學院外的專家，其中最為世所重的當然是香港史。
《日記》1951 年 1 月 25 日：

應葡友白樂賈 J. M. Braga 之邀，赴其九龍寓所，參加中英學會歷史組座談會。討論整理淪陷期間的香港史料，及香港古跡。……白藏有關於中外關係書籍甚多，香港部分則大都我已有者，但另有舊時剪報多冊，則頗難得。[23]

---

[18] 《葉靈鳳日記》上冊，頁 107-108。

[19] 張詠梅注：「黃花節，即黃石（1901-），廣東人，原名黃華節，另有筆名養初。」《葉靈鳳日記》上冊，頁 107。陳君葆 1948 年 4 月 19 日、1951 年 3 月 22 日等日的日記都記錄了黃石來見。見《陳君葆日記全集》，頁 529、頁 75。

[20] 《葉靈鳳日記》上冊，頁 186。

[21] 同前註，頁 188。

[22] 《葉靈鳳日記》下冊，頁 345。

[23] 《葉靈鳳日記》上冊，頁 131。

後來香港大學建築系系主任又介紹一位寫畢業論文的學生，向他請教「關於本港商業中心逐漸由西向東移動的沿革」。[24]特別值得注意的是，葉靈鳳不僅搜求資料，他的鑽研成果也得到學者肯定。

《日記》裡記逛書店極多，盧瑋鑾說「他買書的狂態，掛賬的厲害，更屬『痴類書魔』」，[25]事例展卷即見，不煩引述。這裡擬聚焦於葉靈鳳的讀書態度。《日記》1951 年 12 月 1 日：

> 近來讀書讀得太少……書還是要看的，而且要有計劃有系統不間斷的看下去。[26]

《日記》中有大量「讀書太少」的抱怨或自疚，與其從字面理解，倒不如說是反映讀書欲望之強烈。直到晚年因為糖尿病導致嚴重目疾，葉靈鳳才真正減少閱讀。《日記》1970 年 12 月 29 日：

> 約中絢陪往實用書店付清書賬三百餘元，並囑將所訂各種雜誌停止。這該是一生之中的大事之一，因這些雜誌已續看了幾十年未輟，可是現在目力不濟，無法翻閱，只好毅然停止了。[27]

實用書店專售外文書刊，[28]《日記》中又曾提到訂閱《星期六文學評論》（*The Saturday Review of Literature*，1946 年 8-12 月）、《泰晤士報文學副刊》（*Times Literature Supplement*，同上）、《紐約時報書評》（*New York Times Book Review*，同上）、《紐約書評》半月刊（1968 年 11 月 20 日）等，這次停訂的很可能就是上述雜誌。葉靈鳳說這是他「一生之中的大事之一」，可見外國文學是他長期的一大關注。此外，中西美術史、史地文物、民俗風土、中外禁書等也都是數十年來不曾放下。

「有計劃」、「有系統」是選定課題，由近及遠蒐羅材料。最明顯的例子見於發表於 1947 年《星島日報・香港史地》上的〈西文香港史地書錄解題〉，這一系列的文章以亨利・柯爾狄爾（Henri Cordier）《中國關係書目》（*Bibliotheca Sinica*）及莫林都爾夫（P. G. & O. F. von Möllendorff）《中國書目提要》（Manual of Chinese Bibliography）為基礎，加上新出版的書籍，從中選介了十七種有關香港史地的外國著作。葉靈鳳在引言裡說：

---

[24] 《葉靈鳳日記》下冊，頁 60。
[25] 同前註，頁 377。「痴類書魔」原出葉靈鳳，《書淫豔異錄》專欄的〈小引〉，見陳智德編，《葉靈鳳卷》，頁 117。
[26] 《葉靈鳳日記》上冊，頁 228。
[27] 《葉靈鳳日記》下冊，頁 297。
[28] 參考《葉靈鳳日記》1967 年 9 月 28 日及 1968 年 11 月 20 日的盧瑋鑾箋。（上冊，頁 428、下冊，頁 97）

　　我這篇書錄……只是一種初步的嘗試工作，……我希望以〔這〕工作為基礎，逐漸
補充，以期能完成一篇比較整齊的研究香港史地關係的書目。[29]

文獻回顧是開展任何學術研究必要的工作，由重要書目入手尤其可見葉靈鳳的內行。後來
他在《星島日報・星座》以〈香港書錄〉為題繼續介紹同類著作，[30]前後二十二年，未嘗
停止蒐集資料。

　　另一點值得注意的，是葉靈鳳讀書時的平心靜氣，且以讀蒙田的散文為例。葉靈鳳由
1968 年 1 月 10 日開始讀蒙田小品的現代英語譯本，到 5 月 23 日讀完，[31]記下了不少感受。
葉靈鳳之前看過蒙田的零星作品，這是第一次集中地讀。他先選讀了一節，翌日看譯者的
全書介紹，在《日記》裡用二百餘字記下要點，再過一天讀百科全書裡的蒙田小傳，「以
便多瞭解一點他的生活，讀起他的作品來更易領會」。[32]此後陸續記下所感，例如：

　　讀蒙田散文，讀來不似想像中的那麼有滋味，真是聞名不如見面。問題是有些地方
　　所討論的題材太舊（如孩子教育問題），因此引不起興趣。但有些泛論一般人性的
　　仍甚好。（1968 年 3 月 11 日）[33]

　　讀蒙田的那篇〈論氣味〉，頗不錯。（1968 年 3 月 31 日）[34]

　　讀蒙田散文，論父母怎樣教管孩子，頗有獨特的見地。（1968 年 4 月 2 日）[35]

　　燈下讀蒙田小品，第三卷論三種關係的一篇，其中關於讀書藏書的部分，很不錯。
　　現在對於他的小品，我只能跳著挑選來讀，已不耐一篇逐句讀到底了。（1968 年 4
　　月 27 日）[36]

　　上午讀蒙田散文選集的最末兩篇。由於時代隔得太遠，思想生活環境又大不相同，
　　讀後的感受不如事前想像的那麼好。這真是聞名不如見面了。（1968 年 5 月 22 日）[37]

29　轉引自小思選編，《葉靈鳳書話》（北京：北京出版社，1998），頁 6-7。'Bibliotheca Sinica'，《葉靈鳳書話》
　　誤排作'Bibliotheen sinica'。「香港史地」由葉靈鳳所編，很多文章都是他親筆所撰。參《葉靈鳳日記》1947
　　年 5 月 28 日、7 月 10 日。（上冊，頁 67、78）

30　《葉靈鳳日記》1968 年 11 月 20 日：「擬以有關香港的著作為題材，寫〈香港書錄〉。」翌年初陸續刊出。
　　參考《葉靈鳳日記》本日的注。（下冊，頁 97）

31　後來又買了早期的經典譯本（《葉靈鳳日記》1968 年 3 月 29 日，下冊，頁 22-23），即下文引《葉靈鳳日記》
　　1968 年 5 月 23 日中的《萬人叢書》本。（下冊，頁 38）

32　《葉靈鳳日記》1968 年 1 月 10、11、12 日。（下冊，頁 6-7）

33　《葉靈鳳日記》下冊，頁 17。

34　同前註，頁 23。

35　同前註，頁 24。

36　同前註，頁 30。

上午讀《萬人叢書》的蒙田散文（共三冊）前的序文，作者哈爾米爾，寫得明晰流暢，前半敘蒙田的生平，後半解釋他的小品風格和內容，令人一目了然。本來還想多讀幾篇他的小品，現在不想再讀下去。對於蒙田的欣賞，就此告一段落了。（1968年5月23日）[38]

從這些記事可以看到葉靈鳳對蒙田作品的評價怎樣逐漸形成，即使後來感到不合口味，還是積極參考不同的意見。蒙田散文不是葉靈鳳長期關注的對象，但他的閱讀仍舊比隨興瀏覽認真得多，確是嚴肅的求知態度。

然而耐人尋味的是，《日記》裡提到左派思想理論的書屈指可數，只有《歐洲的現實主義研究》（盧卡奇〔György Lukács〕著）、《馬克思論中國》、《馬克斯主義與現代藝術》三種，都沒有留下閱讀心得。[39]倒是一九六〇年代多次購買《毛主席語錄》、〈毛主席到安源〉油畫複製本、石刻毛主席詩手跡拓本、「紅寶書」及毛主席像章等。這些和讀書鑽研都沒有甚麼關係了。[40]

三、愛國者葉靈鳳

葉靈鳳去世後，1975年11月26日《大公報》的報導〈葉靈鳳遺體昨出殯〉這樣介紹他：

生前熱愛祖國及致力於新聞、文化工作。[41]

「熱愛祖國」或「愛國」在當時眾所周知是親近中華人民共和國政權的意思，可見葉靈鳳的政治聯繫並非秘密。[42]但在早期的日記裡，葉靈鳳行文卻極其小心，例如1949年9月29日：

---

[37] 《葉靈鳳日記》下冊，頁38。

[38] 同前註。

[39] 《葉靈鳳日記》1951年1月25日（上冊，頁32）、1952年2月16日（上冊，頁140）及3月17日（上冊，頁149）。葉靈鳳當然懂得左派理論，徐遲回憶他在1940年時想了解馬克思主義，葉靈鳳推薦了恩格斯的《社會主義空想到科學的發展》及《論費爾巴哈》，並說：「看完再看其他的，那時你自己也應該能挑選了。」徐遲，《江南小鎮》（北京：作家出版社，1993），頁297。

[40] 見《葉靈鳳日記》1967年9月29日（上冊，頁429），1968年10月10、13日（下冊，頁84、85），1969年3月4日（下冊，頁140）、4月18日（下冊，頁156）。「紅寶書」是一種袖珍本，收錄《毛語錄》及毛澤東的若干詩詞文章。

[41] 《大公報》1975年11月26日，第五版。《大公報》的全文影像可在香港公共圖書館的「多媒體資訊系統」查閱。網址：https://mmis.hkpl.gov.hk/home。

[42] 據《葉靈鳳日記》1965年9月30日，葉靈鳳在1957、1964、1965年三次獲邀赴北京參加國慶，並有國宴招待。後來又多次參加香港新聞界的慶祝國慶籌備會議等活動，見《葉靈鳳日記》1969年8月1日（下冊，

北平政協會議議決通過成立中華人民共和國，定都北平，恢復北京舊名，改用公元紀年，改用新國旗，紅地，左上角有黃色五角星一顆，外圍黃色小星四顆，國歌暫用《義勇軍進行曲》。

連日閉門寫稿，換稿費也。書也擱置未讀。檢視日記冊，已多日未記了。[43]

第一段中華人民共和國成立這件大事，完全中性地敘述，最詳細的竟是國旗的圖案。第二段說寫稿換酬、未能讀書，表現一種忙於餬口的形象，似乎刻意撇清對建國的喜悅。然而「多日未記」之後，重新執筆的原因實在呼之欲出。[44]此後三年，還有好些故意不露褒貶的時事記錄。[45]

這大抵源於當日的環境。《日記》1953 年 2 月 2 日說，「給《新晚報》寫了一篇〈鴉片快船〉，刊出來，刪了許多，題目也改了。他們怕得罪香港政府」。盧瑋鑾指出，「此時報刊出版前已未必要交華民政務師署審核。依文意看，似是《新晚報》編輯所為」。[46]然則香港政府的言論監控的確收到震懾效力，葉靈鳳在日記裡也不透露口風，更是小心翼翼。[47]

葉靈鳳有時也表達了一定程度的反抗，例如 1952 年 5 月《大公報》以刊載政治煽動文字，被判停刊六個月，東主及督印人、總編輯皆被控告，[48]葉靈鳳在《星島日報‧星座》的《香港史話》欄寫歷史上「本港報館所發生的控案」，《日記》裡說是「應時之作」，隨後又陸續寫了律師藐視法律被罰、香港總督誣告大法官等文借古諷今，可見是藉著熟悉香港歷史的優勢曲折影射。[49]

頁 190）、1970 年 8 月 21 日（下冊，頁 266）等處。多人合著的散文集《新綠集》（香港：香港新綠出版社，1961）收入了葉靈鳳一批中國大陸遊記，從內容看是 1957、1958、1959 三年的旅遊。當時的讀者都了解，能夠到北京旅遊的絕大部份是由官方邀請。（頁 219-264）

[43] 《葉靈鳳日記》上冊，頁 86。

[44] 上一次記事是 9 月 19 日。《葉靈鳳日記》上冊，頁 86。

[45] 包括從葉靈鳳的立場看屬於正面和負面的事情，例如英國率先承認中華人民共和國政府（1950 年 1 月 7 日），中華人民共和國國慶日香港有人撕毀五星旗（1951 年 10 月 2 日），馬國亮、司馬文森等左派文化人、演員被香港政府以參與政治活動為理由驅逐出境（1952 年 1 月 12 日）。最後一事葉靈鳳說：「馬國亮、司馬文森及影星劉瓊、舒適等忽於今日為香港政府遞解出境。據說指他們有政治活動。」張詠梅注引用陳君葆前一天的日記：「我連日都覺眼皮跳動難道是這類事的預兆？西營盤一帶報販賣《文匯》、《大公》的，都不敢把它公開擺出來。這裡當局頗有暗中在鼓勵非法行動的嫌疑。」見《葉靈鳳日記》上冊，頁 241。陳君葆的措辭已算謹慎了，但仍不及葉靈鳳。

[46] 據張詠梅注，題目改為〈港海的快船〉。《新晚報》從屬於《大公報》，但政治色彩較淡。《葉靈鳳日記》上冊，頁 338，注 7。

[47] 《鴉片快船》指 Basil Lubbock 的書 The Opium Clippers。葉靈鳳在 1947 年《星島日報‧香港史地》已介紹過此書，沒有出事。或許因此他認為不會觸犯禁忌，但《新晚報》編輯的判斷顯然不同。「香港史地」上的書介《《鴉片快船》》收入小思選編，《葉靈鳳書話》，頁 16-18。

[48] 《葉靈鳳日記》1952 年 5 月 3、5、12、17 各日（上冊，頁 263、164、266、267）都有記錄此事。另參《葉靈鳳日記》1952 年 5 月 5 日張詠梅注（上冊，頁 264，注 88）。

[49] 同前註，1952 年 5 月 3、6、11、16 日（上冊，頁 263、264、265、266）。引文見 3 日。順筆一提，「香港史地」在 1948 年 4 月 28 日後停出，《葉靈鳳日記》1969 年 1 月 11 日：「共出了四十多期，由於九龍城問題，被華民署授意報館要停刊的。我刊了一些慨咏九龍城被港英強入拆屋的舊詩，其中有『英夷』字眼。港方因表示不滿。」（下冊，頁 121-122）張詠梅注引《陳君葆日記全編集》1945 年 5 月 18 日的記事，詳

　　1953 年 2 月後的日記不存，直至 1967 年 3 月才再有長期的逐日記事，那已是「六七」山雨欲來的時候，日記中也顯示了與外國為敵的態度。[50]及至這年 5 月初，日後論者視為「六七」導火線的人造花廠勞資衝突事件爆發，[51]葉靈鳳直言要以牙還牙：

> 今日下午，九龍新蒲崗工廠區警察與罷工工人和慰勞者，發生大衝突，警察曾用催淚彈和木彈槍，事後據說有九十多人被捕，九龍局部在晚間宣佈戒嚴。
>
> 這一次，港英真要搬起石頭砸自己的腳了。
>
> 寫〈磨刀頌〉，——敵人已經磨刀了，因此我們也要磨刀。（1967 年 5 月 11 日）[52]

從這時起葉靈鳳積極投入運動，發表了很多文章，「都是以揭發港英侵略中國史實為題材」，[53]又參與編選「抗暴畫冊」。[54]「六七」在翌年 2 月結束，[55]但那些揭發港英侵略的文章仍然在當月結集出版，初時擬取名為《英國侵略港九史話》，後改為《香江舊事》。[56]此後〈全世界歡呼：毛主席萬歲〉、〈毛主席對我們的關懷〉等文章屢屢在《新晚報》的專欄出現，[57]葉靈鳳已毫不在意極左的形象了。

　　1989 年 5 月羅孚編選的「三本葉靈鳳掌故集」[58]——《香港的失落》、《香島滄桑錄》、《香海浮沉錄》——在香港出版，部份篇章取自絕版已久的《香江舊事》。[59]如前所說，掌故集沒有標明各文的發表年份和出處，論者據此來了解葉靈鳳，很容易誤入歧途。

述胡文虎被政府官員召見告誡後，大發脾氣，「說如果事情鬧得不好便要靈鳳辭掉」。見《葉靈鳳日記》下冊，頁 122。《葉靈鳳日記・別錄》頁 155 有該期「香港史地」剪報，主要的文稿是一篇寫香港海盜的長文〈徐亞保十五仔就殲記〉，《葉靈鳳日記》提到的〈龍城詩選〉排在該版下方，篇幅比〈徐〉小約一半，共收舊體詩二十一首，大部份是七律，題目分別為〈九龍城即事〉、〈懷九龍城〉，從標題到詩題都看不出是強拆九龍城事，據葉靈鳳和陳君葆所說，出事的只是「英夷」一詞，推斷葉靈鳳原意是委婉諷刺，並非正面對抗政府當局。

50　《日記》1967 年 3 月 21 日：「渣華輪船公司屬下的中國海員向船公司的鬥爭……經過三個多月的鬥爭，中國海員終於獲得全部勝利，……這是繼澳門『一二，三』事件勝利後，中國人同外國人鬥爭的又一次勝利。」張詠梅注：「1966 年 12 月 3 日，澳門民眾到總督府抗議政府阻撓氹仔坊眾學校擴建工程，與警察發生衝突，致二人受槍擊死亡，觸發反對葡萄牙殖民統治的群眾運動，澳門政府最終道歉賠償，並取締當地右派組織。」見《葉靈鳳日記》上冊，頁 383。張詠梅並指出，葉靈鳳在《新晚報》有三篇專欄提到此事。一般認為澳門「一二・三」事件鼓舞了香港左派的鬥爭精神。參張家偉，《六七暴動》，頁 28-30；余汝信《香港，1967》，頁 74-79。

51　張家偉，《六七暴動》，頁 39-67；余汝信，《香港，1967》，頁 108-150。

52　《葉靈鳳日記》上冊，頁 404。

53　《葉靈鳳日記》1967 年 6 月 6 至 7 日（上冊，頁 408）。

54　《葉靈鳳日記》1967 年 9 月 10 日：「陳凡來談出版抗暴畫冊事，託搜集香港早期圖片。」畫冊命名為《我們必勝，港英必敗》，在本年稍後出版，參《葉靈鳳日記》上冊，頁 422。

55　參程翔《香港六七暴動始末》，頁 4；張家偉《六七暴動》，頁 174。余汝信《香港，1967》則認為 1967 年 9 月局面已趨於平靜。見頁 271。

56　《葉靈鳳日記》1968 年 2 月。（下冊，頁 13）《香江舊事》由香港益群出版社出版，署名霜崖。

57　同上，1969 年 4 月 1 日、25 日的注。（下冊，頁 150、158）

58　「三本葉靈鳳掌故集」出自絲韋所撰的總序。三書由香港中華書局出版，2011 年中華書局又加上《香港方物志》、《張保仔的傳說和真相》，合為「葉靈鳳香港史系列」，重新排印出版，本文引用皆為這一版本。前引絲韋語見葉靈鳳，《香港的失落》頁 xviii。

　　1997 年香港政權移交前夕，文化研究學者李小良指出，這三本掌故集「在目前香港（被殖民者）─英國（殖民者）─中國（祖家）之間的政治、社會、文化的歷史交叉點上細讀，頗能寓喻香港某些層面的文化想像構成和意義」。[60]他認定葉靈鳳的掌故書寫「企圖找尋殖民地香港的真正的、確實的『本源』、『由來』，從而創造重構一個起點的條件，去重拾一個與原祖民族相連的主體，來建立民族論述的權威性」，[61]這是又一次「大中原文本收編邊緣另類敘述的行動」。[62]

　　李小良引錄葉靈鳳對「香港」這個名字的考訂──在清朝時本是一個小村莊的名稱，後來英國人要求租借整個島嶼，中國的輿圖上才出現了「香港」──，演繹為尋根的失敗：

> 如果葉靈鳳寫香港掌故的一個目的是要把香港重新納入中國歷史的大敘述中，替「沒有」歷史、被抹除了過去的被殖民者找尋歷史空間，作歷史定位，它的考掘卻陷入了追尋根源的歷史敘述的矛盾糾纏之中。[63]

這種解構閱讀大抵是為了表達「香港可以是活脫的自創空間」的美好願望，[64]時移世易，現在更值得注意的或許是為何認定葉靈鳳寫香港掌故必然是一種收編？上面的引文固然以「如果……一個目的是……」的句式來留下餘地，但全文再沒有提及還有甚麼其他目的，因此收編說顯然是李氏的主要論點。

　　李小良指「葉靈鳳的民族感情的表現是無需懷疑的，他從反殖的民族觀點出發，用掌故重述香港被殖民者霸占，語調尖銳憤慨，例子俯拾即是」。緊接著引述的例子是《香港的失落》中〈香港被佔的經過〉一文，又說「類似的對英國殖民主義的批判，例子還有很多」，在注釋裡提供了三個頁碼，其中兩個頁碼仍是〈香港被佔的經過〉，另一個頁碼是〈九龍被侵佔史話〉。[65]

　　然而筆鋒在這裡一轉，李小良說「更值得留意的，是他的語言修辭的表現方式，並不是教條的僵化民族主義，而且，還可以說是以一種理性的接受了生活在港英殖民統治的態度，去敘述殖民地香港的種種面貌」。[66]李氏用很長的篇幅比較了余繩武、劉存寬主編《十九世紀的香港》和葉靈鳳〈九龍新界租借史話〉裡關於英軍接收新界的敘述，認為「葉靈鳳是優秀的愛國作家，我們在他的香港掌故裡，反倒看不見像以上[案：指《十九世紀的

---

[59]　香港各大學圖書館所藏最近期的《香港舊事》，為香港中文大學圖書館的 1974 年第四版，其後的出版情況不明。

[60]　李小良，〈葉靈鳳的「失落」〉，王宏志、李小良、陳清喬編，《否想香港：歷史・文化・未來》（香港：麥田出版股份有限公司，1997），頁 151。

[61]　同前註，頁 169。

[62]　同前註，頁 161。

[63]　同前註，頁 156。

[64]　同前註，頁 162。

[65]　同前註，頁 163。

[66]　同前註，頁 164。

香港]那種『抗戰文藝詞藻』十足的敘述」，暗示《十九世紀的香港》「濫情的濫調套語，把具體歷史概念化、抽象化，帶來的只是歷史的消解」。[67]但李小良沒有解釋為甚麼同樣是葉靈鳳，同樣是寫到香港被佔，有時「語調尖銳憤慨」，有時卻顯得「理性」？

　　李小良提到的三篇葉靈鳳掌故都引自《香港的失落》，但再往前追溯，〈香港被佔的經過〉和〈九龍被侵佔史話〉更早時收入了《香江舊事》，前一篇原題〈英國殖民者霸佔香港經過〉，《日記》1967 年 8 月 22 日曾提及此文：

> 寫〈英國殖民者霸佔香港經過〉。我們外交部及《人民日報》評論等已一再指出，英國所霸佔的香港九龍新界，必須收回。[68]

至於李氏認為態度理性的〈九龍新界租借史話〉，最早刊於 1947 年 12 月 10 日由葉靈鳳主編的《星島日報・香港史地》，原題為〈九龍租借史話〉。[69]

　　確定了各文的寫作年份，我們即能明白葉靈鳳對香港的態度並不是始終不變的。小思選編的《葉靈鳳書話》有一篇〈喪失中的香港傳統〉，毫不吝嗇地稱讚早期英國殖民者，原文發表於 1962 年 12 月 27 日的《新晚報》。[70]如果說〈九龍租借史話〉刊於《星島日報》，園地對批評英國的尺度控制較嚴，無法暢所欲言，此篇在左派報紙發表，為甚麼仍舊沒有強烈抨擊？關鍵顯然在於寫作的時間。

　　另一位論者王宏志也認定葉靈鳳居港數十年都由民族主義感情所主導。王氏〈葉靈鳳的香港故事〉直接參考《香江舊事》，引述了更多例子來證明「葉靈鳳的香港掌故——最少在一九六七年間所寫的那些部份，可絕對不是絲韋口中所說那種『可以較輕鬆地增加對一些人物、事件或地方的認識』的掌故」。[71]但 1967 年前、沒有收入《香江舊事》那些文章，也同樣「火辣辣」？[72]

---

[67] 同前註，頁 167、168。

[68] 《葉靈鳳日記》上冊，頁 415。

[69] 比較此文的原刊和收入《香港的失落》的版本，有個別詞語改動了，借用李氏說法，原刊本的措詞還要更「理性」（溫和）。抽樣比對《香港舊事》和《香港的失落》相同的文章，也發現有所改動，最常見是把「六七」時帶有呵叱意味的「港英」改為中性的「港府」。《香港的失落》出版時葉靈鳳已去世十多年，改動當然是編者的意思，可見一九八〇年代香港的出版物仍有政治把關。承張詠梅博士代為查得〈九龍租借史話〉原出處，並寄贈電子檔，謹此致謝。

[70] 葉靈鳳，〈喪失中的香港傳統〉：「香港的歷史並不長，只有一百多年。可是這個地方的上一代的開闢者，在市政設計方面，不僅很具有眼光，而且對這座城市本身顯然很有感情，因此一草一木都可以看出經營者的苦心。可是他們的後輩，好像都存了「五日京兆」之心，拆的拆，賣的賣，那光景簡直像二世祖將先人的花園祖屋賣給市儈改建市房一樣。表面上看來好像是將市容現代化了，事實上只是毀滅了傳統。失去了舊的，並不曾創造新的，更談不上像日本人那樣的新舊並存。」小思選編，《葉靈鳳書話》，頁 23。

[71] 王宏志，〈葉靈鳳的香港故事〉，《歷史的沉重》（香港：牛津大學出版社，2000），頁 246。絲韋的話指「三本葉靈鳳掌故集」的總序。

[72] 王宏志，《歷史的沉重》，頁 245。「火辣辣」是王宏志對 1967 年文章的形容。

王氏又引用葉靈鳳《香港方物志》的初版〈前記〉：

> 這不是純粹的科學小品，也不是文藝散文。這是我的一種嘗試，我將當地的鳥獸蟲魚和若干掌故風俗，運用自己的一點貧弱的自然科學知識和民俗學知識，將它與祖國方面和這有關的種種配合起來。[73]

斷定葉靈鳳自行否認了這本書是香港的自然史或文藝作品，認為此書「是要把香港的一些掌故風俗，跟中國——『祖國』——的掌故風俗『配合』起來」，負起一個「重大的政治任務：建構香港和祖國的緊密聯繫」。[74]這樣說其實忽略了原文謙虛的語氣，而對「配合」的解釋也可商榷。[75]參考寫於 1970 年的〈序新版《香港方物志》〉：

> 當時為了嘗試撰寫這樣以方物為題材的小品，曾經涉獵了不少有關這方面的書籍，從方志、筆記、遊記，以至外人所寫的有關香港草木蟲魚的著作，來充實自己在這方面的知識。[76]

「與祖國方面和這有關的種種」其實就是方志、筆記、遊記，即著重參考中文資料的意思。[77]新版序補上了外國人的著作，意思更準確，因為外國材料是書中本來就有運用的。

王宏志又說「整本書也經常出現葉靈鳳自己所說的要把香港與祖國聯繫起來的做法」。[78]他分析〈三月的樹〉，「第一段先說三月是香港看花的季節，第二段便馬上轉到『國內』，甚至國都北京去」。[79]然而翻看原文，第三段一開始是「但在香港卻不是這樣」，[80]接著寫香港的樹，有些秋天並不落葉，反而是二、三月間一夜變禿，然後長出新葉，有些則終年常綠，舊葉逐漸換上新葉，適見全文的重點並非「聯繫」，而是用欣賞的語調介紹香港特異之處。

---

[73]　同前註，頁 240。王宏志所引的是 1973 年上海書局修訂版，原書 1958 年由中華書局出版，〈前記〉文末注明寫於 1956 年 7 月 12 日。

[74]　同前註，頁 241。

[75]　李小良也說過《香港方物志》「企圖重拾香港與中國大陸聯繫」，見李小良，〈葉靈鳳的「失落」〉，頁 168-169。不過他只是從黃蒙田的〈小記葉靈鳳先生〉轉引〈前記〉的話，似乎《香港方物志》不在手邊，所以沒有進一步分析書中內容。

[76]　葉靈鳳，《香港方物志》（香港：中華書局〔香港〕有限公司，2011），頁 xxii。

[77]　葉靈鳳，〈香港書志學〉在介紹有關香港的英文書目 A Hong Kong Bibliography 後說：「有關香港的中文出版物雖然不多，卻也有它的重要性。尤其是史料和文件，由於香港和中國關係密切，自有它們的特殊價值。」也是指出中文資料的重要。見絲韋編《葉靈鳳卷》，頁 129。葉靈鳳，〈香港書志學〉原刊《星島日報‧星座》1969 年 1 月 9-10 日。

[78]　王宏志，《歷史的沉重》，頁 242。

[79]　同前註。

[80]　葉靈鳳，《香港方物志》，頁 32。

　　王氏又指談貓頭鷹、水獺的兩篇,「說到中國許多有關的傳說」。[81]〈貓頭鷹〉其實只有一個「中國從前稱貓頭鷹為梟」的傳說,文中卻有更長的篇幅介紹香港四種常見的貓頭鷹,其中兩種和外國有關。[82]〈山狗和水獺〉引用了《廣東通志》、《月令》之外,也提及英國小說家吉卜林的短篇〈紅毛狗〉。[83]中國傳說在兩文都不佔中心地位。更能說明問題的是〈四月的花與鳥〉寫香港的桐樹:

> 好多年以前,港英當局曾有在新界山上試種桐林的計劃,苗圃就在將近沙田的公路兩旁,這是從廣西移植來的樹苗。……香港另有一種與中國桐樹相類的灌木,一般人稱為蠟燭樹,這是從馬來半島移植過來的。桐樹僅在新界沙田嶺一帶可以見到,但這種蠟燭樹則在香港路邊隨處可見。[84]

這一段顯然只是陳述事實。如果堅持尋找寓意,引進中國桐樹的是港英,而中國桐樹比不上馬來半島移植品種茂盛,豈不與強調葉靈鳳的民族主義精神正相矛盾?

　　《香港方物志》的各篇寫於 1951 至 1953 年,發表於《星島日報》、《大公報》,[85]「六七」激化的反英、反殖心態來詮釋這些早期作品,不啻是以民族主義者葉靈鳳來遮蔽了讀書人葉靈鳳了。

四、作家葉靈鳳

　　葉靈鳳 1947 年 7 月「重入」《星島日報》,擔任「星座」的編輯,在同一崗位工作了足二十六年,是名副其實的長期服務,[86]但他其實非常討厭這報館。《日記》的兩位整理者

81　王宏志,《歷史的沉重》,頁 242。
82　四個品種包括:一是從雲南、四川到廣東都有的品種;二是錫蘭產的棕色吃魚貓頭鷹;三是被稱為鷲種的(從廣東到雲南境內都有);四是日本種的(遍佈中國東南沿海)。葉靈鳳,《香港方物志》,頁 40-41。
83　同前註,頁 42-43。
84　同前註,頁 36。
85　《香港方物志》的〈前記〉說各文最初發表於 1953 年的《大公報》,見《香港方物志》,頁 xx。其實最少有一些來自《星島日報·星座》,例如〈朝生暮死的蜉蝣〉(頁 93-94)原載〈星座〉1952 年 6 月 19 日,〈果子貍及其他〉(頁 227-230)原載〈星座〉1951 年 7 月 13-18 日。
86　《葉靈鳳日記》1973 年 7 月 16 日:「七月十五日自《星島日報》退休。據報館計算,先後服務卅三年。」(下冊:頁 328)案:葉靈鳳在 1940 年似乎曾短期代戴望舒處理〈星座〉的編務,參樊善標,〈文藝與抗戰——葉靈鳳主編香港《立報·言林》的側面觀察〉,《諦聽雜音:報紙副刊與香港文學生產(1930-1960年代)》(北京:中華書局,2019),頁 172。由 1973 年逆推卅三年正是 1940 年。但《日記》1947 年 2 月 12 日:「晤〔總編輯沈〕頌芳,談擬入《星島》編副刊事。」又 1951 年 7 月 31 日:「上午赴報館取薪水,七月份也獲得加薪三十元。此為我重入《星島》四年來第一次。」(上冊,頁 189)足見 1947 年前曾一度離職,不知道為甚麼報館計算年資仍然由初次上任開始。

充份體察了葉靈鳳為稻粱謀的痛苦。[87]奇怪的是，《日記》裡不僅看不到他嘗試轉職，連這樣的念頭也不見，即使感到非常委屈的時候，或在思想激進的「六七」期間。[88]相反地有幾次職位不穩的消息傳來，令他非常警覺。[89]究竟是現實的嚴酷令他徹底拒絕幻想，還是在金錢之外，星島給了他一些非常珍貴、只是他不願意承認的東西？

　　葉靈鳳 1947 年再次成為星島全職僱員，當時薪酬近一千元，「糊[餬]口已夠，但要寫不少字」。[90]在《星島口報》外，還有不少寫稿及出書的邀請，遍及左派和中間路線的報刊，有時葉靈鳳工作太多甚至得推掉一些，這種情況一直持續到晚年，[91]所以留在星島並不是唯一的選擇。

　　《日記》所見，一九六〇、七〇年代葉靈鳳交往最頻密的是羅孚、黃蒙田、源克平、嚴慶澍幾位左派編輯及作家。[92]他們不僅常常向葉靈鳳約稿，私下的交情也非常深厚。即便如此，葉靈鳳也未見有過轉到左派報館或只為左派報刊寫作的想法。1969 年葉靈鳳在《新晚報》寫蘇聯、捷克作家被政府誣告的事，一再被羅孚和另外的編者要求修改，甚至退稿。[93]其間羅孚曾送來一批剪報，顯然是為他圈定參考範圍，葉靈鳳在日記裡評了一句

---

[87] 張詠梅：「他為了謀生長期在右翼的《星島日報》當編輯直到退休，私下又用不同筆名為左翼報章寫稿。對於《星島日報》的背景和立場、報社的派系和人事鬥爭、不得不出席的應酬活動，葉靈鳳往往有所不滿，甚至很無奈地被迫要寫一些應酬文章。」盧瑋鑾：「為了家累，必須有一份收入穩定的職業，《星島日報》的工作為他解決了基本的經濟問題，故不會輕言請辭。他對《星島日報》某些同事即使不滿，也不得不答應寫一些應酬文章。讀者細心閱讀這些文章，就會明白葉靈鳳如何善用曲筆，把嘲諷隱藏於文字背後。」《葉靈鳳日記》下冊，頁 379、380。

[88] 例如《葉靈鳳日記》1952 年 10 月 9 日：「將前次報館交來的桂中樞稿發排，因指定要在雙十節刊出。這是幾年來未有的壓迫，心中很不愉快。將明日應刊出的自己的〈香港史話〉抽出，以作消極的抗議。」（上冊，頁 311）又《葉靈鳳日記》1967 年 5 月 22 日：「報館中若干反動份子的態度極為惡劣。」即使這樣，也沒有想過轉換工作環境。（上冊，頁 407）

[89] 第一次是 1952 年 8 月 20 日，曹聚仁告知外間有人想奪去他「星座」編輯的工作，葉靈鳳翌日向報館查問，後來繼續聽到消息，但最後只是虛驚一場。見《葉靈鳳日記》1952 年 8 月 21、22、27 各日（上冊，頁 294、296）。又《葉靈鳳日記》8 月 25 日：「今晚聽說報館收到台灣方面開來的黑名單，也有我的名字在內。這是報館想又接近台灣的必然結果。」可能和「星座」換人的傳聞有些關係。（上冊，頁 295）第二次是 1970 年 4 月 15 日，「報館囑填本人年資薪水等表格，似作調整薪水或退休計劃之用」（下冊，頁 233），1970 年 5 月 12 至 15 日得知，「報館從四月份起，每月加薪一百元」，由填寫年資即時聯想到可能會被要求退休，可見他不想輕易放棄這份工作。（下冊，頁 241）

[90] 《葉靈鳳日記》1947 年 7 月 12 日。（上冊，頁 78）

[91] 《葉靈鳳日記》裡有 1953 年 1 月至 1956 年 11 月的收入賬目，在這些賬目裡，可見葉靈鳳來自其他報刊的稿費不是小數目。見 1953 年 2 月 24 日後的附記（上冊，頁 343-350），以及 1970 年 8 月 31 日（下冊，頁 269）、9 月 26 日（下冊，頁 274-275）、10 月 26 日（下冊，頁 282）、11 月 26 日（下冊，頁 290）下的記事（1970 年的日記寫在舊記事本上，和 1953 年的部份賬目混在一起）。又，《大公報》、《文匯報》邀約了好幾次，葉靈鳳才考慮抽出時間寫稿，見《日記》1951 年 10 月 26 日（上冊，頁 218）、1953 年 1 月 31 日（上冊，頁 338）。寫了十五年的《成報》，則是「覺得有點倦了」而主動停寫的，見《日記》1969 年 12 月 19 日。（下冊，頁 193）

[92] 《葉靈鳳日記》1973 年 3 月 2 日：「今晚與羅、黃、源、嚴等在新美利堅聚餐，此種聚餐至本次已歷 99 次，下次即 100 次。」（下冊，頁 318）

[93] 同前註，1969 年 3 月 10 日，5 月 17、29 日。（下冊，頁 143、166、170）

「無新材料」，不滿之情溢於言表。[94]羅孚又為了這種事情兩次約葉氏、黃蒙田和嚴慶澍晚飯聚談，第二次的日記說：

> 談當前寫作上的許多問題，以及什麼該談，什麼不必談等等問題。有時顯然顧慮過多，弄得束手束腳。[95]

反應同樣透出不滿。接著的兩天葉靈鳳繼續閱讀蘇聯作家的材料，寫了一篇〈索爾仁尼津喊冤的內幕〉，這次終於成功發表。[96]葉靈鳳的遺札裡有一封致羅孚的信和此文有關：

> 昨日未寫稿，是為了整理材料。今奉上「索爾仁尼津喊冤的內幕」。此稿最原始材料見人民日報 67 年 10 月 20 日「撕下蘇修『全民文化』的畫皮」，曾點名指罵他的這本小說。其他材料均見英美刊物。我運用得很仔細，希望不致「撞板」。將寫三續或四續。最近「美新處」已將他的一本小說新譯本向借書者推薦，可見被認為是「反蘇」的好材料。[97]

看葉靈鳳的態度，仍願意細心揣摩，配合國家政策，[98]與早前接連被退稿後，雖然情緒波動，仍勉力改換題材，回頭寫香港掌故，[99]是一致的。然而，他也把〈捷克作家的冤獄〉以筆名發表在自己所編的「星座」上。[100]

羅孚有一段著名的評論：

---

[94] 《葉靈鳳日記》1969 年 3 月 16 日。（下冊，頁 144）

[95] 同前註，1969 年 6 月 24 日。（下冊，頁 179）第一次聚餐，見 1969 年 3 月 17 日，那次「聚談甚久而散」。（下冊，頁 145）

[96] 同前註，1969 年 6 月 25、26 日。（下冊，頁 179、180）據張詠梅注，葉靈鳳〈索爾仁尼津喊冤的內幕〉一文刊於 1969 年 6 月 27 日至 7 月 1 日的《新晚報》。見《葉靈鳳日記》下冊，頁 180，注 187。

[97] 高林編，《羅孚友朋書札輯》（北京：海豚出版社，2017），頁 297。「撞板」是「碰壁」的意思。此信承許迪鏘先生賜告，謹此致謝。

[98] 政治審查並未告終，《葉靈鳳日記》1974 年 3 月 17 日：「〈左聯的成立〉刊出，被編者（嚴）刪去幾句，讀之甚不快。」盧瑋鑾變說「應指嚴慶澍」。（下冊，頁 359）此文發表於 1974 年 3 月 17 日的《新晚報》，1974 年 3 月 17 日。發表日期承許迪鏘先生賜告，謹此致謝。

[99] 《葉靈鳳日記》1969 年 5 月 29 日編者來電話說寫捷克作家的文章不擬發表，「近來已一連有三四篇交去的〈隨筆〉未能發表。（關於高基與夏理賓者，關於蘇聯一詩人聲援但尼爾等人者，以及這一篇關於捷克作家的冤獄者。）影響情緒，頗難下筆。」（下冊，頁 170）5 月 30 日寫〈香港的城隍廟〉（下冊，頁 170），5 月 31 日寫〈「洋大人」的故事〉（下冊，頁 171），6 月 2 日寫〈洪聖爺和大王宮〉（下冊，頁 171），6 月 1、3、4、5、6 日（下冊，頁 171-173）都沒有再寫這一專欄。見以上各日的《日記》及注。承許迪鏘先生告知，「洋大人」是香港前任官員 A. Coates 所著 *Myself a Mandarin* 的中文譯名。葉靈鳳購買此書見《日記》1968 年 11 月 20 日（下冊，頁 97）。

[100] 同前註，1969 年 6 月 4 日。筆名「伊萬」。（下冊，頁 172）

他〔葉靈鳳〕長期在《星島日報》編《星座》副刊。由於報紙的立場，「座」上後
來只是登些格調不低的談文說藝寫掌故的文章。他自己就寫了不少讀書隨筆和香港
掌故，也寫了不少香港的風物。[101]

葉靈鳳接手「星座」時，上司「要求編得不高不低而又有趣味」，[102]後因見來稿不如理想，
只好親自上陣。[103]在羅孚看來，葉靈鳳在《星島》所寫的知識小品——包括讀書隨筆和香
港掌故、風物——都有避免觸碰政治紅線而又不想流於俗下的考量。葉靈鳳當然了解，
政治紅線並不僅僅見於《星島日報》，由他好友主持的園地何嘗沒有限制，然則星島的不
同立場或許就是它不可放棄的原因了。

　　上文已證明，葉靈鳳並非一直由政治意識所主導，即使在「六七」高潮中，他仍沒有
完全停止為興趣而讀書。[104]換一個角度看，那些深為後人讚賞的知識小品與對「星座」崗
位的留戀，兩者都體現了葉靈鳳在不容置疑的政治認同下保存個人世界的努力。就寫作而
論，他的香港方物又比讀書隨筆和歷史掌故更見創造力。

　　《日記》留下了非常清楚的記錄，葉靈鳳撰寫《香港方物志》系列隨筆小品，源於英
國生物學家香樂思（Geoffrey Alton Craig Herklots）著作 *Hong Kong Countryside: Throughout
the Seasons* 的啟發。此書在 1951 年甫出版，葉靈鳳就讀到，深感興趣，決定效法香樂思
「以『草木蟲魚』為題，寫關於香港的小文」，這本書——葉靈鳳譯作《香港郊外》[105]——
當然是文章材料來源之一。[106]幾個月後葉靈鳳的隨筆陸續發表於《星島日報·星座》，[107]翌
年又應邀在《大公報》副刊開設《太平山方物志》專欄，當是由於受到讀者歡迎的緣故。[108]
這些隨筆後來有一部份結集成為《香港方物志》出版。

---

[101] 《葉靈鳳卷》，頁 348。

[102] 《葉靈鳳日記》1947 年 6 月 27 日。（上冊，頁 74）

[103] 同前註，1947 年 7 月 3、9 日。（上冊，頁 76、77）

[104] 同前註，1967 年 8 月 19 日：「警方清早搜查三家被令停刊報紙社址，捕去三十餘人，下午釋放。向馮先生
訂購紀德的隨筆集、詩人阿波尼奈爾小說集及比亞斯萊畫冊。比亞斯萊畫冊，是他『早年作品集』及『作
品集』的重印本，從前在上海曾有過，失去，欲重購多年未果，近見英國《泰晤士報文學附刊》有廣告，
說明是重印，因去訂購。價甚貴，每冊五鎊餘，共兩冊。」（上冊，頁 414）三家報社被令停刊是香港政府
嚴厲打擊左派組織的措施之一，前一天的《日記》：「三家報紙，《新午》、《香港夜報》、《田豐日報》，被禁
止出版。但三報仍以聯刊形式秘密出版。又，有九家學校被警告，為中華、香島、培僑等。《大公》及《晶
報》則被政府職員個別控告。總之是，不惜採用各種不同手段來迫害。」（上冊，頁 413）紀德和比亞斯萊
都是葉靈鳳關注了數十年的作家和藝術家。

[105] 同前註，1951 年 1 月 31 日。（上冊，頁 134）後來也稱作《香港的郊野》，1970 年 1 月 7 日。（下冊，頁 202）

[106] 發現《香港郊外》以至購下的經過，參《葉靈鳳日記》1951 年 1 月 14（上冊，頁 128）、18（上冊，頁 129）、
31（上冊，頁 134）日。引文出自 18 日。

[107] 同前註，1951 年 6 月 20 日（上冊，頁 180）、7 月 6 日（上冊，頁 182）、7 月 11 日（上冊，頁 183）、7 月
19 日（上冊，頁 186）、7 月 21 日（上冊，187）、1952 年 9 月 11 日（上冊，頁 302）、10 月 1 日（上冊，
頁 308）。

[108] 同前註，1952 年 12 月 25 日（上冊，頁 332）、1953 年 1 月 23 日（上冊，頁 336）。

　　葉靈鳳對香港歷史的興趣，本來就包括動植物和自然的歷史，[109]但在遇上《香港郊外》之前僅限於文獻的閱讀，香樂思引發他把目光轉向身邊和當下，令他對在地產生新鮮的感受，也發現了新的美感，例如〈三月的野花〉說香港的野生蘭花經植物學家著錄的有七十五種之多，散佈於香港島、新界、大嶼山等處，普通人家園林的牆頭則常見金銀花、炮仗花爬出，「形成『春色滿園關不住』的模樣」，還有木棉和多種開白色或淡紫色花的大樹，讀來令人覺得三月的香港無論市區或郊外，都充滿了野性而可愛的生命力。[110]葉靈鳳又寫到，香港最美麗的野鳥是藍鵲，「在山上的大榕樹上或是山坡的松林頂上，見到一大群藍鵲拖著長尾巴忽上忽下這樣的滑翔飛行時，實在是一種眼福」，[111]也和一般人心目中香港是一個逼隘的三合土森林迥然不同。

　　一旦開始注意週遭的自然生態，小小的季節變化也能引起內心歡騰。天氣剛回暖時，窗外樹上有新蟬鳴叫，隨後氣溫轉冷就停止了，但由春入夏的時令是不會逆轉的，葉靈鳳「遙想牠一定在枝上竭力抑捺自己的興奮，靜候這寒流的尾潮一過，從此就可以放懷唱個痛快了」。[112]這種喜悅的移情在葉靈鳳的讀書隨筆和歷史掌故裡都不曾出現過。

　　帶來喜悅的不止花木昆蟲，也包括食物。〈禾蟲和禾蟲癮〉說禾蟲有季節性，「一過造真是搵都無處搵的[無處找尋]。因此愛吃禾蟲的人，一到禾蟲上市，就爭取時間去過『禾蟲癮』，決不肯執輸[錯過]，否則季節一過『恨都恨唔返』〔追悔莫及〕了」。[113]禾蟲是廣東人的美食，為了表達廣東老饕的雀躍心情，葉靈鳳在白話行文裡運用了大量粵語詞，可見新感受影響了作品的形式。

　　僅從上述幾個例子已可看到，香港方物系列小品在讀書隨筆、歷史掌故所共有的知性內容上，增添了現場的感覺和個人的感情，而這種感情又源自新鮮的發現。可以說這些小品為久居於城市的讀者喚起了一種新的感性，讓他們重新體驗早已習慣了的地方。

　　台灣學者陳昱文饒有新意地指出，《香港方物志》「從『生態』之角度呈現出香港特殊的『在地性』」，[114]隱然具備了某種認同感。香樂思《香港郊外》的譯註者彭玉文卻不同意「葉靈鳳因對香港生態的了解而有自信，認同所居土地的精神」，認為他的自然知識來自香樂思的著作，由於「《香港方物誌〔志〕》不注明出處的行文方式，誤導了有心人，令他

---

[109] 早在 1945 年葉靈鳳就撰有〈香港植物志〉一文，頗詳細地介紹過英國人羅伯特・法頃的《香港植物誌》，載《香港日報・香港藝文》10（1945.2.1）。此項資料據盧瑋鑾、鄭樹森主編，《淪陷時期香港文學作品選——葉靈鳳、戴望舒合集》（香港：天地圖書有限公司，2013），頁 238-242。1947 年在《星島日報・香港史地》發表的〈西文香港史地書錄解題〉，十七本著作中有兩本分別以鳥類和植物為主題，另有三本的介紹葉靈鳳特別提到書中和動植物有關的內容。參小思選編，《葉靈鳳書話》，頁 5-19。

[110] 葉靈鳳，《香港方物志》，頁 30-31。

[111] 葉靈鳳，〈藍鵲——香港最美麗的野鳥〉，《香港方物志》，頁 57。

[112] 葉靈鳳，〈新蟬第一聲〉，《香港方物志》，頁 21。

[113] 葉靈鳳，《香港方物志》，頁 75。

[114] 陳昱文，〈香港方物中的香港意識：試論香港早期自然導向文學《香港方物志》〉，《華文文學與文化》4（2015.4），頁 133。

們高估其人其著」。[115]兩者最大的分歧在於葉靈鳳有沒有「香港認同」。其實陳昱文已判斷「葉靈鳳基本上是將香港視為『中國的香港』」，只是「《香港方物志》不斷呈述其生態的中心位置，[因此]香港意識有了抬頭的可能，有了戀土的可能」。[116]這幾句話說得有點隱晦，但如果結合本文上一節的分析，「中國的香港」屬於民族主義的話題，在「六七」之前這個話題並不主導葉靈鳳全部的寫作，因此他對於香港的方物，尤其生活上接觸的花木、魚鳥、美食，有其喜愛，是合情合理的。從「生態香港意識」到「香港意識」當然只是一種可能的趨向，並不是指葉靈鳳已具有「香港意識」。但他畢竟並非全然抗拒在地的一切，所以說是有「某種認同」當無不可。

　　至於《香港方物志》的自然知識和香樂思的關係，只要引用彭氏自己的話即可瞭然：

> 葉靈鳳高明之處，是把香氏原文在言辭上加以潤色，在資料上更新補充，在調查上添加民俗學、中國化、本土化特色，照顧華人讀者口味與反應。

又：

> 葉氏先熟讀〔《香港郊外》的〕〈蛇店〉，再去蛇店實地考察，逐項比對、補充、修正、勘誤。[117]

既有所「更新補充」、「添加」、「實地考察」、「修正」、「勘誤」，就不是純粹的襲用，因此並不影響本節上文對《香港方物志》的評價。[118]

　　葉靈鳳在時代容許的條件下，「發現」了一種寫作題材，結合他的豐富史地知識，創造出一種新的隨筆類型，《香港方物志》系列的貢獻就在於此。

---

[115] 彭玉文，〈重估《香港方物志》——兼論香樂思與葉靈鳳之間（上、下）〉，《微批》（網上文學評論平台），2018 年 12 月 16 日載，網址：https://paratext.hk/?p=1793#_ftn18 及 https://paratext.hk/?p=1796（2020 年 9 月 7 日瀏覽）引文見下篇第三節（原文無頁碼）。香樂思 *Hong Kong Countryside: Throughout the Seasons*，彭玉文譯註本名為《野外香港歲時記》（香港：中華書局〔香港〕有限公司，2018）。譯者下了極大的工夫考索動植物的譯名，在註釋中補了很多資料，又親自拍攝了大量照片，以方便讀者了解原文。

[116] 陳昱文，〈香港方物中的香港意識〉，頁 122。

[117] 彭玉文，〈重估《香港方物志》〉上篇第四節及下篇第一節（原文無頁碼）。

[118] 關於「不注明出處」，彭玉文，〈重估《香港方物志》〉上篇第四節指出：「葉靈鳳曾多次為文推介博物學家香樂思」，可見葉靈鳳沒有隱瞞他讀過香樂思的著作。葉靈鳳的文章在報紙上發表，自難恪守後來學術論文的徵引規範，但他也絕對不是把別人的成果據為己有。彭氏，《野外香港歲時記》（即 *Hong Kong Country*）蝌蚪一節的註釋：「葉靈鳳《香港方物志》翻譯了本段，作為〈春〔青〕草池塘處處蛙〉一篇部分內容，另外部分則翻譯自香氏〈四月‧樹蛙〉之日誌，均未注明出處。」（頁 87，註 66）彭氏所指的其中一段，在〈青草池塘處處蛙〉是這樣的：「據說大學堂的生物學教授，有一次捉了幾隻樹蛙在實驗室裡作實驗……」（頁 28）如上所言，葉靈鳳早就介紹過香樂思是香港大學的生物學教授。

五、結語

　　從反本質主義的身份認同觀看來，每一個人的社會身份或文化身份都是眾數的，在群體中，種族、國族、性別、年齡、階級、宗教、職業……標示的範圍既重疊又交錯，個人因應不同情境突顯不同身份來與他人互動原是常態，到了社會遭逢巨大變動時，因響應號召或屈從壓力，個人的思想或行動才轉由某一身份所主導，這就是身份認同政治（identity politics）。[119]有些文化研究者看重身份認同政治帶來的社會創新，[120]但不能否認這也導致了個人身份的縮減。借助《日記》我們辨認出葉靈鳳 1949 年後在香港經歷變化的痕跡，看到民族主義者在社會巨變後成為葉靈鳳的主導身份，但也重新發現了「讀書人葉靈鳳」雖然在歷史高潮時顯得有點幽微，卻也由始至終存在。保存眾數身份一直在葉靈鳳的意識裡。[121]

　　本文主張大致以「六七」為界，把葉靈鳳的最後二十五年區分為眾多身份並存和特定身份主導兩個階段。無論哪一個階段，葉靈鳳都努力協調於身為讀書人、愛國者和作家之間。體現在寫作上，《香港方物志》是前一階段積極開拓創作空間的成果，在後一階段，反殖和左派以外的言論只能低調地表達——儘管低調，卻沒有噤聲，這當是他不曾放棄「星座」的原委。確認了「六七」對葉靈鳳協調眾數身份的重大壓力，配合《日記》提供的寫作時間及發表場地訊息，我們可以更合理地解讀葉靈鳳的作品，包括消解論者對葉靈鳳香港掌故時而「尖銳憤慨」、時而「理性」的迷思，以及回應究竟《香港方物志》是把香港收編進大中原文本裡，還是代表「香港認同」的爭論。

　　事實上並非只有葉靈鳳需要協調眾數身份。推廣他的案例，我們可以嘗試考察他的左派文友羅孚、黃蒙田、陳君葆等，以至有所交往但友誼淡薄的易君左、徐訏等，重新體察在政治左右對壘的表象下，還有哪些隱微的動態，共同構成了當年的文學場域。由此再看今天所認知的「本土意識」，我們或將對它的形成有更細緻的了解。

---

[119] 參 Eric Hobsbawm, 'Identity Politics and the Left,' in *New Left Review* I/217, May June 1996, pp. 39-42.

[120] 參 Chris Barker 著，羅世宏主譯，《文化研究：理論與實踐》（台北：五南圖書出版股份有限公司，2012），頁 258-266。

[121] 葉靈鳳在香港淪陷前的文學活動，同樣可以看到他「保存眾數身份」的努力，參樊善標，〈文藝與抗戰——葉靈鳳主編香港《立報‧言林》的側面觀察〉，《諦聽雜音：報紙副刊與香港文學生產（1930-1960 年代）》，頁 144-180。

主要參引文獻

（一）專書

小思，《葉靈鳳書話》，北京，北京出版社，1998。

余汝信，《香港，1967》，香港，天地圖書有限公司，2012。

香樂思（Geoffrey Alton Craig Herklots）著，彭玉文譯註，《野外香港歲時記》（*Hong Kong Countryside: Throughout the Seasons*），香港，中華書局（香港）有限公司，2018。

高林編，《羅孚友朋書札輯》，北京：海豚出版社，2017。

張家偉，《六七暴動——香港戰後歷史的分水嶺》，香港，香港大學出版社，2012。

張家偉，《香港六七暴動內情》，香港，太平洋世紀出版社有限公司，2000。

陳子善，《撈針集——陳子善書話》，杭州，浙江人民出版社，1997。

程翔，《香港六七暴動始末——解讀吳荻舟》，香港，牛津大學出版社，2018。

葉靈鳳，《晚晴雜記》，香港：上海書局，1971 年 11 月再版。

葉靈鳳《香港方物志》，香港：中華書局（香港）有限公司，2011。

葉靈鳳《香港的失落》，香港：中華書局（香港）有限公司，2011。

葉靈鳳著，陳智德編，《香港當代作家作品選集・葉靈鳳卷》，香港，天地圖書有限公司，2017。

葉靈鳳著，絲韋（羅孚），《葉靈鳳卷》，香港，三聯書店（香港）有限公司，1995。

趙稀方，《報刊香港：歷史語境與文學場域》，香港，三聯書店（香港）有限公司，2019。

盧瑋鑾、鄭樹森主編，《淪陷時期香港文學作品選——葉靈鳳、戴望舒合集》，香港：天地圖書有限公司，2013。

盧瑋鑾、鄭樹森主編，熊志琴編校，《淪陷時期香港文學資料選（一九四一至一九四五年）》，香港：天地圖書有限公司，2017。

盧瑋鑾箋，張詠梅注，《葉靈鳳日記》，香港：三聯書店（香港）有限公司，2020。

謝榮滾主編，《陳君葆日記全集》，香港：商務印書館（香港）有限公司，2004。

Chris Barker 著，羅世宏主譯，《文化研究：理論與實踐》，台北：五南圖書出版股份有限公司，2012。

（二）專書論文

王宏志，〈葉靈鳳的香港故事〉，《歷史的沉重》，香港，牛津大學出版社，2000，頁 227-255。

李小良，〈葉靈鳳的「失落」〉，王宏志、李小良、陳清喬，《否想香港：歷史・文化・未來》，香港，麥田出版股份有限公司，1997，頁 147-179。

樊善標，〈文藝與抗戰——葉靈鳳主編香港《立報・言林》的側面觀察〉，《諦聽雜音：報紙副刊與香港文學生產（1930-1960 年代）》，北京，中華書局，2019，頁 144-180。

（三）期刊論文

許迪鏘，〈葉靈鳳的最後三十年〉，《城市文藝》第 15 卷第 3 期（2020/6），頁 78-80。

陳昱文，〈香港方物中的香港意識：試論香港早期自然導向文學《香港方物志》〉，《華文文學與文化》第 4 期（2015/4），頁 107-133。

Eric Hobsbawm, "Identity Politics and the Left," in New Left Review, I/217, May June 1996, pp. 38-47.

（四）網路

彭玉文，〈重估《香港方物志》——兼論香樂思與葉靈鳳之間（上、下）〉，《微批》，https://paratext.hk/?p=1793#_ftn18 及 https://paratext.hk/?p=1796，2020 年 9 月 7 日檢索。

中國現代文學　第三十八期
2020 年 12 月 27-44 頁

從電影到文學的存在主義：論西西〈象是笨蛋〉

趙曉彤[*]

摘要

　　西西是極具代表性的二戰後香港作家。過去，研究者多以西西經典之作《我城》為界，把她一九六零年代的小說創作劃入存在主義時期。相關研究悉數以作家接觸的存在主義書刊為參考。

　　存在主義是二十世紀影響深廣的哲學思潮，對一九五零、六零年代全球青年文化、社會發展影響甚大，傳播方式實不限於書刊文化。西西是香港一九六零年代著名的青年影評人。當時，她接觸的歐美電影不少都觸及與存在主義相關的命題。本文以電影與文學關係為角度，重探西西〈象是笨蛋〉複雜的存在主義思想來源和表現。論文提出，小說轉化了二戰後法國「寫實」主義的電影主題及技巧，以兼及反省及同情的角度，回應當時本地愈趨偏狹的存在主義潮流，與青年文化對話。論文旨在重探西西的「存在主義」小說特色，亦借這位極具代表性的香港作家多元轉化歐美存在主義思潮的方式，提出以視覺文化為角度，考察二戰後香港以至其他非西方地區接收存在主義思潮方式的重要性。

關鍵詞：存在主義、西西、電影與文學、寫實主義

---

[*]　趙曉彤，香港高等教育科技學院，語文及通識教育學院一級講師。

Existentialism from Film to Literature:
A Discussion on Xi Xi's 'Xiang as an Idiot'

Hiu Tung Chiu[**]

Abstract

Xi Xi is a representative post-World War II Hong Kong writer. In the past, researchers often took her classic "My City" as boundary, to periodize the 1960s as her existentialist period. These studies mostly based on the readings that writers have contacted as references.

Existentialism is an influential philosophical trend in the 20th century. It had a great influence on the youth culture and social development in the 1950s and 1960s globally. Such ideological spread is not limited to printing cultures. Xi Xi was a famous young film critic in Hong Kong in the 1960s. At that time, she watched many European and American films that concerns existentialism. This paper takes the relationship between film and literature as perspective, to re-explore the source and adaptation of Xi Xi's complex existentialism in her works. It proposes her short story 'Xiang as an Idiot' has transformed themes and techniques of the French 'realism' movie trend after the World War II, in order to examine existentialism on a dualistic level. The work shows both the writer's reflection and sympathy towards existentialism, when responding to the increasingly narrowing existentialist trend meanwhile, and to talk it over with the youth culture locally.

This paper aims not only to re-explore the characteristics of Xi Xi's "existentialist" novels, but also takes such representative Hong Kong writer as example, to suggest that taking a visual cultural perspective is of vital importance, when examining the perception and adaptation of the wide spread of existentialism in Hong Kong or other non-Western regions after World War II.

Keywords:　Existentialism, Xi Xi, Film and Literature, Realism

---

[**]　Hiu Tung Chiu , Lecturer I, Technological and Higher Education Institute of Hong Kong, School of General Education and Languages.

一、前言

　　西西（1937-）是極為重要的香港作家，寫作成就備受肯定。在她眾多的文學創作中，以城籍申述地方主體性的《我城》最受觸目。《我城》發表於 1975 年。西西曾經表示，她在《我城》以前的創作都帶有存在主義色彩；[1]過去的作家研究亦多以《我城》為界，把西西的一九六零年代劃為存在主義時期、藍色時期，[2]區別於《我城》的「本土」時期。

　　作為影響深遠的二十世紀哲學思潮，存在主義有相當複雜的面向，對二戰後世界各地的社會及文化發展影響不小。鄭蕾指出，存在主義思潮在二戰後歐美呈現出社會性、政治化的積極入世、改革面向；但香港在一九五、六零年代並沒有與之相近的政治及社會情景，以致西西等本地青年對存在主義思潮的接收，偏重疏離社會、頹廢消極的一面。[3]西西在一九六零年代曾閱讀不少存在主義書籍，[4]論者多據此探討其小說中的存在主義哲學意涵，尤其突出作家對卡繆（Albert Camus）哲學思想的接收。在此其中，當論者意欲突出西西從一九六零到七零年代的「存在」與「本土」時期小說差異，會較強調箇中虛無、消極的面向；而當焦點改為作家獨特的哲學思想面貌時，則傾向突出潛藏的積極抵拒一面，[5]另有論者提出箇中「非存在主義」特質。[6]簡言之，目前有關西西一九六零年代的「存在主義」小說及思想研究，尚無定論，尤其在消極或積極、存在或非存在等議題上仍有不少矛盾之處。如此一來，西西當時的寫作表現如何可以成為二戰後香港存在主義思潮的例證，亦待斟酌。

　　已有的西西「存在主義時期」小說研究，悉數以作家同期接觸的書刊文化為參考，大大忽略了二戰後存在主義哲學的其他跨國傳播方式。西方學界早指出，一九六零年代乃二十世紀相當重要的全球化時代。其時，各種與西方青年反叛文化、社會運動相關的文化及

---

[1] 何福仁訪問，〈胡說怎麼說──談《我城》〉，載西西，何福仁，《時間的話題：對話集》（香港：素葉出版社，1995），頁 198。

[2] 西西早年曾以藍子為筆名，在《詩朵》發表小說〈醒喲，夢戀的騎士！（一）、（二）〉。研究者談西西存在主義時期的開端，多以此為據。見徐霞，《文學‧女性‧知識──西西《哀悼乳房》及其創作系譜研究》（香港：天地圖書，2008），頁 140。

[3] 鄭蕾，《香港現代主義文學與思潮》（香港：中華書局，2016），頁 106-125。

[4] 何福仁訪問，〈胡說怎麼說──談《我城》〉，載《時間的話題：對話集》，頁 199-200。

[5] 徐霞認為，〈東城故事〉、〈象是笨蛋〉的寫法，移植了不少存在主義的精神，涉及自殺題材，態度較消極憂鬱。見徐霞，《文學‧女性‧知識──西西《哀悼乳房》及其創作系譜研究》，頁 140-159。陳燕遐也以《我城》為界，為西西的小說分期。她亦認為西西《我城》以降的小說創作，擺脫了存在主義時期的虛無感，但承接了卡繆的生活哲學。見陳燕遐，《反叛與對話》（香港：華南研究出版社，2000），頁 5-7、31-34。晚近，梁敏兒提出《我城》中的存在主義思想，突破過去的西西「存在」與「本土」分期論。梁敏兒，〈《我城》與存在主義：西西自〈東城故事〉以來的創作軌跡〉〉，《中外文學》38.2（2012.9），頁 85-115。

[6] 鄭政恆，〈存在主義時期：六十年代的西西〉，《文學雜誌（雙月刊）》35（2014.12），頁 69-71。

政治話語，通過電影、電視及音樂等聲色視聽媒介，作跨區域的快速傳播。[7]在全球化資本主義的時代，商品文化藉著跨國資本而加速流動。而視聽文化尤其容易結合資本形式轉換為商品，極速影響不同地域的群體。史書美指出，當代視覺文化、相關語言符號系統為社會實踐，鬆動固有、單一的意識形態內涵。[8]事實上，一九六零年代也是西西相當重要的電影時期。[9]她當時身為二戰後首批香港本地成長的青年影評人，大量接觸歐美電影，對電影甚為著迷。[10]在書刊文化外，西西會否經由電影等視覺文化，接觸歐美的存在主義思潮？視覺化的哲學思潮意涵，與書刊文化所呈現的面貌，有何異同？如果西西曾轉化相關視覺文化內容為其小說所用，如何更新、回應或推動了香港本地對存在主義的認知？在哲理思辨外，當時的電影潮流有沒有為西西的文學寫作技巧帶來啟示？

　　在 1969 年，西西在《快報》發表連載小說〈象是笨蛋〉。相比她第一個中篇小說〈東城故事〉，此作更明確地以電影《蝴蝶春夢》（The Collector, 1965）、經典存在主義小說《異鄉人》為潛文本（sub-text）。在普遍肯定小說主題與卡繆思想相關的基礎上，研究者對於小說是否存在主義小說仍有明顯分歧，例如鄭政恆認為小說主角的人道主義思想與存在主義所論明顯相抵，故非存在主義小說。[11]從這個角度來說，此作是重探西西複雜存在主義思想來源、表現的極佳切入點。與前行研究稍有不同，本文以電影及文學轉化關係為角度，重探〈象是笨蛋〉的主題及寫作技巧特色。論文先追溯小說的寫作背景及場域，據此闡述小說在技巧、主題層面轉化二戰後法國寫實電影潮流的方式，以揭示小說複雜的存在主義主題與時代、社會的關係。本文旨在重探西西的「存在主義時期」小說特色，亦以這位極具代表性的香港作家為例，提出從視覺文化層面考察二戰後香港以至其他非西方地區接收存在主義思潮方式的重要性。

一、存在主義、青年文化與西西的電影時期：〈象是笨蛋〉的寫作背景

　　過去，研究者在討論西西一九六零年代的存在主義小說時，大多引用了作家解釋《我城》寫作背景的自述：

7　Brown, Timothy Scott, and Andrew Lison, ed. *The Global Sixties in Sound and Vision: Media, Counterculture, Revolt.* (New York: Palgrave Macmillan, 2014), pp. 1-10.

8　史書美，《視覺與認同：跨太平洋華語語系表述‧呈現》（臺北：聯經出版公司，2013），頁 21-46。

9　西西自稱上世紀六十年代至七十年代初為她的電影時期。見西西，《我城》序（臺北：允晨文化實業有限公司，1988），頁 1。

10　西西曾經指出，她當時對電影的著迷程度至於把觀影視為上課的時刻。見西西，〈看電影〉，《大拇指》總13（1976.1），頁 11。

11　鄭政恆，〈存在主義時期：六十年代的西西〉，《文學雜誌（雙月刊）》35（2014.12），頁 70-71。

無論「東城故事」、「象是笨蛋」、「草圖」這些存在主義式的小說，我覺得都不是我應該走下去的路，我想寫一個比較快樂的，同樣「存在」，但用另一種態度。那時受一些其他東西的衝擊，比方披頭四的「黃色潛艇」、約瑟盧西的「女金剛大破鑽石黨」、路易馬盧的「莎西地下鐵」等等，這些電影都比較創新，有趣，運用不同的形式表現。我想，小說為甚麼不能夠這樣呢？一般小說都寫成年人，悲哀愁苦，扳起臉孔，寫十分嚴肅的問題。（可以嚴肅，可不必扳起臉孔。）為甚麼不寫寫年青人的生活，活潑些，從他們角度看問題呢？[12]

無可否認，這段作家自述分辨了《我城》及「存在主義式」小說的差異，但如果仔細考量西西的說法，她也提出兩個時期的小說主題基本未變，「同樣存在」。此外，目前有關〈象是笨蛋〉等西西「存在主義」小說研究，一直把作品主題視為作家個人哲理思想的呈現，忽略了西西當時亦致力在「一般小說」外，「嚴肅」地書寫青年人的故事，回應社會。

　　西西接觸存在主義思潮的一九六零年代，也是她的電影時期。其時，電影不僅更新了西西對存在主義哲理的看法，她當時積極投身本地各種推廣電影文化的工作，更讓她深切地體會到香港當時深受存在主義思潮影響的青年問題，這些都影響著她同期開展的文學創作。

　　隨著香港大會堂第一映室（Studio One）在 1962 年成立，西西與羅卡、陸離等本地成長的香港文藝青年有更多機會接觸當時的歐美電影潮流，[13]陸續獲邀在《新生晚報》、《香港影話》等報刊雜誌撰寫影評。[14]第一映室是一九六零年代香港引入歐美藝術電影的重要場所，西西當時通過它接觸到不少觸及存在主義命題的歐洲電影。經歷兩次世界大戰以後，越戰牽動的冷戰陰霾，以及現代文明帶來的社會問題，促使不少歐洲導演藉混合現實與幻想的形式、人情疏離的題材，展示對現代文明的困惑，尤其突出缺乏溝通、個體孤獨苦悶等問題。費里尼（Federico Fellini）的《八部半》（8½, 1963）描繪知識分子仿徨焦慮，以幻想超越精神痛苦；英瑪褒曼（Ingmar Bergman）的《寒冬之光》（*Winter Light*, 1962）取材神父自殺事件書寫個人精神困苦，質疑宗教救贖信仰；還有安東尼奧尼（Michelangelo Antonioni）提出他對人際疏離、現代工業文明隱憂的「疏離三部曲」及《赤色沙漠》（The

---

[12] 何福仁訪問，〈胡說怎麼說──談《我城》〉，載西西，何福仁，《時間的話題：對話集》（香港：素葉出版社，1995），頁 199-200。

[13] 1962 年，港英政府耗資二千萬元興建的新香港大會堂開幕，大會堂低座的音樂廳、劇院、展覽廳，為當時香港文化活動提供了重要的表演場地。見〈香港大會堂〉，《第一映室，香港電影：二十周年影展》（香港：香港市政局，1982），頁 5。

[14] 西西與羅卡、陸離等先後在 1962-1963 年開始為《中國學生週報》的「電影圈」供稿。他們的寫作吸引了不少文藝青年的注意，日報《新生晚報》編輯方龍驤、邵氏電影公司刊物《香港影話》總編輯朱旭華，也先後邀請他們供稿。西西與一眾《中國學生週報》「電影圈」作者共同供稿狀況，見拙作，《西西一九六零年代影話寫作研究》（香港：香港中文大學中國語言及文學學部，哲學碩士論文，2012），頁 14-27。

Red Desert, 1964）等，[15]都是這類的作品。西西當時大量接觸這些電影，也曾在影評中流露出對簡中疏離、苦悶等精神困頓主題的認同。[16]然而，隨著歐美戰後一代青年人的長成、社會結構的改變，電影、電視等視覺文化亦陸續吸收當時的青年反叛文化潮流，以青年人為題材的電影大行其道。除了加強渲染性愛解放、極端頹廢及脫離社會的青年形象，也有反省個人疏離社會、固守孤獨精神世界的電影，如路易馬盧（Louis Malle）的《爐火》（*The Fire Within*, 1963），很早就以同情的眼光反省知識分子對存在主義的迷思；《愛麗絲餐廳》（*Alice's Restaurant*, 1969）溫和地反省嬉皮士青年疏離社會的群居生活方式。這些電影，西西也都接觸過。[17]換言之，她在一九六零年代接收存在主義的方式相當多元，絕對不容忽視視覺文化對其寫作的影響。

西西在一九六零年代寫了超過三百篇影評，是當時香港頗有影響力的青年影評人。在撰寫影評以外，她約在 1966 年與其他影評人成立二戰後首個以本地青年為核心的「大學生活電影會」（筆者按：簡稱大影會），[18]拍攝過實驗電影，[19]並擔任過「大影會」通訊刊物《影訊》的編輯長達數年。該報當時就提及本地青年人自殺事件，並表示可惜。[20]

〈象是笨蛋〉於 1969 年發表時署名米蘭，為西西同期發表影評的筆名。[21]小說講述一名對生存感到痛苦的女孩，跟蹤並要求任職於防止虐畜協會的男主角阿象為她進行人道毀滅。最終，阿象間接協助了女孩自殺，被判入獄。小說以青年自殺為題材，顯然回應著當時的社會氛圍。若把西西寫作小說的時刻、場域納入考量，〈象是笨蛋〉的「存在主義」主題，就未必是作家個人哲學思想的反映，而必須同時考量她接觸到的「存在主義」電影思潮，以及她當時對本地青年問題的深切關懷。

---

[15] 安東尼奧尼「疏離三部曲」包括《迷情》（L'Avventura, 1960）、《夜》（La Notte, 1961）和《蝕》（L'Eclisse, 1962）

[16] 西西，〈電影與我〉，《中國學生周報》602 期第 11 版，1964 年 1 月 31 日；倫士（西西），〈電影花甄之構成〉，《中國學生周報》665 期第 11 版，1965 年 4 月 16 日。鄭樹森較早提出西西六十年代小說及其電影時期的關係，並以安東尼奧尼等導演的六十年代存在主義電影為參考。鄭樹森，〈讀西西中篇小說隨想－代序〉，載西西，《象是笨蛋》（臺北：洪範書店有限公司，2003），頁①-③。

[17] 見西西，〈愛麗斯之餐室〉、〈馬盧爐火〉，《我之試寫室》（臺北：洪範書店，2016），頁 45-47，185-187。西西此專欄寫於 1970 年《快報》，該年份的《快報》今已不存。

[18] 羅卡，〈「大學生活電影會」〉，《影訊》創刊號（香港：大學生活電影會出版組，1967 年 2 月），無頁碼。

[19] 西西當時曾拍攝實驗電影《銀河系》。全片長約三分鐘。據西西的回憶，《銀河系》利用她任職於電視台的哥哥工作上沒用的新聞片段，把有趣的人物和說話，與太空船紀錄片剪輯而成，以呈現世界的新貌。廖偉棠訪問，〈地球無可救藥，人類還有希望〉，《時代周報》18（2012.1），頁 2-3。

[20] 羅卡：〈悼念張寶雲會友〉，《影訊》第 16 期（香港：大學生活電影會出版組，1968 年 4 月），頁 4。

[21] 西西於 1968 年在《星島晚報》發表影評時即署名米蘭。

二、寫實與存在：〈象是笨蛋〉對二戰後法國電影的轉化

〈象是笨蛋〉與電影關係密切，鄭樹森最早提出小說通過改寫電影《蝴蝶春夢》的人物及故事，書寫存在主義哲理。《蝴蝶春夢》講述一名專門捕藏蝴蝶的男生，邂逅心儀女子後將她如蝴蝶一般綁架囚禁，而〈象是笨蛋〉則改為「女追男」的設置。鄭樹森認為，小說豐富的存在主義典故，多重捕與被捕的男女關係，可循生命與藝術的對立、依賴關係進行探討。[22]研究者亦多從存在主義角度解讀此作，尤其關注小說的另一個潛文本，卡繆的《異鄉人》。鄭政恆提出，小說最終並非論說存在主義，人道主義者阿象改寫《異鄉人》積極的存在主義思想，有意識地克服荒謬。不過，他認為主角的姿態被動，各種行為都只是女子逼迫下的結果，也拙於反省，因入獄才賦予行動及生命意義。[23]

在上述作品外，〈象是笨蛋〉的存在主義主題、形式技法，應更多轉化自西西在一九六零年代接觸過的法國電影《爐火》以及《男歡女愛》（*A Man and a Woman*, 1966），二者對小說的啟發兼及主題及技法層面，當中又以《爐火》的影響較為全面。《爐火》描寫的正是一個自殺故事。電影以倒敘方式回溯一名知識分子自殺前兩天的生活經歷，有意與二戰後歐美普遍瀰漫的憂鬱疏離、愈趨偏執的存在主義青年文化對話。在電影描繪主角自殺前與朋友、舊情人的會面過程中，這些人物都不約而同提及自己年青時候的負面想法。例如主角的已婚友人指出，年青人總會感到生命無希望（hopes are gone），但他從家人身上獲得新的可能性（certainties），因此也勸喻主角要擺脫青年時期的偏執。他希望主角銘記生命中總有事情可予以一種生活的感覺。事實上，電影主角的精神困苦，源於他意識到生活的本質只是長時間等待，愛情等生命花火全都短暫易逝。《爐火》的對白、場景，載滿存在主義的話題，人物的行為和說話，觸及卡繆眼中因誤解哲理而選擇自殺，以及論者所說帶積極態度的荒謬哲學。〈象是笨蛋〉對電影最重要的主題轉化，是它不強烈批判、同情也反省存在主義的態度，以及對人情與關懷的重視，這些都是卡繆存在主義思想中沒有的部分，下一節會再論及。

另外，小說主角道出的關鍵命題：「在藝術品與生靈之間，我選擇生靈」，[24]原為電影《男歡女愛》的一句對白。該電影以一對鰥寡男女的愛情故事為題材，因女方無法忘懷亡夫，二人的感情最終無疾而終。西西在截取電影對白外，更多轉化了此作以特寫鏡頭見稱的場面調度（Mise en scène）手法。西西在一九六零年代中後期關注電影的場面調度手法，而該作通過諸如人物手勢、坐姿行為等特寫鏡頭，自然流露人物的情感關係變化，唏噓而

---

[22] 鄭樹森，〈讀西西中篇小說隨想——代序〉，載西西，《象是笨蛋》，頁⑤-⑥。

[23] 鄭政恆，〈存在主義時期：六十年代的西西〉，《文學雜誌（雙月刊）》35（2014.12），頁 70-71。

[24] 西西，〈象是笨蛋〉，《象是笨蛋》，頁 83。

不傷感，獲西西讚賞，她多次稱許電影的場面調度細膩、剪接上乘。[25]事實上，《爐火》也是場面調度技巧出眾的作品。稍有不同的是，《爐火》的場景調度以長鏡頭為主，寫實的場景布局細膩豐富，尤其是主角獨處的療養院房間，各種物品都是投射人物精神狀態、存在迷思的重要細節。

〈象是笨蛋〉轉化的場面調度技法來自西西一直偏愛的二戰後法國電影潮流，卻經過一定的調整。談及二戰後的法國電影，論者多會述及新浪潮（La Nouvelle Vague），其中又以《電影筆記》（Cahiers du Cinéma）為中心的「筆記派」最為人所熟悉。「筆記派」在電影批評上主張「作者論」，只以作者風格作批評準則；而在電影製作上則高舉場面調度。[26]此流派的導演如巴贊（André Bazin）等偏好以長鏡頭進行場面調度，有法國寫實主義之稱。[27]西西對「作者論」甚有保留，場景調度卻是她影話中經常出現的電影評介方法。

場面調度一詞源自劇場，拒絕以剪接敘事，主張佈景陳設應「擺在適當的舞台位置」。[28]二次大戰以後，歐美新世代電影工作者冒起，其中以法國新浪潮的影響力最為深遠。二十世紀法國電影一直有寫實的傳統，但不同於三十年代浪漫的詩意寫實主義，新浪潮以場面調度見稱的「寫實」形式，很大程度繼承自一九四零年代的意大利新寫實主義電影（Neo-realism）。新寫實主義推崇記錄式攝影，演技和場景都容許即興，另傾向打散敘事關係，拒絕全知觀點。法國新浪潮導演繼承諸多新寫實美學形式，抨擊虛假、浮誇的電影製作技法，主張走入生活實景，偏好自然光拍攝手法，常用橫移、推軌鏡頭，讓攝影機隨人物或人物之間的互動而移動。[29]活潑而跳躍的「寫實」風格，有意反叛固有價值及規範，卻不代表這些導演摒棄主流電影，例如不少「筆記派」導演偏好拍攝劇情片，欣賞能在類型片中拍出個人風格的荷里活導演。[30]此外，他們也喜用開放式結局、不連戲的剪接，如杜魯福（François Roland Truffaut）和高達（Jean-Luc Godard）早年都喜歡使用跳接（jump cut），在一九六零年代則採用更多長鏡頭。

不過，西西曾指出，當時法國改以長鏡頭為主的場面調度技法，形式高度寫實，即使電影作者想觀眾注意某些物件、聲音等細節，很可能會在觀眾走神、聚焦錯誤的情況中失效。[31]

---

[25] 西西，〈開麥拉眼〉，《香港影畫》11 月號（1967.11），頁 52；米蘭（西西），〈拉扯下樓梯〉，《星島晚報》第 12 版，1968 年 12 月 15 日；米蘭（西西），〈多用眼睛看〉，《星島晚報》第 12 版，1968 年 12 月 16 日。

[26] Robert Stam 著；陳儒修、郭幼龍譯，《電影理論解讀》（臺北：遠流出版事業股份有限公司，2008），頁 120-127。

[27] 巴贊的長鏡頭電影理論強調深焦攝影，反對蒙太奇剪接，他最早把二戰後的法國電影新浪潮分為詩意寫實、心理寫實等類型。電影美學史一般把他歸入寫實傳統。巴贊的說法見 André Bazin, Bert Cardullo ed., *French Cinema from the Liberation to the New Wave, 1945-1958* (New Orleans: University of New Orleans Press, 2012), pp. 13-33. 另見 Louis D. Giannetti 著，焦雄屏等譯，《認識電影》（臺北：遠流出版事業股份有限公司，2005），頁 190-198。

[28] 《認識電影》，頁 68。

[29] Bordwell, David., and Kristin Thompson. *Film Art: An Introduction* (New York: McGraw-Hill, 2013), pp. 483-487.

[30] Ibid., p. 486.

[31] 西西，〈電影筆記〉，《亞洲娛樂》47（1967.7），頁 52-53。

西西推崇的場面調度，可先以她相當欣賞的法國導演高達作品為參考。高達在一九六零年代中後期也較多使用長鏡頭，但應用方式略有不同。他常用的是「拼貼」（collage）技巧，大致有兩種表現，一是利用視覺錯覺，組接不相干的事物，製造諷刺效果，常見於導演對消費文化的批判；二是利用場景中不同的物事，自然地表達意見，也引導思考，多見諸場景中的文字和圖像符號。[32]西西故意把「collage」翻譯為「確立奇」，[33]突出了她對法國寫實主義電影技巧的認同，實以「確立奇異」的客體感知形式為基礎，有表達意見、引導思考之意。

　　在高達以外，西西曾稱許路易馬盧為真正在「新潮」中走出自己道路的導演，[34]大概與他從未受限於單一形式技法的取態有關。今日的電影史多把馬盧歸入新浪潮，但也有學者指出，馬盧的代表性在於他能出入於新浪潮，是潮流過去後真正發揮著其精神的導演，[35]評價與西西當年如出一轍。深受布列松（Robert Bresson）影響的馬盧，在新浪潮開始前已有豐富的拍攝記錄片經驗，深明記錄式寫實鏡頭的價值。他當時已提出，鏡頭的定義只有能動性（mobility）與流動性（fluidity）。在他的電影中，交叉剪接和特寫有利於呈現角色狀態、人物互動的複雜性，而長鏡頭則驅動觀察者通過鏡頭中的細節進行主題呈現。他從不標舉一種鏡頭形式，而據主題而活用、創造，卻始終捨棄結構完整性、傳統的心理寫實形式，是論者眼中歐洲藝術電影傳統的繼承者。[36]

　　相比西西同期的小說創作，〈象是笨蛋〉的寫實風格相當突出，明確提示作品轉化電影場面調度手法的嘗試：小說開首描述主角阿象在防止虐畜協會接收棄貓時，故意把動作寫成「把貓放在該放的地方」，[37]顯是場面調度「擺在適當位置」的寫照，提示讀者要注意小說中的各種細節，包括存在主義典故、場景中的物品、人物說話及行為等，都是理解主題的關鍵。

三、同情與反省：〈象是笨蛋〉對存在主義思潮的多重回應

　　西西一直相當喜歡法國電影和導演，甚為欣賞高達和馬盧。《爐火》在 1966 於香港第一映室上映，[38]西西後來曾指出，《爐火》是導演最具代表性的作品：

[32] 西西曾在她的圖文專欄中解釋過部分高達電影中的文字拼貼意義。見西西，〈安坦〉，載西西，《剪貼冊》（臺北：洪範書店有限公司，1991），頁 144。

[33] 米蘭（西西），〈電影中的確立奇〉，《星島晚報》，第 12 版，1968 年 9 月 10 日。

[34] 西西，〈瑪麗亞萬歲〉，《亞洲娛樂》47（1966.7），頁 54-55。

[35] Neupert, Richard. *A History of the French New Wave Cinema* (Madison: University of Wisconsin Press, 2007), p. 85.

[36] Ibid., p. 87-94.

[37] 西西，〈象是笨蛋〉，《象是笨蛋》，頁 82。

[38] 《爐火》於 1963 年在外國上映，香港第一映室則於 1966 年上映，但路易馬盧的電影如《瑪麗亞萬歲》在當時已能以相對同步的時間引入香港戲院，因此《爐火》會否更早在其他本地影院上映，有待考察。《爐火》在第一映室的上映年份見《第一映室，香港電影會：二十周年影展》，無頁碼。

> 路易馬盧和新潮的導演不是一個路子，新潮是新潮，他是他。[⋯⋯]別人一開始雖
> 然與眾不同，但片與片之間差別不大，馬盧則部部片變。他自己也說過，我盡量拍
> 不同的電影，如果不是題材不同，則是手法不同。[⋯⋯]馬盧的題材主要是描寫知
> 識分子和布爾喬亞階層，精神是浪漫的。[39]

在所有路易馬盧的作品中，西西予《爐火》以最高評價。她高度推崇此作，應與電影未以
簡化方式回應存在主義的態度和美學形式有關。

　　《爐火》是一齣兼有同情與反省角度的電影，它的存在主義式表現兼及主題與形式層
面，兩者互為內在。電影主角是一位作家，因感到生活、感情無從把握、精神困頓而酗酒，
留醫後仍感到抑鬱，決定結束生命。電影描繪他死前到巴黎與好友、舊情人見面，嘗試尋
找活著的理由。馬盧曾經提及，《爐火》主角的原型為他的朋友。朋友的自殺，在馬盧來
看兼有可解與不可解之處，因此拍攝了這齣其實極具私人性的電影，為他以及當時同樣有
過朋友自殺經驗的觀眾，帶來解釋。[40]因此，電影以帶有同情的眼光批評中產階級空洞的
追求，也呈現知識分子深陷精神困頓的極端狀態，尤其警惕那種對生命欠知足、忽略人情，
以及對生活欠缺熱情的悵惘、被動態度。但電影細膩的場面調度手法，尤其是細緻的景物
和動作特寫、精闢簡約的對白，亦讓觀眾感受到主角不被了解的精神痛苦。

　　學者指出，《爐火》作為導演的代表作，整體美學風格深受新寫實主義影響。馬盧將
新寫實美學融合心理戲劇特徵，形式上繼承二十世紀初的表現主義風格，但不以演員的主
觀感覺為核心，而隨角色散發出整體的美學與風格，從兩個方面回應自殺潮流，使得此作
在當時眾多的存在主義電影中顯得別樹一幟。《爐火》的敘事結構也有非事件（non-event）
的零散特色，主角幾次拜訪友人的段落，都是較大篇幅的片段式記錄，人物與場景之間沒
有情節上的承接關係。電影一直只以主角的思緒為核心，以不同形式呈現存在主義者視生
命為無意義歷程的看法，致力讓主角的虛無思維變得可感。電影主要使用長鏡頭或段落鏡
頭（sequence shot），配以使觀者幾近窒息的連串特寫，讓觀眾感知無盡的虛無思維對精神
的虛耗。電影的人物對白，也暗示著主角對生命意義的渴求與失落。此外，電影也適當利
用了特寫達到類似的效果。例如電影以連串特寫鏡頭拍攝主角在療養院房間活動，包括以
墨水筆在雜誌上塗鴉、調整歪倒的舊情人照片、斬斷小型人偶頭顱、玩弄一頂微型的帽子；
這些特寫的「意義」正在於此漫長序列形式的無意義。[41]電影以多樣的形式展示極端虛無
主義者承受的精神壓迫，觀眾無法進入主角極度壓抑的精神世界，卻能感受到當中延綿不
斷的痛苦。可以說，《爐火》緊密結合主題的形式，以兼及驚醒與體諒的眼光回應二戰後
的存在主義哲學思潮，貫徹著新浪潮書寫現實複雜面的美學特質。

---

[39] 西西，〈馬盧爐火〉，《我之試寫室》，頁 185-187。

[40] Southern, Nathan, and Jacques Weissgerber. *The Films of Louis Malle: A Critical Analysis* (N.C.: McFarland & Co., 2006), p. 83.

[41] Ibid., pp. 83-88.

　　整體來說，〈象是笨蛋〉從題材到手法的轉化，都是取《爐火》的精神而非直接搬演。電影整體風格溫柔而不煽情，警醒而不批判，是西西所說的「浪漫」之處。電影標題英譯「The Fire Within」，中文另譯「鬼火」、「槍火」，剛好反映兩重意思：既指主角無法擺脫精神困頓的自殺之火，更多的是指主角友人、舊情人帶出的意義：主動尋找內在的熱情之火。小說對存在主義的回應，以反省為主，但也不乏同情和諒解。以下將說明，小說如何轉化電影的主題與美學精神，通過場景中的各種事物、人物動作，帶動敘述並呈現人物心理變化，回應諸多常見對存在主義哲理的誤解，誘導不逃避或消極處世的「存在」正軌。

（一）象是笨蛋：逃避荒謬或以邏輯推理的「局外人」

　　〈象是笨蛋〉安插豐富的存在主義典故，首要是回應當時對存在主義哲學的誤解。從題目上來說，此目的已甚為明確，但還可以細分兩個層次，都通過主角阿象與自殺女孩的交流過程，陸續展示出來。小說的整體敘事結構也有《爐火》的段落式敘事、無事件特色，大篇幅寫實片段之間的過渡，純以主角的思想變化為線索，沒有情節上的承接關係，甚至略去自殺此一高潮。〈象是笨蛋〉當時主要與深受存在主義思潮影響的青年人對話，但小說當年在日報發表，也面對一般大眾讀者。對他們而言，繁複的文藝、哲學典故，不連貫又缺乏高潮的敘事形式，進一步加強了他們與存在主義潮流的距離。與《爐火》相似，小說籍此為結局所要引導的關懷與體諒姿態，埋下伏筆。

　　小說的主要命題，是到底對人進行人道毀滅是否人道，以及何謂反抗了生活的荒謬本質。小說也拒絕全知視角，以第一人稱敘事，由阿象的內心出發。表面上看，阿象是一位人道主義者：他很喜歡樹、動物，家中養了三隻鸚鵡、七條狗、十六隻貓，也讓鴿子隨意飛來。但熱愛動物的他偏偏在防止虐畜協會工作，負責人道毀滅生命。此等落差，突顯生活的荒謬。從情節上看來，阿象看荒謬劇，樂觀地面對自己的工作，彷彿實現著「荒謬哲學」。小說一開始就說：

> 直到現在，我還是說我是快快樂樂無憂無慮的。我總是對自己講，啊，學習不要難過，你看一棵樹就從來不哭。[42]

然而，快樂無憂並不代表真正面對了生活的荒謬本質。卡繆的荒謬哲學，肯定不只是表面的樂觀。小說暗示，阿象在尚未遇見自殺女孩前，其快樂是刻意迴避荒謬處境的結果：

---

[42]　西西，〈象是笨蛋〉，《象是笨蛋》，頁81。

> 不瞞你說，每執一次刑，我心裡就難過一次。我想哭，因為我知道第二次世界大戰，我至少也讀過歷史。但我沒有，我不是告訴過你，我總是對自己講，啊，學習不要難過，你看，一棵樹就從來不哭。[43]

阿象遇見女孩之初，對她的請求感到驚慌失措。他勸喻她、陪伴她外出，表面上是挽回她對生活的信心，實際上是想她忘掉荒謬：

> 我們仍然是甚麼也不談，不說濟慈很年輕就死了，也不討論一隻飛蛾為甚麼撲火。很多的星期六，我就留了給她。我們變得那麼熟悉。我知道，我是希望幫助她愛上這個世界。或者是，當自己不存在，或者是，忘卻我就是我。[44]

阿象以「忘卻」作為「存在」，避談無從把握的生命本質，或擁抱光明的熱情及其悲劇下場，這些所謂樂觀、積極，絕非存在主義哲學原意，反而是一種對荒謬本質的逃避。

　　小說提醒，是自殺女孩促使阿象重新思考荒謬。二人首次見面，阿象驚恐地拒絕人道毀滅的要求。其後，小說描繪女孩手拿「一根折落的樹枝」，請阿象解釋解決貓狗的痛苦就是人道，而協助痛苦的人自殺則不人道。阿象雖然拒絕了要求，但他「無法扔掉那條樹枝」。[45]本來，「不哭的樹」是阿象一直學習的對象，在小說開首此乃一個麻木的狀態。「折落的樹枝」猶如存在主義所說，人猶如拋到世界的石頭一般荒謬。因此，女孩其實是讓主角重新直面荒謬的關鍵人物。於是，小說中段描繪女孩跟蹤阿象時，二人從前後跟隨變成「並肩而行」：

> 在局外人看來，我們真像一對吵了架在鬧情緒的情侶。[……]
> 她幾乎成了我的投影，又像是我的保鏢。[46]

「局外人」即卡繆小說《異鄉人》。該作在主角遭遇荒謬的過程中，也探討情緒、慾望有無價值等問題。阿象說女孩如影子，是因為她牽動了他的思考和情緒，重拾對生活荒謬本質的關注：

> ——你說，世界荒謬麼
> 天，她現在來煩我啦，這些問題，我自己已經煩過自己千百次。我有時當然想，人活著幹甚麼呢。我把一頭貓和一條狗毀滅時，難道沒想過，我哪有這樣的權力去收回他們的生命。

---

[43] 同前註，頁 82。
[44] 同前註，頁 117。
[45] 同前註，頁 88-89。
[46] 同前註，頁 90。

　　我既沒能力自救，也當然不敢說幫助牠們脫離甚麼。一想到這些問題，我何嘗不淒涼得要哭。但我說過的，我總是對自己講，你看，一棵樹就從來不哭。[47]

　　顯然，表面樂觀的人道主義者阿象過去只是逃避問題，才不曾感到悲傷。女孩讓他重新「覺得生命不可愛，也不見得不可愛」，可惜最終引導阿象走向另一個簡化存在主義思想的極端：以邏輯推理肯定自殺的價值。

　　〈象是笨蛋〉的細節異常精緻，仿如馬盧的場面調度手法，許多細節都是故意安放在主角的獨白、行為當中，是諸多的「寫實碎片」，等待讀者逐一拼湊。其中一個明顯的例子是，小說通過阿象的行為和動作，暗示他多次與女孩傾談以後的思想變化，一如《爐火》以段落為單位的記錄式寫實鏡頭。阿象接觸女孩後開始讀「《邏輯與集》」，並想到只有「嬰兒不懂邏輯」；爾後，小說描寫他看電視，因「電視這冷媒介畢竟比《邏輯與集》甚麼的熱一些。」[48]按麥克盧漢（Marshall McLuhan）的說法，熱媒介諸如電視的訊息清晰直接，觀眾的參與度低，被動接收訊息、少思考。[49]小說於此暗示，阿象在接觸女孩後，愈來愈像那些片面地理解存在主義的人，推論出自殺可解決荒謬存在的謬論。女孩要求人道毀滅，全憑簡單的「邏輯」：生命荒謬、毫無意義，自殺是自主解決荒謬、自由意志的體現；或者，貓、狗和人都是動物，人道毀滅應同時適用於所有動物，不允許自殺漠視了人的不快樂，反而不人道。阿象面對類似的「邏輯」，猶如電視觀眾般被動，誤解自殺是解決荒謬狀態的自主選擇，間接協助女孩結束了生命。

　　換言之，女孩「囚捕」阿象的方式，是把存在主義哲學簡化為邏輯，而這也是卡繆眼中常見對於存在主義的錯解。身為無神論者，卡繆認為荒謬的本質是一種差異，不容比較。以自殺作為救贖，不只取消了荒謬，更連帶與之對立的抵拒精神意識也一併取消了。因此，卡繆是反對自殺的。他認為，神秘主義者寄望上帝來尋求超脫，並未解決荒謬處境；但把自殺視為獲得永恆超脫的途徑，仍只是宗教式逃避。[50]〈象是笨蛋〉的阿象在遇見女孩前後，或逃避荒謬、表面樂觀，或以簡化的邏輯推理解決荒謬，基本上就是這兩種常見對於存在主義哲學的錯解。

（二）「像是笨蛋」：主動直面荒謬、相知與互助的生活熱情

　　過去有關〈象是笨蛋〉的討論所以未能辨清它是否存在主義小說，很可能沒有考慮到西西當時對存在主義哲理的回應，兼及反省與同情的角度。小說花了大量篇幅聚焦阿象與

---

[47] 同前註，頁103。
[48] 同前註，頁108-109。
[49] 馬歇爾・麥克盧漢著，何道寬譯，《理解媒介：論人的延伸》（北京：商務印書館，2000），頁51-64。
[50] 卡繆著，張漢良譯，《薛西佛斯的神話》（臺北：志文出版社，2006），頁66-73，89-98。

女孩的交流，除了有意引導讀者發現兩種錯解存在主義哲學的方式，也通過阿象行為上的改變，提示存在主義哲學的真諦，是以反覆直面荒謬生活的態度，作為內在的反抗。女孩讓阿象間接地成為了殺人兇手，但她也喚起了他直面存在的荒謬本質之意識。因此，小說最後描繪阿象入獄後主動「重建動物園」，時常仔細端詳蟑螂等生物的怪相：

> 我在想，卡夫卡說，有人一早醒來，發覺自己變了蟑螂，那怎麼可能。但為什麼不可能。我於是把蟑螂仔細端詳，它那樣子真怪，它的臉一無表情，既不笑又不哭。我就和一隻蟑螂呆了半天，想一些奇怪的問題，譬如說，它為什麼是蟑螂，我為什麼是人[⋯⋯][51]

相比小說開首，阿象此時重新關注人與動物之別，甚至與惡相的生物為伴，與從前機械化地餵食貓狗的態度有別。卡繆指出，內在反叛荒謬的努力可呈現在「仔細觀察那些異邦詭異的植物生長」過程中，視之為以耐性直面「荒謬、希望，以致死亡演出的殘忍好戲」的智慧。[52]

　　不過，阿象身陷囹圄的內在反抗動力，更多來自他與女友黃蝴蝶的相知與諒解，這些都應轉化自電影《爐火》中對人情互動、關懷的肯定。對《爐火》的主角來說，愛情、友情如生命一樣，是他渴望但無法把握的剎那。但電影借主角友人之口，提出主動建立熱情（have passion），與被動渴求熱情之別（love passion）；提示了主動的態度、互諒互解，有助為生命尋找確定性的意義。卡繆認為，真正的反抗必然是一種內在的自由，克服荒謬的唯一方法就是反覆遭遇荒謬，並以無休止的掙扎作為抵抗。他晚期較積極的荒謬哲學思想以《薛西弗斯的神話》為代表，聚焦神話中「推石上山」的積極一面，而非重複受難的循環歷程。[53]但這內在反抗無疑仍限於個人層面。〈象是笨蛋〉最後透露的是互動與相知的人情價值，即電影《爐火》的主題。

　　在小說的結局中，阿象和女友黃蝴蝶關係，正呈現相互了解、體恤可能帶來的解放意義和價值：黃蝴蝶因為嫉妒，一度把自己改變成自殺女孩的形象。如此看來，阿象似乎「操控」了黃蝴蝶。事實上，黃蝴蝶在小說前半部分一直不關心生命，只愛藝術，是「徹頭徹尾的浪漫主義者」。[54]阿象的「操控」，是「引導」她認真考量適合自己的形象，更令她開始關心動物。「蝴蝶」不再獨自高飛，還體恤「同類」，關顧生命，避免困守藝術世界的象牙塔式自戀。黃蝴蝶由此獲得解放，不再是電影《蝴蝶春夢》中被囚禁的美麗標本了。顯然，小說也不贊同神秘主義式的隱逸「存在」。另一方面，阿象也因為重獲黃蝴蝶的信任，

51　西西，〈象是笨蛋〉，《象是笨蛋》，頁139。
52　卡繆著，張漢良譯，《薛西佛斯的神話》，頁45。
53　同前註，這是《薛西佛斯的神話》全書的核心題旨。
54　西西，〈象是笨蛋〉，《象是笨蛋》，頁131。

又看到對方的改變，才增加了直面荒謬牢獄的動力。在小說結尾，阿象未為自己的下場感到惋惜，外人卻為他感到可惜。此時，阿象提出當時無人嘗試深入了解青年人的感受：

> 你們會出去說，現在的青年們怎麼樣了呢。於是大家開會開會，討論討論，但那是沒有用的。要了解我們，得和我們一起生活，做我們做的事。譬如說，和我們一樣看荒謬劇。他們不久就走了。然後，黃蝴蝶又來看我，這次，給我一隻蚱蜢。她告訴我，阿黑很好，在換毛。天臺上飛來了很多鴿子，擠成一個農場。我聽了很開心。我其實是沒有理由要愁分分的。[55]

黃蝴蝶是真正與阿象相互了解的人，切身的關懷，以及彼此對生命的熱情，令阿象不因被控誤殺的荒謬遭遇而感到哀愁。她喚阿象做「莫迪格尼安尼」（Amedeo Modigliani），表示二人的相知，乃是以鬱悶為基調的關懷；荒謬牢獄的諸多未知，因絲絲人情而添加了動力。

小說最後還安排阿象道出「在我，莫迪格尼安尼無處不在，動物園無處不在」，[56]這跟小說開首「在藝術與和生靈之間，我選擇生靈」一說，意義截然不同。在小說最後部分，不僅「藝術」復以人貌，「生靈」也不再浪漫神秘，兩者更可以並存，突出阿象在生活與藝術上的自主選擇：不斷面對無處躲避的荒謬，復以無窮的生命力作為回應。

〈象是笨蛋〉明言「笨蛋」，暗示西西並不認同阿象的行為，但那主要就他對人道主義、荒謬哲學的片面理解而言。以阿象最後的行為變化來說，他坦然面對荒謬的下場，則只「像是笨蛋」而已。小說於此反而肯定了存在主義哲學的價值。整體而言，小說仍對主角深陷精神困苦的狀態帶著同情的眼光，結局部分尤其突出了外界對青年人的困惑缺乏關懷和了解；這跟《爐火》回應存在主義的態度一致：兩者都讓讀者同時警覺又體諒存在主義青年的處境。阿象最後的說話，倒是西西肯定的：莫迪格尼安尼是表現主義畫家，其肖像畫人物形象憂鬱，常惹來誤會。但關懷憂鬱的世相，正是藝術家的熱情和生命力所在。某程度上，〈象是笨蛋〉關心當時愈趨偏狹的存在主義思潮對青年人的影響，層次多元，角度深刻，展示了西西存在主義文學寫作背後對現實的深切關懷。

四、結語

作為二戰後影響深廣的全球性哲學思潮，存在主義有複雜的面向，傳播方式亦甚為多樣。雖然冷戰氛圍、香港本地社會資本主義形態容易突出存在主義消極、悲觀的一面；然而，在書刊文化以外，媒介化的哲學思潮可能以更快的速度，為其跨地域傳播結果帶來異

---

[55] 西西，〈象是笨蛋〉，《象是笨蛋》，頁141。
[56] 同前註。

質性。過去，研究者多把西西的一九六零年代視為她的存在主義時期，忽視了西西當時廣博的電影知識學養，如何為她存在主義式文學寫作帶來衝擊。

其時，西西通過電影接觸的存在主義，可說是視覺化的哲學省思，讓她以相對同步的方式取資歐洲的文藝資源，更深刻地看到存在主義的不同面向，轉化為其文學創作所用。本文以西西一九六零年代電影時期的知識學養為參考，提出過去被視為西西「存在主義時期」小說的〈象是笨蛋〉，乃以兼及反省與同情的態度，回應著香港當時深受存在主義思潮影響的青年文化。二次大戰以後，歐洲電影界不乏以創新藝術形式回應存在主義思潮的電影。其中，承接意大利新寫實主義的法國新世代導演致力發揚長鏡頭、實景拍攝等技法，以反叛舊有的新藝術形式呈現時代、社會的複雜性，拒絕直接評論或批評。當時的法國電影，展示了哲學思潮與美學形式之間的互動：哲學潮流為電影題材注入新意，電影形式的美學創造力則反過來深化了前者的層次。〈象是笨蛋〉轉化了這些二戰後法國電影的主題和美學表現，尤其受到路易馬盧電影作品的影響。小說承接導演深刻而富有層次的存在主義省思，也轉化其場面調度的寫實形式、缺乏中心或高潮的敘事結構。據此，小說反駁了常見對於存在主義哲學的誤解，勸勉當時深受這股潮流影響的青年人遠離極端的「存在迷途」，同時揭示社會普遍對青年人缺乏關懷的問題，帶出互諒關懷的人情價值。

〈象是笨蛋〉複雜的存在主義省思，明顯結合了西西通過電影及書刊文化所得，以不帶批評的眼光，多向度地回應著她身處的時代及社會。小說的表現，為日後重估西西「存在主義時期」的寫作表現提供了重要的參考，也提示了考察香港以至於其他非西方地區接收、轉化二戰後西方文藝哲學思潮的方式，亟待考量電影等文字以外的藝術媒介之影響力。

主要參引文獻

一、中文

（一）專書

卡繆著，張漢良譯，《薛西佛斯的神話》，臺北，志文出版社，2006。

史書美，《視覺與認同：跨太平洋華語語系表述‧呈現》，臺北，聯經出版公司，2013。

西西，《我之試寫室》，臺北，洪範書店，2016。

——，《我城》，臺北，允晨文化實業有限公司，1988。

——，《剪貼冊》，臺北，洪範書店，1991。

——，《象是笨蛋》，臺北：洪範書店，2016。

西西，何福仁，《時間的話題：對話集》，香港，素葉出版社，1995。

徐霞，《文學‧女性‧知識——西西《哀悼乳房》及其創作系譜研究》，香港，天地圖書，2008。

馬歇爾‧麥克盧漢著，何道寬譯，《理解媒介：論人的延伸》，北京，商務印書館，2000。

陳燕遐，《反叛與對話》，香港，華南研究出版社，2000。

鄭蕾，《香港現代主義文學與思潮》，香港，中華書局，2016。

Louis D. Giannetti 著，焦雄屏等譯，《認識電影》，臺北，遠流出版事業股份有限公司，2005。

Robert Stam 著，陳儒修、郭幼龍譯，《電影理論解讀》，臺北，遠流出版事業股份有限公司，2008。

《第一映室，香港電影會：二十周年影展》，香港，香港市政局，1982 年。

（二）期刊論文

西西，〈看電影〉，《大拇指》總 13（1976.1），頁 11。

西西，〈開麥拉眼〉，《香港影畫》11 月號（1967.11），頁 52。

西西，〈電影筆記〉，《亞洲娛樂》47（1967.7），頁 54~55。

梁敏兒，〈《我城》與存在主義：西西自〈東城故事〉以來的創作軌跡〉，《中外文學》38.2（2012.9），頁 85~115。

鄭政恆，〈存在主義時期：六十年代的西西〉，《文學雜誌（雙月刊）》35（2014.12），頁 69~71。

羅卡，〈悼念張寶雲會友〉，《影訊》16（1968.04），頁 4。

（三）學位論文

趙曉彤，《西西一九六零年代影話寫作研究》，香港，香港中文大學中國語言及文學學部，哲學碩士論文，2012。

（四）報紙

西西，〈電影與我〉，《中國學生周報》602 期第 11 版，1964 年 1 月 31 日。

倫士（西西），〈電影花氈之構成〉，《中國學生周報》665 期第 11 版，1965 年 4 月 16 日。

米蘭（西西），〈多用眼睛看〉，《星島晚報》第 12 版，1968 年 12 月 16 日。

米蘭（西西），〈拉扯下樓梯〉，《星島晚報》第 12 版，1968 年 12 月 15 日。

米蘭（西西），〈電影中的確立奇〉，《星島晚報》第 12 版，1968 年 9 月 10 日。

二、外文

Brown, Timothy Scott, and Andrew Lison, ed. *The Global Sixties in Sound and Vision: Media, Counterculture, Revolt*. New York: Palgrave Macmillan, 2014.

Bordwell, David., and Kristin Thompson. *Film Art: An Introduction*. New York: McGraw-Hill, 2013.

Neupert, Richard. *A History of the French New Wave Cinema*. Madison: University of Wisconsin Press, 2007.

Southern, Nathan, and Jacques Weissgerber. *The Films of Louis Malle: A Critical Analysis*. N.C.: McFarland & Co., 2006.

中國現代文學　第三十八期
2020 年 12 月 45-72 頁

能動的現實：李維怡小說的鬼魅書寫

郭詩詠[*]

摘要

　　李維怡（1975- ）是少數具明顯左翼立場，並以現實主義小說為基本創作形式的香港七十後小說作者。她一直嘗試以寫作介入現實，在展現香港基層市民、新移民及知識分子的生活面貌和想法之餘，更著重在各種現實限制中思考行動的可能。在 2009 年出版《行路難》之後，李維怡的小說開始出現變化，它們雖仍保留著批判香港社會現實問題的傾向，但部份卻開始遊走於現實與幽冥，通過各種疑幻似真的靈異元素，勾勒出一個人鬼相雜的世界。她小說中的鬼魅雖已死去，但它們作為「現實」中的一員，卻依然能動地影響著事件的走向和發展。針對李維怡近年的轉向，本文選取李維怡少受關注的鬼魅書寫作為切入點，藉此探究李維怡的小說觀念和倫理世界。本文通過引入裴開瑞（Chris Berry）的「著魔的寫實主義」（Haunted realism）概念，分析李維怡鬼魅書寫的獨特性，同時結合盧卡契（Georg Lukács）的現實主義文論，考察李維怡鬼魅書寫和文學觀念所體現的現實意義和左翼思考，從而了解後九七香港小說介入本土社會的另一種方法。

關鍵詞：李維怡、鬼魅書寫、現實主義小說、香港七十後作家、後九七香港小說

---

[*]　郭詩詠，香港恒生大學中文系助理教授。本論文為「文學公共性的追尋：香港七十後作家研究」（計劃編號：UGC/FDS14/H04/17）之部份研究成果，研究計劃由香港特別行政區研究資助局資助，謹此致謝。在此並感謝匿名評審的意見，以及研究助理吳君沛先生協助搜集及整理資料。

Dynamic Reality:
The Ghostly Writing in Lee Wai-yi's Fiction

Sze Wing Kwok[**]

Abstract

Among the Hong Kong post-70s fiction writers, Lee Wai-yi (1975-) is one of the few who has a clear and distinct left-wing political position and engages mainly in the creation of realistic fiction. She often responds to the reality through writing and depicts the life and thoughts of Hong Kong's grassroots, new immigrants, and intellectuals in her works. In the meantime, how to break through the limitations of reality has always been her focal point. Lee's fiction began to change after the publication of *Hard is the Road* in 2009. Although her later stories still tend to criticize the Hong Kong social reality, some of them begin to wander between the reality and the underworld. By using various mysterious elements, she creates an outline of an exclusive ghostly world. The ghost characters in her stories are dead, however, they can still exist as members of the "real world" and actively influence the development of the plot.

In view of Lee's writing turn in recent years, this paper explores her concept of fiction and the ethical world through studying her neglected ghost stories. To begin with, the uniqueness of Lee's ghostly writing will be analyzed by associating her works with Chris Berry's concept of "haunted realism". With reference to Georg Lukács' literary theory of realism, the implication and left-wing thinking embodied in Lee's ghostly writing and literary ideas will then be examined. All of these will lead to an understanding of the alternative way for the post-97 Hong Kong fiction to involve in the local society.

Keywords: Lee Wai-yi, Ghostly writing, Realistic fiction, Post-70s Hong Kong writers, Post-97 Hong Kong Fiction

[**] Sze Wing Kwok, Assistant Professor, Department of Chinese, The Hang Sang University of Hong Kong.

一、引言

　　李維怡（1975-）[1]是少數具明顯左翼立場，並以現實主義小說（Realistic fiction / novel，又譯寫實主義小說）[2]為基本創作形式的香港七十後小說作者。她自 2000 年起開始發表小說，同年以處女作〈那些夏天裡我們的蛹〉贏得聯合文學小說新人獎。李維怡的作品雖獲得不少好評，但她並未全身投入寫作，反而把主力放於紀錄片創作、錄像藝術教育和市民規劃運動（如灣仔利東街 H15 重建項目）。近十年後，李維怡終於出版了第一本作品結集《行路難》（2009），書中她特別自稱「文字耕作者」，拒絕以作家身份自居。其後出版《沉香》（2011）和《短衣夜行紀》（2013）時，她仍貫徹這個做法。

　　因親身參與到紀錄片製作、社會運動、藝術教育和文字工作等多個領域，李維怡對香港本土社會和地區文化有相對立體和深入的理解，以致她的小說作品呈現出對香港社會問題的真實認知及深厚的人文關懷。在一次檢視新世紀十年文學（2000-2010）的研討會專題發言中，王德威特別以李維怡的《行路難》作為「二十一世紀第一個十年文學來時之路」的結尾：

> 香港作家李維怡以寫作實踐並親身介入社會行動。她的《行路難》真誠地記錄了文學和社會之間的互動，這樣的執著在內地的作家中恐怕也不多見。所以往事並不如煙：作為一個作家，如果你選擇對社會理念有所堅持，哪怕在香港這片「拜金」的「後殖民」的環境裡，仍然走自己的路。〔……〕只要我們有信念，「小說」的歷史和「虛構」的現實就總引導作家恣肆發揮自己的想像力，在眼前無路的時刻為我們的歷史，我們的理想提出批評或實踐的可能形式。[3]

---

[1]　李維怡，出生於北京，在香港長大。父母是 1950 年代回國的華僑，經歷文化大革命，後移居香港。李維怡 1997 年自香港中文大學新聞及傳播系畢業，後在同校主修人類學，獲社會科學哲學碩士，現為影像藝術團體「影行者」的藝術總監。有關李維怡的左翼立場和現實主義寫作實踐，將於後文跟進。

[2]　據 M.H. Abrams《文學術語手冊》：「寫實主義小說（realistic novel）可以被描述為小說意圖呈現寫實主義（realism）效果而再現懷有多種動機的複雜角色，他們植根於某一社會階層，在高度發展的社會結構中處事度日，與許多其他角色互動，並經歷了可信的日常經驗模式。」同書「Realism 寫實主義」詞條指出：「寫實主義小說的創作是要製造一種效果，讓一般讀者以為小說再現的是似乎真實的人生與社會生活，引起讀者感覺小說中的角色可能真的存在，小說中的事情可能真的會發生。為了取得這樣的效果，我們稱之為寫實主義者的小說家可能會、也可能不會在題材方面進行選擇——雖然大多數人都偏愛對普通、平凡和日常的事物，而非生活中罕見的層面，作細膩的描述——但他們處理創作素材的方式，必須使讀者感到它們似乎就是日常經驗中的事物。」分別見 M.H. Abrams, Geoffrey Galt Harpham，《文學術語手冊》（*A Glossary of Literary Terms, 9ᵗʰ Edition*）（台北：新加坡商聖智學習，2012），頁 256、345。

[3]　王德威，〈世事（並不）如煙——「後歷史」以後的文學敘事〉，刊於〈「新世紀十年文學：現狀與未來」國際研討會學者發言〉，《文藝爭鳴》19（2010.10），頁 43。

從開始寫作至今，李維怡一直以個人處身後九七香港社會和社會運動的觀察和經驗為基礎，集中展現基層市民、新移民及知識分子的生活面貌及所思所想。而在反映社會現實問題之外，她更著重通過小說虛構現實，在社會關係的脈絡中思考問題的出路，以能動的、介入的姿態在各種限制中探索行動和改變的可能性。

　　相較於其他同代的香港七十後小說作者如韓麗珠（1978-）、謝曉虹（1977-）等靠近現代主義的創作取向，李維怡的小說無疑更多地體現了現實主義的寫作風格。[4]董啟章在比較韓麗珠、謝曉虹與李維怡的短篇小說時指出：

> 三人的寫作風格各有特色，但共同展現出對香港社會和當代都市生活的敏銳觸覺，突顯出個人和群體的種種矛盾。她們都表現出深刻的思考和尖銳的諷刺，甚至比男作家更具雄辯的氣勢。她們可說是繼承了自西西、吳煦斌及黃碧雲的可能性。
>
> 無論是韓麗珠的奇異都市想像，謝曉虹的不安感官世界，還是李維怡的寫實主義實驗，都呈現出我們這個世代的荒誕生活面貌，以及個體在其中的困惑、迷失和掙扎。
>
> 三種風格，三種方向，三種關注，都標示著同一個意志──拒絕向現實投降。[5]

董啟章同時在〈沉香‧推薦序〉指出，李維怡「承傳了陳映真的現實批判和黃春明的鄉土情懷」，即使 1970 年代後一批戰後成長的香港作家走上形式的探索之路，她卻「『回到』寫實主義的『老路』上去」。[6]無獨有偶，李歐梵在一次研討會的主題演講亦表達了相同的看法，他指出李維怡「反隱喻之道而行，回歸小說寫實主義的實驗脈絡」，並認為董啟章極力肯定李維怡以文學寫作「給狹義的行動與公共生活提供了一種想像訓練」，是兩位作者惺惺相惜的表現。[7]由此觀之，李維怡確實代表了同輩香港七十後小說作者的另一種重要創作取向。[8]

　　儘管李維怡小說在香港七十後小說作者中具有代表性，獲得部份學者和資深作家的肯定，有待進一步探究，但目前有關她的作品的專門學術論文極少。據資料所見，至 2020 年末，以李維怡的小說為主要研究對象的學位論文只有二篇，學術期刊則暫未見專門探討

4　李維怡本人基本上同意這種歸類。李維怡多次在不同場合談及個人對現實主義的理解，在一次與張歷君的對談中，她承認《行路難》中的故事，除個別篇章外，「的確是較接近一般理解的『現實主義』形式的」，又形容現實主義「比較適合我要處理的內容」。〈如何用小說減輕這個世界的重量〉，《字花》20（2009.7），頁 104-105。

5　浪人劇場，《十年‧寒‧笑──韓麗珠、謝曉虹、李維怡短篇小說初回劇場化》演前分享會文宣，商務印書館網站，https://www.cp1897.com.hk/activity.php?id=680，檢索日期 2020/12/05。

6　董啟章，〈沉香‧尋香──從成長到承傳〉，《沉香》（台北：聯合文學出版社股份有限公司，2011），頁 6。

7　參見董牧孜的講座內容整理。董牧孜，〈香港被「隱喻」掉了嗎？──李歐梵談香港寓言〉，香港 01 哲學，https://www.hk01.com/哲學/102444/香港被-隱喻-掉了嗎-李歐梵談香港寓言，檢索日期 2020/12/05。

8　李維怡亦同時被認為是香港文學另一面向的例子之一。王德威認為：「在香港文學實踐的過程裡，它包含各種各樣世俗、日常生活的要素，報紙專欄上有梁鳳儀、亦舒、李碧華的連載小說；另一方面，香港文學絕對前衛，例如董啟章、李維怡的作品，強烈衝突代表了香港文學的另一面向。」王德威，〈文學的香港史──十個關鍵時刻〉，《明報月刊》2011 年 2 月號，總 46.2，總 542（2001.2），頁 23。

李維怡作品的單篇論文。[9]另外還有零星幾篇期刊論文或學位論文，曾在討論香港新生代作家、後九七香港青年作家等主題時論及李維怡的個別作品，[10]其他則大都是載於報章或文學雜誌的短篇評論，故實有專文深入探討的必要。

綜觀李維怡作品的相關研究和評論，論者主要圍繞城市空間、社會運動、本土人文關懷、文學公共性等幾個核心議題，探討李維怡小說對後九七香港社會的再現、批判與反思。在學術論文方面，陳姿含通過李維怡與韓麗珠、謝曉虹的並列研究，從（城市）空間和（權力）壓迫兩個方向切入，剖析三位香港七十後女性作家對後九七香港城市圖像的展現。陳姿含認為，相較於韓、謝的異化主題與城市疏離，將城市空間置換成抽象符號以隱喻人際關係和生存狀態，李維怡則從公民社會的角度，就城市拆遷、本土對非本土「他者」的排斥等問題，提出更多元的批判反思。[11]而林紫晴則從「文字耕作」的理念入手，梳理李維怡對左翼思想的接受與轉化，然後結合其小說寫作實踐，探討其強調文學公共性的寫作姿態在後九七香港的意義。[12]在短篇評論方面，香港文學雜誌《字花》曾於第 20 期以「現實作為方法」為題，組織了李維怡專輯，收錄了小說、作者筆談和評論，[13]初步闡述及肯定李維怡以文學介入現實的取向，後來又相繼刊登了盧勁馳和鄭政恒的評論，討論李維怡的自由倫理和個體信念。[14]及後，梁文道、譚以諾和曾卓然亦在不同媒體上陸續發表了個人對李維怡作品的閱讀和評價，著眼於其作品與香港社會、本土議題的關係及思考位置。[15]上述各篇雖限於篇幅，未能充分開展，但對李維怡的作品提供了基礎的分析和演繹。

[9] 以李維怡的小說為主要研究對象的學位論文只有兩篇，其中一篇李維怡只佔三分之一篇幅。包括：陳姿含，《九七後香港城市圖像——以韓麗珠、謝曉虹、李維怡小說為研究對象》（新竹：國立清華大學碩士論文，2016）；林紫晴，《以寫作克服嚴酷——論李維怡「文字耕作」的理念與實踐》（香港：香港中文大學中國語言及文學系本科生論文，2018）。

[10] 包括：章妮，《三城文學「都市鄉土」的空間想像》（濟南：山東大學博士論文，2006）；鄭文律，〈《i-城志‧我城 05》的城市及身體空間書寫——兼論「後九七香港青年作家」的情感結構〉，《人文中國學報》第 25 期（2017.12），頁 193-229；王鈺純，《新世紀香港短篇小說中的港人形象研究——雜誌《字花》《香港文學》為中心》（廈門：華僑大學碩士論文，2019）；陳慶妃，〈香港折疊——論韓麗珠兼及香港新生代作家的書寫局限〉，《文學評論》2020 年第 3 期（2020.5），頁 206-213。

[11] 陳姿含，《九七後香港城市圖像——以韓麗珠、謝曉虹、李維怡小說為研究對象》（新竹：國立清華大學碩士論文，2016），頁 1-9。

[12] 林紫晴，〈以寫作克服嚴酷——論李維怡「文字耕作」的理念與實踐〉（香港：香港中文大學中國語言及文學系本科生論文，2018）。

[13] 張歷君編，《現實作為方法——李維怡專輯》，《字花》20（2009.7），頁 85-105。內容包括：張歷君，〈啟首語：為了共同體而寫作〉，頁 85；李維怡，〈笑喪（節錄）〉，頁 86-89；陳智德，〈兩種自由與白色灰燼〉，頁 90-92；郭詩詠，〈寫作，以克服：讀李維怡〈笑喪〉〉，頁 93-98，李維怡、張歷君，〈如何用小說減輕這個世界的重量〉，頁 99-105。

[14] 盧勁馳，〈李維怡作品的歷史觀照與她的自由倫理〉，《字花》24（2010.3），頁 90-91；鄭政恒，〈個體信念與故事載體：李維怡《沉香》〉，《字花》33（2011.9），頁 39。

[15] 梁文道，〈梁文道讀《行路難》：關於香港的社會運動〉，http://book.ifeng.com/psl/kjbfz/201001/0131_3554_1531467.shtml，鳳凰網讀書頻道，檢索日期 2020/12/05；譚以諾，〈溫情的悲觀：《行路難》的善良與困局〉，《文匯報》，B08，2010/10/04；譚以諾，〈本土意識高漲之時——試論香港近年小說創作〉，《香港文學》347（2013.11），頁 64-69；曾卓然，〈被壓迫者的香港文學——香港作家的三種「抗退」方式（一）〉，101 藝術新聞網，http://www.101arts.net/viewArticle.php?type=hkarticle&id=1805&gid=74&auid=65，檢索日期 2020/12/05；

在 2009 年出版《行路難》之後，李維怡的小說開始出現了變化，出現了一系列帶有幻想和靈異元素的作品。它們雖然與李維怡過往的小說一樣，圍繞著基層婦女、新移民、城市拆遷等社會問題而展開，貫徹著強烈的寫實風格和社會批判，但同時又接通人世與幽冥，讓死而復生、女鬼復仇等情節在現實框架下「自然」發生，建構出一個人鬼相雜的世界。「料應厭作人間語，愛聽秋墳鬼唱詩」，〈這，不是一個鬼故事〉開篇即引用了王士禎題《聊齋誌異》。[16]正因現實不堪，蒲松齡才會談狐說鬼；正因人間即地獄，鬼故事才會真作假時假亦真。我們該如何理解李維怡的「地獄精神系列」和其他疑幻似真的鬼魅小說？它們又與過去的香港鬼魅書寫有何不同？如果鬼魅和寫實在現代語境中曾經扞格不入，那麼，李維怡又如何通過引入疑幻似真的鬼魅，在沒有眼前路的荒蕪現實和各種限制裡，以想像力和虛構突入現實的縫隙，探索改變社會現狀的可能形式？

針對李維怡近年從「現實」到「幻想」的「轉向」，本文擬選取李維怡少受關注的鬼魅書寫作為切入點，藉此探究李維怡的小說觀念和倫理世界。以下首先回顧香港鬼魅書寫的研究背景，然後通過引入裴開瑞（Chris Berry）的「著魔的寫實主義」（Haunted realism）概念，分析李維怡鬼魅書寫的獨特性，進而結合盧卡契（Georg Lukács）的現實主義文論，考察李維怡鬼魅書寫和文學觀念所體現的現實意義和左翼思考，以期了解後九七香港小說介入本土社會的另一種方法。

二、鬼魅書寫：從扞格不入到魂兮歸來

鬼魅是中國文學固有的敘事傳統，但踏入二十世紀卻出現了重大的改變。五四提出科學與民主，許多現代作家以啟蒙為職志，著意提倡「為人生」的文學，認為「人的文學」的任務首在「反映人生」，建立「人國」，使不幸的人們能脫離傳統封建的「地獄」和「鬼國」。從胡適 1915 年送梅光迪的詩中，即可見「以文學打鬼」的想法，此下經魯迅、周作人、郭沫若的論述，中國現代文學日漸建立起「人」與「鬼」的對立關係，在各種象徵性的修辭中，鬼幾乎成為「國民性」或「民族劣根性」的同義語，知識分子並對於「鬼」的精神性遺傳表示恐懼，對鬼魅書寫敬而遠之。[17]

正如王德威指出，「〔反映人生〕此一摩登話語以歐洲 19 世紀的寫實主義為模式，傳統的怪力亂神自然難有一席之地」，而「鬼魅被視為封建迷信，頹廢想像，與『現代』的

曾卓然，〈被壓迫者的香港文學——香港作家的三種「抗退」方式（二）〉，101 藝術新聞網，http://www.101arts.net/viewArticle.php?type=hkarticle&id=1810，檢索日期 2020/12/05。

[16] 李維怡，〈這，不是一個鬼故事〉，《短衣夜行紀》（香港：Kubrick，2013），頁 113。

[17] 有關中國現代文學中對「鬼」的排斥，以至於人與鬼的相互糾纏，可參考丸尾常喜的討論。見丸尾常喜著，秦弓譯，《人與鬼的糾葛：魯迅小說析論》（北京：人民文學出版社，1995），頁 213-225。

知識論和意識形態扞格不入」。[18]由是，鬼魅作為「不科學的迷信」一直被寫實主義（realism）排斥，即使作品中偶爾有「鬼」，最終亦不過是人物（或作者）在裝神弄鬼，藉此表現封建傳統家族制度對人性的壓迫和扭曲。例如，巴金《家》中的公館捉鬼鬧劇，是為抨擊封建家庭的迷信、愚昧和虛偽；曹禺《雷雨》中的大屋「鬧鬼」，是為揭示繁漪受壓抑的愛欲。而到了 1940 年代延安文學，《白毛女》喊出了「舊社會把人變成鬼，新社會把鬼變成人」的口號，成就了新舊社會二元對立的簡易修辭。在中國共產黨以革命驅鬼的大潮裡，小說的文本世界再沒有作為超自然現象的鬼——所謂「由人變成鬼」的白毛女，其實從頭到尾都沒有死去，沒有變成真正的鬼魂。[19]

　　鬼魅書寫雖然在現代語境屢屢被科學、啟蒙和革命話語所壓抑和排擠，然而在 1980 年代卻再度藉先鋒小說、前衛文學和通俗小說等形式借屍還魂，對小說的「真實」、「真理」等觀念帶來了新的衝擊。在〈魂兮歸來〉中，王德威即以韓少功、余華、莫言、朱天心、鍾玲、賈平凹、黃錦樹、李碧華、黃碧雲等作家的一系列作品為例，探討了各種鬼魅書寫實踐及其於當代文學的意義。[20]

　　在香港作家的鬼魅書寫中，王德威選取了李碧華的作品作為重點分析對象，認為《胭脂扣》（1984）、《潘金蓮之前世今生》（1989）等作品，彰顯了 1980 年代香港人面對九七大限的彷徨和無可奈何，呈現出對歷史記憶的反思。[21]正如大多數論者所同意，李碧華作為香港通俗小說的代表作家，其鬼魅書寫一方面從中國傳統民間故事及民間文化中汲取養分，轉化素材，在通俗文學的脈絡中成功繼承了《三言》、《二拍》以至《聊齋誌異》的愛情傳奇和志怪傳統，另方面卻又在時代焦慮、國族認同、女性主體及情欲等方面有所寄託和發揮。[22]李碧華在九七後仍發表鬼故事不輟，黃國華認為，後零三時期的李碧華通過香港的都市鬼魅傳奇，在虛構的「鬼城」中書寫香港人集體面對的死亡衝擊（都市瘟疫、明星之死等）和由此引發的中港矛盾關係，以通俗反抗大國中心，從而「發出刺耳的雜音，撐開多元而自由的表述空間」。[23]

　　除了李碧華，九七前後香港尚有不少作家，如施叔青、黃碧雲、陳慧和董啟章等，在小說中加入了鬼魅元素。施叔青在香港三部曲（1993/1995/1997）中，以詭異、瘋狂失序

---

[18] 王德威，〈魂兮歸來〉，《現代中國小說十講》（上海：復旦大學出版社，2003），頁 354。

[19] 同前註，頁 354。

[20] 同前註，頁 349-393。

[21] 同前註，頁 362-364。

[22] 有關李碧華鬼魅書寫的研究和評論數量眾多，例如：黃美瑟，《李碧華鬼魅小說之藝術研究》，（嘉義：南華大學碩士論文，2015）；李慧珠，《李碧華小說的鬼魅敘事研究》（杭州：杭州師範大學碩士論文，2017）；韓宇瑄，〈論李碧華小說的鬼魅書寫及其文化源流〉，《華僑大學學報（哲學社會科學版）》2019 年第 2 期（2019.4），頁 41-49。

[23] 黃國華，〈拒絕收編——論李碧華「後零三」電影小說的鬼魅敘事〉，《中國文學研究》42（2016.7），頁 119-160。引文見頁 119。

的筆法，呈現異質的香港，藉此探問殖民問題。[24]黃碧雲的部份小說如〈雙城月〉（1993）、《烈女圖》（1999）等同樣充滿鬼氣，分別在與張愛玲〈金鎖記〉的互文指涉和女性家族史中，以暴力美學書寫歷史挫傷、生死愛欲，以及性別和國族身份認同。[25]又如陳慧在《拾香紀》（1998）中，透過連拾香九七前夕逝世的一連串記憶，在個人成長過程和歷史事件的交織中，完成了對半個世紀香港歷史的回眸。[26]又或董啟章〈永盛街興衰史〉（1995），以古老唐樓中疑似出現過的旗袍女鬼，悠悠召喚家族幾代人的古老記憶，小說在瓦解歷史書寫與身份的迷思的同時，又在懷舊的感情漩渦之間來回擺盪，呈現了作者和香港人面對九七重大歷史轉折的錯綜複雜的情緒。[27]

　　綜觀九七前後的香港鬼魅書寫，均在不同程度上與香港的歷史記憶書寫、國族身份、性別政治掛勾。鬼魅不再與民族劣根性相關，反而蘊藏了顛覆的力量。幾位作家筆下的女性鬼魅，或開啟了昔日殖民記憶，在懷舊情調中揭示歷史創傷，又或從女性角度書寫生死愛欲，對大敘述和主流意識形態進行了質詢和反諷。而李碧華「後零三」的鬼魅書寫，亦並未脫離國族身份和歷史反思的框架，仍可解讀成中國和香港關係的政治寓言。

　　本文認為，李維怡的一系列鬼故事，是後九七香港鬼魅書寫的獨特案例。如果說上述諸位香港作家筆下的魑魅魍魎，召喚讀者對小說作寓言式的閱讀，藉此釋放隱身於作品背後的政治隱喻、歷史創傷以至國族和性別身分認同；那麼，李維怡的鬼魅小說從一開始即要求讀者「如實」解讀，直面「真實」。較之其他前輩作者，李維怡的鬼魅書寫呈現了完全不同的寫法，既缺乏詭異、瘋狂失序的筆法，又少見鬼氣、暴力和懷舊的氣息。相反地，她筆下的鬼，有著人的氣息，它們與其他香港基層市民一樣，需要面對各種現實困境，並努力尋找解決之道。通過幻想的鬼魂，李維怡反其道而行，執意引領讀者走入「真實」，開啟有關公義、開放共同體、民間記憶與世故人情等問題的思考，想像介入現實和改變困局的可能路徑。

[24] 陳筱筠，〈施叔青香港三部曲的瘋狂想像與鬼魅傳說〉，載《台灣文學論叢》（新竹：清華大學台灣文學研究所，2010），頁335-368。

[25] 參見：陸姵而，〈鬼魅敘述——對讀張愛玲《金鎖記》與黃碧雲《雙城月》〉，《香江文壇》總第40期（2005.08），頁18-21；何玥臻，《從驅魔到入魔——黃碧雲小說中的鬼魅書寫（1986-2011）》（新北：淡江大學中國文學系碩士論文，2014）。

[26] 相關分析可參考：張灼祥，〈流水賬中的情與愛——初看《拾香記》〉，《文學世紀》2（2000.5），頁55-56；蔡益懷，〈家族私語：《烈女圖》與《拾香紀》〉，《香港文學》總189（2000.9），頁61-63。

[27] 危令敦認為，「小說在探討家史、地方史和身份認同的問題時，一方面以理性的批判姿態瓦解歷史與身份論述的迷思，另一方面又因為不忍捨棄懷人念舊的傳統人情而重新陷入記憶與認同的感情漩渦裡。這種雙重的取向不僅表達了敘述者『複雜、模棱、錯綜、具體而又切身』的感受，亦體現了作者——甚或港人——在面對重大歷史變遷的時候，在理性思考與感性『執迷』之間的擺盪。」危令敦，〈客途秋恨憑誰說？——論〈永盛街興衰史〉的香港歷史、記憶與身份書寫〉，《天南海外讀小說——當代華文作品評論集》（香港：青文書屋，2004），頁175-209。

三、李維怡鬼魅書寫的獨特性

　　上文提過，學界幾乎一致認為李維怡小說主要採取現實主義的寫法，惟在 2009 年的《行路難》之後，李維怡的小說有了變化。事實上，在《行路難》裡，〈花鬼〉和〈鵝們〉已經開始採用接近寓言和神話的寫法，並收錄了六首意象晦澀的詩歌。[28]而小說集的第一篇小說〈蹲在牆角的鬼〉，亦已出現疑似「鬼魅」元素。[29]小說的主人公是一位女警，她從小就在日常生活中不時看到一個「他」，這個「他」黑臉皓齒，衣衫襤褸，總是髒兮兮地蹲在牆角對著主人公靜靜微笑。董啟章在《行路難》序言中認為，這篇早期小說「傾向於個人內心的掙扎和矛盾〔……〕她的童年回憶、情欲糾纏和種種惡夢，也構成了一個豐富的主觀世界」。[30]如果將「他」的出現，與主人公所面對過的各種生活困局合起來看的話，「他」可被視為主人公一個有距離的、用以自我觀照的虛擬目光，主人公藉著「他」的微笑，去面對童年創傷記憶和審視當下抉擇。這個忽消忽滅的「他」，固然可看作主人公內在真實或主觀世界的寫照，但有趣的是，根據小說的敘事脈絡，我們其實也無法敲定這個「他」是否真的只是單純的心理幻象，而非鬼魂。

　　到了 2010 年發表的〈沉香〉，[31]李維怡的鬼魅書寫面向終於得以確認。小說中的桂叔，再不能以「內在真實的外部呈現」、「人物心理的象徵」來解釋，而必須視為與年輕太姑婆相識／相戀者的鬼魂。由是，李維怡筆下的鬼魅開始縷縷不絕，〈鬼母雙身記〉（2012）、[32]〈封印〉（「地獄精神系列」連載，2012-2013）、[33]〈這，不是一個鬼故事〉（2013）、[34]〈離〉（2018）等，[35]一系列鬼故事在公共屋邨和市區唐樓陸續登場。

　　有趣的是，李維怡筆下的鬼魅形象，其最常見的共通點是「與人無異」。相較於 1980至 90 年代香港恐怖電影的經典鬼魅形象，李維怡筆下的鬼一般來說都很「正常」，沒有披頭散髮，也不面白如紙，更不會猙獰地張開血盆大口。它們就像一般市民一樣過著普通的生活，很少現出鬼樣子，亦極少展示特殊的法力。即使身為厲鬼，〈封印〉中的陳紅，其

---

[28] 分別為〈石頭無法丟落地平線〉、〈黑夜飛行〉、〈風景速寫·一〉、〈間奏〉、〈夢馬〉和〈微笑·默念〉，見李維怡，《行路難》（香港：Kubrick，2009）。

[29] 李維怡，〈蹲在牆角的鬼〉，2002 年首次發表於《文學世紀》11（2002.2），頁 4-10。

[30] 董啟章，〈寫也難，不寫也難〉，《行路難》，頁 11。

[31] 李維怡，〈沉香〉，《字花》26（2010.7），頁 64-73。

[32] 李維怡，〈鬼母雙身記〉，《字花》37（2012.5），頁 78-81；〈鬼母雙身記（二之二）〉，《字花》38（2012.7），頁 67-72。

[33] 李維怡，〈封印〉（一至四），分別見《字花》39（2012.9），頁 72-75；《字花》40（2012.11），頁 74-77；《字花》41（2013.1），頁 80-83；《字花》42（2013.3），頁 74-77。

[34] 李維怡，〈這，不是一個鬼故事〉，《香港文學》337（2013.1），頁 69-75。

[35] 李維怡，〈離〉，《字花》74（2018.7），Book A，頁 20-31。

靈魂附身鄰居軀體之後（俗稱「鬼上身」），還是以人類常用的方法為鄰居止血和包紮。又如〈沉香〉中的桂叔，是 1920 年代大罷工裡被殺的工人的亡靈。根據故事情節推測，桂叔應是太姑婆年輕時的戀人，死後似乎沒有離開香粉寮，時常來陪伴「梳起不嫁」、在同住結拜姐妹去世後獨自一人生活的太姑婆。主人公斌仔是太姑婆的晚輩，多年來不時看望太姑婆，因而認識了桂叔。桂叔外表四十多歲，總是穿舊式唐褲，衣服打扮比較老套，但對年輕一代口中的「上網」、「集體回憶」、「保育」等字詞都琅琅上口（似乎是靠看電視學懂的），甚至懂得在危急時打手提電話。再如〈這，不是一個鬼故事〉中的夜更的士司機波叔，他的談吐和動靜，都與生前一樣，是一個普通的大叔，照樣駛著出租車做生意，照樣到報紙檔買煙，照樣跟主角志忠聊天，而且還會講鬼故事。如果最後不是波叔的孫女告知，主角根本無法察覺波叔已經去世。

　　李維怡對鬼的形象設定，雖或吸收了《聊齋誌異》的寫法，[36]但仍不免啟人疑竇：既已引入非現實的鬼，理應將靈異元素加以發揮，何必回頭又把鬼寫成人？既然鬼與人無異，又何不從一開始就拋棄幻想的寫法，回到寫實的老路？本文認為，這種作用成疑的特殊設定，恰恰點出了李維怡鬼魅書寫的形式特點──將寫實與幻想這兩種互相牴觸的類型結合在一起。

　　借用裴開瑞（Chris Berry）的「著魔的寫實主義」（Haunted realism，又譯鬼魅現實主義）概念及其對張作驥電影的討論，當有助我們更恰當地了解李維怡將鬼魅引入寫實主義框架的獨特性和意義。裴開瑞在分析台灣導演張作驥的電影時提出，「張作驥的電影天衣無縫地結合了紀錄片寫實主義與幻想這兩種表面上看起來互相牴觸的形式」，[37]裴開瑞留意到，張作驥部份電影作品的結尾違反了寫實主義的慣例──已逝者毫無先兆地死而復生，卻沒有對生者帶來巨大驚駭。裴開瑞從類型混用的角度出發，認為這種結合鬼片類型和社會寫實片的嘗試實在非比尋常：

> 類型混用這件事本身並不稀奇，也不能用以解釋張作驥片中死者死而復生的驚異效果。但在混用類型時跨越了寫實與幻想疆界的例子則極少見。像西部片或是黑澤明的武士片等，將類型混用於寫實主義的情況，並不會讓人感到門不當戶不對。但當出現在片中除角色死而復生之外幾乎可算是社會寫實片的張氏電影裡，卻帶來了讓人驚懼的效果。這是因為寫實主義與幻想在本體論上的基本假設是互相扞格的。寫實主義假定一個現實俗世，在其中現實等同於物質的可觀察度；幻想在定義上來

---

[36] 魯迅在《中國小說史略》說：「《聊齋誌異》獨於詳盡之外，示以平常，使花妖狐魅，多具人情，和易可親，忘為異類，而又偶見鶻突，知復非人。」在「示以平常」、「忘為異類」方面，李維怡與蒲松齡頗有契合之處。見魯迅，《中國小說史略》，《魯迅全集》第 9 卷（北京：人民文學出版社，1981），頁 209。

[37] Chris Berry, "Haunted Realism : Postcoloniality and the Cinema of Chang Tso-chi", in *Cinema Taiwan: Politics, Popularity and State of the Arts*, eds. Darrell William Davis, Ru-shou Robert Chen (London: Routledge, 2007), pp. 33. 中譯據裴開瑞（Chris Berry）著，王君琦譯，〈著魔的寫實主義──對於張作驥電影的觀察與寫實主義的再思考〉，《電影欣賞》120（2004.9），頁 91。

說，不論最後結局是被理解為想像的，還是肉眼所不可見關於現實的不同秩序，則都是不可觀察的。[38]

他並延伸布利斯・夸・林（Bliss Cua Lim）的「幽靈時間」概念（spectral time），[39]提出以「著魔的寫實主義」來定義張作驥的特殊表現手法。這種「寫實」和「幻想」的特殊結合，使張作驥得以表現台灣下層社會邊緣人的生存狀態，而更重要的是：

> 林〔按：指 Bliss Cua Lim〕建立了一個寫實主義與鬼片類型的對立，將寫實主義與現代性、理性和線性發展的意識形態結合，而鬼片則被認為是前現代、前殖民、非理性的等等。但張作驥的電影完全沒有用被困擾（haunted）的時光去呈述一個舊時代或前現代的空間。相反的，這個困擾發生在一個能模仿當代社會及與世俗現代性有關的線性時間的寫實主義模式之中。這個表面配置遠離了現代／前現代、前殖民／後殖民，和俗世與鬼魂的對立。[40]

正由於此，裴開瑞讚揚張作驥電影的創新形式，可對早期台灣新電影時期的寫實主義帶來重估。

　　雖然電影和文學是兩個不同的文類，但在類型問題的討論上卻可以互相借鑑。跟張作驥的電影一樣，李維怡小說同樣有強烈的寫實風格，它們普遍以香港舊區或鄉郊等真實地理空間為背景，通過故事人物的經歷，再現和反映香港的社會面貌和市民生活實況。[41]讀者可以在她的小說中，找到許多指涉真實香港的歷史事件和社會新聞。然後，一如張作驥，李維怡嘗試把社會寫實（現實主義小說）與幻想（鬼故事）這兩種互相牴觸的類型結合起來。她在幾乎完全寫實的作品裡，刻意違反寫實的慣例，讓已逝者毫無先兆地死而復生或

---

[38] Chris Berry, "Haunted Realism: Postcoloniality and the Cinema of Chang Tso-chi", pp. 45. 中譯據裴開瑞，〈著魔的寫實主義——對於張作驥電影的觀察與寫實主義的再思考〉，《電影欣賞》120（2004.9），頁 92-93。

[39] 據裴開瑞闡述，布利斯・夸・林（Bliss Cua Lim）的所謂「幽靈時間」，是指「原本壁壘分明、附於尚存人間的鬼魂身上前殖民與後殖民時刻的模糊化」，林指出「鬼魂是一個時間的圖像，表達了一種混亂，一種與歐美（日本）殖民主義強逼出的現代性有關的、在秩序與線性發展時間上的疑惑。因為鬼魂不僅是過去的回到現在，也是過去與現在的共同出現與存在。」Chris Berry, "Haunted Realism：Postcoloniality and the Cinema of Chang Tso-chi", pp. 46. 中譯據裴開瑞，〈著魔的寫實主義——對於張作驥電影的觀察與寫實主義的再思考〉，《電影欣賞》120（2004.9），頁 93。

[40] Chris Berry, "Haunted Realism：Postcoloniality and the Cinema of Chang Tso-chi", pp. 47. 中譯據裴開瑞，〈著魔的寫實主義——對於張作驥電影的觀察與寫實主義的再思考〉，《電影欣賞》120（2004.9），頁 94。

[41] 李維怡的小說多以香港庶民社區為背景，角色多為中下層香港居民，他們面對社會不公，時時受制於現實限制，卻又努力掙扎和抗爭，如〈紅花婆婆〉中被拒進入公共圖書館自修室的婆婆，〈聲聲慢〉中面對社區重建的街坊等。此外，她的部份小說亦側面寫到香港的社會運動和歷史事件，如〈笑喪〉中發生於 1989 年的六四遊行，〈一啖砂糖〉中港人內地所生子女爭取居港權事件等。而小說在書寫當代香港庶民生活的同時，亦不忘描寫香港的舊區面貌和鄉村生活，如深水埗唐樓、新界香粉寮等。李維怡筆下的小說世界，時時連繫於本土讀者很熟悉的社區和地理空間，當中帶著時代的印記，充滿庶民生活的氣息，很容易使人投入其中。

現身復仇，卻又同時淡化所可能產生的驚慄效果，創造出某種「被鬼魅附身（haunted）的現實」。她一方面將鬼魅引到現實主義框架，另方面又把鬼寫成常人，刻意打破鬼魂和俗世的對立，建構出「人鬼不分」、「人鬼相雜」的世界，借此再現香港基層市民所經歷的壓迫和剝削。與此同時，因李維怡成功使寫實和幻想於當下香港本土社會的現實場景中無縫結合，把她的鬼魂置放當下迫近眉睫、生死攸關的危機之中（如：舊樓拆遷未獲賠償、子女無人照顧、獨居老人性命垂危等），未容許鬼魂沉浸於前現代或舊日殖民時光，故此，李維怡的小說世界很少流露出香港九七前後的鬼魅書寫常見的懷舊氣息，亦並未沉溺於人鬼愛情傳奇的生死纏綿。

四、著魔的寫實‧附身的鬼魂

若要確認李維怡小說乃裴開瑞意義下「著魔的寫實主義」的文學案例，則必須進一步討論，她把寫實和幻想作類型混合，在小說中建構出「被鬼魅附身的現實」所達至的敘事效果。裴開瑞在討論張作驥的幽靈時曾指出，「如果他／她們的死亡可以被理解為後殖民暴力與社會不公義的長期影響，那麼他們以鬼魂之貌歸返呈述了一種如幽靈般的修正。」[42]換句話說，不幸者含冤而死，化身鬼魂撥亂反正，為現實帶來了改變。循此，我們需要追問的是，李維怡筆下魂兮歸來的死者，他們的復返又為小說中的現實帶來了什麼？

以下結合文本分析，從公義問題的再思、開放共同體的想像、民間記憶與世故人情三個方面，探討鬼魂在李維怡鬼魅書寫中的敘事功能和現實意義。

（一）公義問題的再思

在《行路難》之後，李維怡似乎一直有意藉著鬼魂的歸返，打開對公義問題的思考。在這個方面，她的鬼魅故事與固有的敘事傳統有相通之處。如做一個簡單的區分，李維怡筆下的鬼魂，可以粗略地分為兩種：第一種是作為復仇主體的主角，第二種是作為幫忙者的次要角色。前者可以〈鬼母雙身記〉的陳紅為代表，而後者則以〈沉香〉的桂叔和〈這，不是一個鬼故事〉的波叔為代表。無論是哪一種鬼魂，當它去而復返，再次成為「現實」中的一員，它即發揮關鍵作用，能動地影響著事情發展，使事件得以用較公平合理的方式解決。

---

[42] Chris Berry, "Haunted Realism：Postcoloniality and the Cinema of Chang Tso-chi", in *Cinema Taiwan: Politics, Popularity and State of the Arts.* London: Routledge, 2007, pp. 46. 中譯據裴開瑞，〈著魔的寫實主義——對於張作驥電影的觀察與寫實主義的再思考〉，載《電影欣賞》120（2004.9），頁 93。

　　楊秋紅曾對中國傳統鬼魂形象進行過系統分析，認為無論是婚戀家庭劇，還是公案劇，「追求公平」是中國傳統鬼魂主角的主要敘事功能之一。在家庭劇中，作為主角的已婚女鬼，無論是病死或是自殺，其死亡原因多是丈夫負心，屬於「好人不公平受難」的類型。這些女鬼的普遍願望是求得公平和公正，故常常通過復仇行動，平復自己心中的怨氣。可以說，「死亡命運」是推動女鬼於鬼域世界的行動動力。[43]

　　楊秋紅同時指出，當公平伸張，鬼魂將於願望的滿足中受益：

> （公案劇）這些鬼魂的死亡都屬於典型的「不公正受難」，大都是遇到飛來橫禍，被人害死。所以，他們的鬼魂在鬼域世界的最大願望就是要求公平，實現公平的受益者是鬼魂本人。〔……〕鬼魂可以憑藉自己所特有「託夢」功能將一些關鍵的破案線索透露給生者，幫助自己實現理想中的公平。在公案劇中，鬼魂主角的主要敘事功能也是追求公平、採取申冤復仇的行動。[44]

〈鬼母雙身記〉中的陳紅，恰恰就是這種被丈夫害死，然後化身復仇主體的女主角。陳紅是一位住在公共屋邨的基層婦女，常常被丈夫虐待，由於鄰居袖手旁觀，不聞不問，最後不幸死去。陳紅死後，化為厲鬼，因丈夫已受到法律的制裁，於是她決定要向鄰居復仇，想把同層整條巷裡的每戶人家都燒死。陳紅的歸來，無疑是要在法律以外尋求一個更暴力、牽涉更廣、更公正的裁決——當法律無法審訊鄰居，她要親自向他們索命。後來，儘管她沒有真的把鄰居燒死，但因為找到了方法讓她可以照顧遺孤，總算是在另一層面上得償所願，化解了怨氣。

　　至於作為幫忙者的鬼魂，他們雖然是次要角色，但其設置亦與「追求公平」有關，而且往往在情節推進方面有關鍵作用。這些來自過去的鬼魂，不但引出了一段失落的歷史，而他們富有人情味的舉動，更使事件向著比較好的方向發展。在〈這，不是一個鬼故事〉中，因面臨市建局清拆，整幢舊樓的住戶被迫搬遷，但唯獨志忠的報紙檔得不到賠償。因為欠缺實際的證明文件，志忠一家雖然兩代都在樓下擺攤，卻不被官方承認是樓宇的正式持分者。解決事情的關鍵，是由波叔（鬼魂）代打電話通知街坊回來支援志忠，並翻箱倒籠找回當日整棟樓宇業主簽字的合約，證明志忠是大廈的一份子，再託孫女轉交給志忠。如果沒有鬼的參與，志忠根本無法取得證明。在香港的行政制度下，即使街坊現身力撐、作街頭抗爭，最終也不免以清場告終。至於〈沉香〉中的桂叔，同樣是一個為他人提供幫忙的次要角色。當獨居的太姑婆垂危，桂叔即時把消息通知斌仔，於是太姑婆的身後事得到了適當照料。在這個意義上來看，雖然這些鬼魂都不是主角，但其敘事功能仍離不開追

---

[43]　楊秋紅，《中國古代鬼戲研究》（北京：中國傳媒大學出版社，2009），頁57。
[44]　同前註，頁58。

求公平或合理的安排，而他們對友鄰的照顧，更顯出了常見於舊時社會同舟共濟、患難相扶的人情味。

由是，在李維怡小說中，社會公義作為一種抽象理念被納入民間鬼故事的框架。追尋公義和公平的意志，具體化作女鬼復仇的特定情節，或在人與鬼的互動之中得以落實。人和鬼作為同一個共同體的成員（街坊），通過人情交流和社區互動，使此前的「不公義受難」能夠尋得較為合理的紓解方案。如果說現實的香港冷漠而無人情味，受虐待的婦女得不到鄰里支援，不諳法律的小市民，容易在制度內吃虧；那麼李維怡的小說，則通過引入鬼魅角色，創造出新的條件，使原本不可能發生的互助出現，推動故事中的現實向好的方面發展。

（二）開放共同體的想像

在〈鬼母雙身記〉，這一點得到了更清晰的呈現。當整個集體異常冷漠，無視他人的痛苦，促使受苦者無助地死去，這些旁觀者是否負有道德上的責任？魯迅早就在一百年以前在〈祝福〉提出過這個靈魂的拷問。在〈鬼母雙身記〉裡，李維怡似乎無意再糾纏於這個經歷百年的問題，她想進一步提出的是，「無主名無意識的殺人團」是否有贖罪的可能？如果陳紅之死是眾人的共業，這共業又如何能一起承擔？

在現實的框架中，這些倫理問題是難以追問的，畢竟死者已矣，而殺人者亦已受到法律的制裁。如果沒有人提出質問，鄰居會「心安理得」地繼續「安居樂業」，亦沒人會關心一位死去的鄰居會否有未了的心願。為了使倫理問題得以順利提出，李維怡讓陳紅作為復仇女鬼重新回到人間。憤怒的鬼魂不招而來，一眾鄰居嚇得魂飛魄散，當陳紅大發「鬼」威決意要燒死大家時，鄰居在千鈞一髮之間，體會到陳紅希望照顧子女的心願，跟她達成了協議，輪流給她附身，使她能做飯及探望寄養在兒童之家的一對子女。無論願意與否，「害死陳紅」的共業最後由眾人一起承擔。

〈鬼母雙身記〉的這個結局，靈感來源自清代李清的〈鬼母傳〉（收錄於文言短篇小說集《虞初新志》）。〈鬼母傳〉中的妻子懷孕時在旅途中病逝，商人丈夫唯有將她就地安葬，但妻子卻在墳中產下兒子，因無法哺乳，於是晚上抱著兒子到店家買餅。店家後來察覺婦人所付的俱是紙錢，跟蹤後發現婦人原來是鬼，大驚報官。官員到墳地視察，發現棺柩中有一個孩子，還拿著餅在吃，全不知道母親已歿。官員請來乳母照顧孩子，並著人通報商人前來接回兒子。離開那天的早上，商人發現孩子衣衫半濕未乾，似是昨晚妻子來訣別的淚痕，很是感傷。兒子後來長大成人，與一般人無異，只是能平地躍起得很高，似是因為沾了幽氣之故。兒子孝順，每問及幽產的事，都會在曠野中號哭得雙眼紅腫。[45]〈鬼

---

[45] 李清，〈鬼母傳〉，收於張潮輯，王根林點校，《虞初新志》卷十（上海：上海古籍出版社，2012），頁 125-126。

母傳〉與〈鬼母雙身記〉的交接點在於鬼母對孩子的不捨，鬼母無法親自哺養孩子，唯有求助於里巷之間。值得注意的是，在兩個故事中，來自里巷居民的幫助並不出於自發的善心。前者是商業交易（買餅），後者是條件交換（免於一死），兩位作者皆似乎未對人性有過多美好的寄望。對陳紅的鄰居而言，他們之所以願意被女鬼附身，與其說是突如其來的善念，不如說是面對現實、不得不為之的舉措。

饒有意味的是，陳紅在多次附身鄰居後，她原來的受害者／復仇者的角色開始出現變化。在稍後的「地獄精神」系列故事〈封印〉中，陳紅在附體時，開始了解到一眾鄰居都各有家庭問題。有時事出突然，她只好被迫涉入鄰居的「家事」，例如，她雖然對仇人不懷善意，但仍不得不阻止神經錯亂的媳婦企圖刺死婆婆。陳紅雖然原是受害者，原本應該理直氣壯地享受她的「福利」，但她最後還是跟其他人一起承擔和處理整個小群體的問題。而這正是李維怡一直強調的、對於開放共同體的責任：

> 可以說，「現實主義」於我，不只是一種寫作手法，更是我當下決定與世界保持的關係——一種不將「個體／私人」與「集體／公共」涇渭分明的世界觀。這也是我對佛家「無所住」的其中一個理解；用西方的學術語言說來，就是「開放共同體」的想像；用基督教傳統的語言，就是「愛」。[46]

陳紅之所以會無助地死去，正正是因為眾人「各家自掃門前雪」。如果不那麼執著於「個體／私人」與「集體／公共」的嚴格劃分，把「別人之事」和「眾人之事」俱視為「與自己有關之事」，就不會對發生於咫尺的暴力事件置之不理，社區互助和共享才可能有成功發生的條件。中國民間的鬼魂附身之說，雖然脫離現實又荒誕不經，但李維怡卻成功把傳統文化中的靈異傳說，轉化為「成為他人」的契機。在李維怡充滿現實感的鬼故事中，鬼魂附身並不魔幻，而遲來的公義和願望的達成所帶來的效應，受益的也不只有作為復仇主體的鬼魂。鄰居變成了陳紅，陳紅變成了鄰居，雙方發現了彼此的辛酸——只有站在他人的位置，才能看到自己的「真實」以外的「真實」，在「不可能」的現實困局裡，重新看見「可能」。

（三）民間記憶和世故人情

在中國民間的傳統社會，如要對公義有更深刻的理解，必須結合人情世故去考慮。在李維怡的鬼故事中，鬼往往與記憶有關，它傳遞和呼喚著過去，擔任歷史的見證人，引領後人去重新認識舊日社會的「世故」和「人情」。在〈沉香〉裡，鬼魂桂叔曾參與過1920年代大罷工，而斌仔正是受到他的啟發，才會對這段幾乎湮沒的香港歷史產生興趣。在

---

[46] 李維怡、張歷君，〈如何用小說減輕這個世界的重量〉，《字花》20（2009.7），頁105。

〈這，不是一個鬼故事〉中，當所有人都忘記自己親身參與過的事，只有鬼魂波叔記住了那份有著整棟樓宇業主簽名的合約。鬼魂作為過去的見證，重新確認共同體曾經的誕生和存在，並在共同體即將瓦解之時，發出召喚，使共同體短暫地再次聚合，為其中一位成員創造了奇蹟。至於最近期的〈離〉，以「無何有城」為背景，講述主角何離離在一次參觀廟宇的過程中疑似遭遇靈異事件。脫險和病癒後，何離離上網搜尋相關廟宇的歷史，無意中讀到許多有關清拆和保育的資料。以上的撞鬼事件，雖近於舊小說「誤入仙境」的故事類型，但在敘事功能上，它跟〈沉香〉桂叔很接近，均引發了下一代重新發現和認識歷史。正是加了入鬼，失落的世故人情才可再次「道成肉身」。[47]

與此同時，在李維怡的小說世界裡，新的啟蒙經驗很多時候是由「鬼」所引發的，而這些「鬼」，很多時只不過是普通的平民百姓。在〈沉香〉中，大學生斌仔對大學女工被剝削的事本來不太熱心，反而是由桂叔引導他多去了解工人和罷工問題。由於桂叔的「參與」，最後使斌仔對女工多了一份同理心。在李維怡的小說敘事裡，新的啟蒙經驗來自於民間，這或可視作五四以來知識分子由上而下的啟蒙運動的刻意顛倒。

如前文所述，從五四到 1930 年代，中國知識分子為了實現啟蒙的任務，高舉「為人生」的現實主義文學，期望藉此重塑中國社會文化。為了將小說由邊緣移至文化的中心，並將新文學作品從傳統中區分出來，五四作家奮力抨擊晚清以來的中國通俗舊小說，排斥常見於舊小說的各種陳腔濫調和迂腐迷信的「有害」情節。[48]儘管李維怡的小說在語言上並不帶舊小說的腔調，但她把五四作家視為迷信而加以排斥的民間信仰和通俗情節——如女鬼復仇、靈魂附體、鬼魂現身、報夢等——重新引入到她「為人生」的小說裡，以利創造新的條件，藉此嘗試能動地思考和介入現實。在她的小說世界裡，不科學的民間通俗故事元素並不指向非理性，反而引向了新的反思和可能。她把民間信仰、通俗情節和左翼進取的世界觀三者奇妙地縫合起來，鬼故事並沒有把迷信重新帶回當代社會，卻迸發出一種用以重新打開現實界限的想像。

五、左翼幽靈的自由倫理

李維怡筆下的鬼魂，雖然在追求公義和保存記憶的意義上，與九七前後的香港鬼魅書寫重疊，但在開放共同體和民間經驗兩個方面，有新的重要增補。然而，李維怡的鬼魅書寫的真正能量，正如前文多次提到的，乃在於把虛幻的鬼魂置入故事（現實）的敘事框架，

---

[47] 在一系列鬼故事以後，李維怡開始以寓言故事形式，撰寫「無何有城」系列。系列目前尚未完成，斷續發表，期望以後有機會再作仔細探討。

[48] 安敏成（Marston Anderson）著，姜濤譯，《現實主義的限制：革命時代的中國小說》（*The Limits of Realism: Chinese Fiction in the Revolutionary Period*）（南京：江蘇人民出版社，2001），頁 77。

為充滿困局的故事（現實）重新創造條件，使應該發生的能「自然」發生，推動故事（現實）往好的方面發展，探問改變結局（社會現狀）的可能形式；又或借助鬼魂創造出不可能主體位置，讓人看到自己的「真實」以外的「真實」，為艱難的倫理詰問尋找答案。

　　人總希望故事有美好的結局。為什麼李維怡不為她的故事平添大團圓式的結局，又或使其筆下人物憑空來個突變，衝破一切現實障礙，卻反其道而行，孜孜不倦地為現實招魂，以鬼重新創造出改變的條件？為什麼條件的想像對於改變現實如此重要？這些問題均與李維怡的文學觀念和左翼思考有關，並將引領我們更好地理解她的鬼魅書寫背後的人文關懷和倫理世界。

（一）文學觀念和左翼思考

　　檢視李維怡的創作自述，我們可找到許多與左翼文論契合的地方。李維怡曾如此說明「現實主義的創作態度」：

> 現實主義的創作態度，是在於把握一般之中的特殊，以及特殊之中的一般，或曰：小中有大，大中有小。至於向著什麼方向把握，則需要一個人投身在世界之中，不斷觀察與自我反省（即「我」為什麼有這種看法呢？），進而把握特殊與一般、主流與邊緣的關係，才會得出一種審美或創造的經驗。[49]

在討論現實主義小說時，很多作者會從虛構與真實切入，談小說如何擬真，又或談如何再現或反映現實，不過李維怡在此卻隻字未提，反而強調「一般」與「特殊」。她這種理解現實主義創作態度的方式，明顯受到左翼文論的影響。檢視西方馬克思主義文論家盧卡契的現實主義文論經典，我們很容易就能找到相應的說法。盧卡契認為，現實主義不是社會現實的鏡像式機械反映，而是要通過提取「典型」，即「將人物和環境兩者中間的一般和特殊加以有機的結合的一種特別的綜合」，[50]來揭示歷史的規律和走向。

　　在另一篇論文中，我曾借用盧卡契有關現實主義小說的討論，分析李維怡〈笑喪〉中對社會現實的再現和人物設置。[51]盧卡契認為，現實不是靜止不動的，作家不應以旁觀者的角度觀察，機械地「描寫」和「反映現實」，而是應該體驗和把握事物的關係，揭示事件如何在各種條件和關係的互動下發生，以及敘述人物在當中的經驗。[52]我的基本觀點是，

---

[49] 李維怡，〈答讀者問：《現實即是美？》〉，「沒漠花鬼（李維怡的個人網誌）」，https://indivisiblebeing.wordpress.com/2010/02/19/realism/。檢索日期 2020/09/27。

[50] 盧卡契（Georg Lukács），〈《歐洲現實主義研究》英文版序〉，《盧卡契文學論文集》（二）（北京：中國社會科學出版社，1980），頁 48。

[51] 見拙作：郭詩詠，〈寫作，以克服：讀李維怡〈笑喪〉〉，《字花》20（2009.7），頁 93-98。

[52] 盧卡契認為，「左拉筆下的賽馬是從旁觀者的角度來描寫的，而托爾斯泰筆下賽馬卻是從參與者的角度來敘述的。」描寫停留在「觀察」，而敘述則帶來了「體驗」。他論及兩人的分別時又說：「在司各特、巴爾扎克

如以盧卡契的方法來區分，李維怡的小說更多地使用了「敘述」和「體驗」的方式，而非「描寫」和「觀察」。換句話說，她在審美形式的取向上與盧卡契保持一致，比較靠近俄國托爾斯泰的現實主義小說，而非法國左拉的自然主義小說。總的來說，李維怡的小說對香港政治社會事件的直接描寫是很有限的，社會事件雖不斷穿插在小說的前景，但它們沒有被細緻描繪，也沒有構成一幅波瀾壯闊的史詩式畫面。反之，事件成為了情節的關鍵和主人公內心戲劇的舞台，與主人公的命運緊密地聯繫在一起。正如盧卡契所言：「只有同實踐結合起來，只有把人們的種種行為和煩惱聯繫在一起，才能證明甚麼樣的事物、安排等等從根本上影響了他們的命運，以及這些影響是怎樣和甚麼時候完成的。」[53]因此，在〈笑喪〉中，各種社會事件迫使林曦選擇和行動，小說以這些選擇和行動來照見林曦的本質。

在此，真正的重點並不在於李維怡的小說比較靠近俄國托爾斯泰的現實主義小說，而非法國左拉的自然主義小說，而是在於李維怡在小說觀念上與西方馬克思主義文論的契合。從對現實主義創作方法的理解、小說如何把握現實，以至於如何處理人物和外部社會事件的關係，均在在顯示出李維怡的左翼文藝立場。

事實上，李維怡的左翼立場是極為明顯的，只要稍為翻翻她的創作自述，即可找到明證——她傾向以一種「整體性」的方式來理解世界，認為世界上沒有獨立的個體，強調個人與集體的關係，皆因每個元素都與其他元素有關，互相影響；只要其中一種條件改變，局面就會改變。正如她所言：

> 我所講的現實主義的態度，是面對這個世界，承認自己是其中一份子，承認自己總多少受這個世界影響；同時也承認自己不論做任何事，其實也正在影響事態發展。這是一種將自己與世界連結，而非自我孤立化、抽離化的生命態度。[54]

換句話說，就是以「普遍聯繫」和「永恒發展」來理解歷史和世界，並傾向以能動的、介入的姿態，在現實條件的限制下思考各種行動和改變的可能。同樣地，這種理解歷史和世界的方式，充滿了馬克思主義的色彩。[55]馬克思的名言：「哲學家們只是以不同的方式解釋

或托爾斯泰的作品中，我們熟悉許多事件，它們之所以有意義，是由於參與其中的人物的命運，由於這些人物在擴展個人生活的同時對於社會生活所具有的意義。我們是小說人物所參與的那些事件的觀眾。我們在體驗這些事件。在福樓拜和左拉的作品中，人物本身只是一些偶然事件的多少有點關係的旁觀者。所以，這些偶然事件對於讀者就變成一幅圖畫，或者不如說，是一批圖畫。我們在觀察這些圖畫。」換句話說，體驗的態度是參與、觀察的態度是旁觀，而盧卡契讚揚前者。見盧卡契，〈敘述與描寫——為討論自然主義和形式主義而作〉，《盧卡契文學論文集》（一）（北京：中國社會科學出版社，1980），頁38、44。

[53] 盧卡契，〈敘述與描寫——為討論自然主義和形式主義而作〉，《盧卡契文學論文集》（一），頁57。

[54] 李維怡，〈答讀者問：《現實即是美？》〉，「沒漠花鬼（李維怡的個人網誌）」，https://indivisiblebeing.wordpress.com/2010/02/19/realism/，檢索日期2020/09/27。

[55] 林紫晴考察過李維怡對左翼思想的接受與轉化，藉此為「文字耕作」的理念溯源。林紫晴，《以寫作克服嚴酷——論李維怡「文字耕作」的理念與實踐》（香港：香港中文大學中國語言及文學系本科生論文，2018），

了世界，但重點在於：改變它！」相較於以寫作描述世界，李維怡無疑更著重以寫作改變世界，進而在寫作中思考介入和行動的可能。李維怡對人和現實的關係之理解是相當能動的，她相信事態會因為人的選擇而發展和變動，這意味著她始終相信人擁有自覺的自由，而不完全被動地受制於遺傳和環境因素。若能理解這一點，即可以明白鬼在李維怡小說中的重要性──她要在現實困局的重重枷鎖中創造一個新條件，藉著鬼的參與，讓本已山窮水盡的事態產生變動。

　　「參與」是李維怡創作觀念裡十分重要的一環。李維怡一直積極介入灣仔利東街重建項目，並長期從事紀錄片的拍攝工作。參與者與記錄者的雙重身份，使她特別注意到直接電影（Direct Cinema）和真實電影（Cinéma vérité）對「真實」的不同理解。她認為，直接電影的「真實」是一種身外物，人們觀看和被動地接受這些「真實」；而真實電影則將「真實」視為動態的，會因不同人的參與而有所不同，而作為社會一份子，應要有責任將它導引向一個較好的方向。[56]她形容「直接電影是一個超然的旁觀者，而真實電影則是一個關心並參與其事的參與者。」[57]她並將直接電影和真實電影的差異，歸結為對事件的態度：冷眼旁觀（被動接受），抑或涉身其中（主動參與），直接決定了作品的形態。

　　李維怡一直對所謂「絕對」客觀、中立、超然的位置十分警惕。[58]因人類學的民族誌和田野研究訓練，以及來自日本導演小川紳介（Ogawa Shinsuke）的影響，她在反思社會記錄和研究工作的主／客體關係的過程中，逐漸形成了一種「參與其中」的記錄方式，也就是一種否定絕對客觀，嘗試打破主／客體界線的努力。[59]她與錄影力量、自治八樓或影行者合作的不少紀錄片，均是跟市民和抗爭者共同創作的成果，例如：《黃幡翻飛處》（灣仔利東街人民規劃運動，2006）、《沉重而絢爛的十二月》（2005 年反世貿抗爭，2006）、《撐扎鐵佬》（紮鐵工人罷工，2008）、《嘉咸‧女情》（行將消失的嘉咸街市集，2009）、《碼頭與彼岸》（保衛天星、皇后碼頭運動，2010）、《順寧道‧走下去》（都市貧民反迫遷抗爭，

頁 2-8。

[56] 李維怡，〈《幽會百科》（Comizi d'amore）與真實電影（Cinéma vérité）〉。「尋找在世間的影像—討論、筆記」網站。https://leftfilm.wordpress.com/2008/08/02/《幽會百科》與真實電影 cinema-verite/，檢索日期 2020/09/27。

[57] 同上註。

[58] 事實上，李維怡早在本科時期，已開始對傳統新聞系講求「客觀中立」的一套表示異議。她在〈如何用小說減輕這個世界的重量〉回憶說：「由於在報社學到的東西太多了，回到新聞系上課，老師還在講授『新聞必須客觀中立』那一套，還在教作文和排版，難免讓人不滿。（在報社，連保守的『老鬼』都會說：好的報導一定要有角度。）新聞從業人員操控了大眾認識什麼事物和如何認識，有重大得可怕的社會責任，如果只懂得寫流暢中、英文，只懂得拍照和握穩攝錄機，怎麼夠呢？我便開始曠課，省下的時間都在其他學系或自己報不上的課堂上旁聽，還有在中大報社工作、在文社或國是學會閒聊，又或參與其他社會事務。」《字花》20（2009.7），頁 102。

[59] 李維怡、張歷君，〈如何用小說減輕這個世界的重量〉：「人類學長期浸淫式的田野研究方法和研究文化生成的課題，還有部份當代人類學理論對『知識份子』與『被研究、詮釋的基層民眾』之間不平等關係的反省和思考，都正正是我在社會參與中未想清楚的問題。〔……〕而在人類學的田野研究中，『做足功課』就是指你是否能在普通人的日常生活中，見到社會與文化建制輾過的痕跡──那些往往讓當事人無端發痛、但又搞不清楚痛在哪裡的傷痕。」《字花》20（2009.7），頁 103。

2011)、《街・道──給「我們」的情書》（紀錄十年關注舊區重建與人文關懷反思，2013）、《未存在的故鄉》系列三部曲（就邊界、族群、全球化與社會運動之間的思考，2013-2015）等。只有涉身到事件中，跟參與者站在同一位置（而不是相對抽離和安全的拍攝者觀看位置），直面制度和權力撲面而來的暴力，才能真正帶出「真實」力量。

　　基於以上的思考，李維怡在接收盧卡契的文學理論時，著重點會有所不同。這裡可以看到她對左翼文論的個人演繹。盧卡契在談典型時，特別強調應該同時把握「一般」與「特殊」。典型是「普遍性」和「個別性」的有機統一，[60]人物需要有深刻的個性，但又能反映社會演變的趨向。李維怡談到典型的應用時，相對於選擇和提煉，她更關心的是典型環境所涉及的社會關係和脈絡，從而思考改變的可能：

> 「典型與 stereotype 的分別很重要，stereotype 的寫法通常是覺得某一種身份的人天生有某十種特質，而這類人天生就有這些個人問題，與社會無關。典型，是帶著這身份的人，因為社會賦予了這身份所能夠獲得的資源分配等，導致他們會就某些事情作出某種反應。寫小說與出來抗爭，有一個很相似的地方，就是當你問：像他們這樣的人，究竟要有幾多條件，才會由一個順民，變成一個會反抗的人？或者是可以為自己的尊嚴奮鬥一下的人呢？」李維怡說：「這發展不可以硬來，在現實抗爭、社群組織中不可以硬來，寫小說也不可以。寫小說的自由度，不可以超越合理性；可以超越現實，但不可以超越真實。」[61]

如果盧卡契強調的是作家通過有意識的選擇而超越客觀現實，揭示歷史的走向，那麼李維怡強調的則是如何創造新的條件，達至對現實困境的超越。由於太過關心「這個世界怎樣才可以好一點呢？」的問題，[62]她不忍心展現一個全無出路的困局。作為一個堅持「不可以超越真實」的寫作人，她又不容許自己給出一個憑空出現的光明結局，畢竟能一朝解決所有問題，反而是脫離現實的。當眼前的（小說世界裡的）社會現實和社會條件都那麼嚴峻，在原有的格局裡根本不可能生出一條較好的出路。為了更好地想像世界的出路，李維怡想到利用寓言和神話故事的形式：

---

[60] 盧卡契，〈《歐洲現實主義研究》英文版序〉，《盧卡契文學論文集》（二），頁 48。

[61] 見謝傲霜，〈李維怡：紀錄片式・書寫〉，獨立媒體。https://www.inmediahk.net/node/1049364，檢索日期 2020/10/05。

[62] 李維怡：「我還是關心那個我從小關心的問題：『這個世界怎樣才可以好一點呢？』無論魯迅有關阿Q、狂人和祥林嫂的故事，還是托爾斯泰、陀思妥耶夫斯基、契訶夫等俄國作家筆下的窮人和富人，還有歐・亨利和曼斯菲爾德的諷刺短篇、奧威爾的政治諷刺、卡夫卡的詭異故事、馬奎斯的魔幻寫實小說等等等等，都是對整體文化與政治的批判。一個文化之所以能夠維繫，是所有人共同支撐才能成事的。換言之，如果這個文化具壓迫性，我們中間沒一個人可以聲稱自己是『局外人』，沒一個人可以『免責』。如此一來，『怎樣才可以好一點呢？』」〈如何用小說減輕這個世界的重量〉，《字花》20（2009.7），頁 104。

當使用接近現實主義的方式書寫，雖然人物是虛構的，但於我而言，仍是張三李四何七處借來的眼耳口鼻和故事，我無法對他們太殘忍。同時，我也認為，即使在現實主義對強權與被壓抑者的描寫裡，我們仍然應該嘗試想像可能好一點的出路及其必須附帶的條件細節。然而，現實還是殘忍的，這非一個世代的人可以改變，所以，我們仍必須面對和了解其殘忍的內核。這時，寓言和神話故事的形式因為能夠容納意象高度集中的象徵物，有助於以一較簡單的方法去表達我對現實世界的結構性殘忍的觀察。因此，在上述意義下，我還是會把這類寓言和神話故事劃歸為「現實主義」的作品。[63]

為了一方面直面現實「殘忍的內核」，另方面思考「好一點的出路及其必須附帶的條件細節」，李維怡選擇在現實主義的框架裡，引入寓言和神話故事的形式，以至於鬼魅書寫，來創造她的小說世界。在這些著魔的寫實主義小說裡，鬼的參與為小說中的現實帶來了新的條件，使新的出路和解決方法得以形成，催促著讀者一起思考現實世界中改變的可能性。不過，李維怡到底沒有把鬼寫成人，她「現實」地提示讀者，鬼沒有成真，在現實世界裡新條件仍屬子虛烏有。

（二）另一種自由倫理

或許有人會說，如果更好的世界之實現條件，必須求助於鬼魂，只不過顯示了當下現實的困局。本文對此並無異議，而事實上，李維怡在參與各種社會運動的過程中，不時經歷各種震驚、失望，甚至幾近絕望的情緒。她曾將自己的寫作稱為「受到驚嚇之後用來定驚的粗糙塗鴉」、「十年來受驚之後的收驚之作」，[64]換言之，她視寫作為克服四周嚴酷的方法。

> 太陽又要下山，把瘦削的黑天使的笑顏，映照得格外溫柔，雖然乾裂的大地仍然乾旱，仍然四分五裂，但野草與繁花，卻又一點一點，一線一線地，以一種絕望的速度，企圖縫補大地的裂痕……[65]

李維怡對現實的殘酷和改變的不可能，早已有充分的理解。〈這，不是一個鬼故事〉即使講述了一個因鬼魂而發生的奇蹟，這個奇蹟畢竟也是短暫而有限度的——雖然志忠獲得了賠償，但社區重建依然繼續，舊樓並沒有保留下來，兩代人的共同體亦行將解體。小說為寫作者帶來了安慰，一點一線地修補現實的裂縫，惟這並不代表著自欺欺人和虛假的希

---

[63] 李維怡、張歷君，〈如何用小說減輕這個世界的重量〉，《字花》20（2009.7），頁105。

[64] 李維怡，〈跋（鳴謝及其他相關的囈語）〉，《行路難》，頁326。

[65] 李維怡，〈感恩禱文（代序）〉，《行路難》，頁34。

望。在小說世界裡，基層市民生活仍然水深火熱，精神失常的新移民婦女阿晶，像鬼一樣在街上遊盪，未尋得合理的對待。

　　離開小說世界，李維怡亦曾以散文的形式，記下了一個真實的、有關舊區重建的故事。〈一個佬的玫瑰〉是一篇觀後感，文中李維怡對謝立文《麥兜菠蘿油王子》所隱含的放棄和妥協姿態，表示了氣餒。在文章的最後，作為謝立文重寫《小王子》的註腳，她說了一個被強迫接受重建的佬（大叔）和他的玫瑰的真實故事。這個佬是灣仔囍帖街的老街坊，「喜歡種種花草養養魚，窗台佈滿鑽石玫瑰，但合和中心站起來後，把他的陽光要了四個小時，玫瑰花便死了」，[66]他只好改養魚，但卻遇到市區重建，要他搬離住了四十年的老家，「他要抗拒重建拆散他的社區生活，他堅持七年，參與各種抗爭，開各種令人頭痛心煩的會議，參與了香港史上第一份由居民自發的城市規劃方案，希望救他的家園」，[67]可是最後他還是失去了家園，也失去了他的金魚：

> 搬走了，這個佬不斷生病，這個佬說：如果你去到一個地方，見到有玫瑰，便知道，那個地方，陽光很充足⋯⋯
> 這個佬，他的心雖然在過去，但他也在現在奮鬥，這個奮鬥不只是為自己，也在為其他人的將來。我只是想說，這是一種不同的自由倫理，人可以找到方法自助助人，也可令一個人活得不卑不亢。然而，世界上太多只活在過去的人，和太多只活在將來的人，把這一個佬過去的玫瑰和將來的玫瑰都奪去，把他丟在這個只能「惜別」的世界裡⋯⋯[68]

在這裡，李維怡承接前文對《麥兜菠蘿油王子》的討論，從「過去—現在—未來」三個維度，去談她的「另一種自由倫理」。正如盧勁馳所言，李維怡所指的自由倫理，「指示著一種超越個體意義上的自由，那種自由已不是指如何無拘無束地享受某種利益，而是一種切入生命內部，追求突破現存世界秩序困囿個體生命發展的動力」。[69]盧勁馳又注意到，這種自由倫理同時體現於她的歌詞作品〈自由的滋味〉：

> 親愛的夢想　請告訴我　當我說自由　你會想什麼
> 高山後不會有　更美麗的地方　自由唯一的代價　就是自由
> 是彼岸的花火　還是海市蜃樓　是面前的鐵欄　還是鏡子裡的倒影
> 日與夜相隨　永不復尋獲　始有了追隨　所以　我們才有了大地

---

[66] 李維怡，〈一個佬的玫瑰〉，《字花》2（2006.6），頁37。
[67] 同前註。
[68] 同前註。
[69] 盧勁馳，〈李維怡作品的歷史觀照與她的自由倫理〉，《字花》24（2010.3），頁90。

> 離去的朋友　思念的人　當我說自由　你會想什麼
> 失去了你　我也失去了　與你綁在一起　掙開枷鎖的體會[70]

歌詞在對話中展開，當中李維怡將自由的滋味描寫成一個追尋的過程。自由永不復尋獲，而終極的烏托邦亦從不存在。「追隨」指向「我」與「他人」的關係，而自由的弔詭之處正在於，必須先以自由為代價，與他人「綁在一起」，才會有「掙開枷鎖的體會」。

在李維怡的倫理世界裡，人與人的關係常常處於核心的位置。如要把握鬼魅書寫在李維怡小說寫作實踐中的意義，基本上仍需回到這關鍵的一點。李維怡筆下的鬼，雖然屬於過去，但卻顯現於現在，尋找方法自助助人。它們傳遞來自過去的民間記憶和世故人情，並為尚未到來的公義、仍然存活的眾人的將來而努力。通過這些彷如常人的善良鬼魂，李維怡得以在現實的種種限制中，在小說中想像出一些有利的條件，並藉此與讀者一起思考或創造未來的可能出路。雖然文學的介入力量看似微乎其微，但如果從後結構主義的角度來考慮，現實終究是被建構出來的。理念和想像，必先於現實和行動。套用李維怡的話來說，就是：當想像已然開始，人和世界的關係即會產生變化，事態的發展亦會不同，或許新的選項和條件會出現，或許世界就會變得好一些。

六、結語：無邊的現實主義

回看李維怡的現實主義小說觀念和寫作實踐，我們可發現它與法國左翼哲學家加洛蒂（Roger Garaudy）提出的「無邊現實主義文論」有許多呼應之處。在《行路難》的結尾，李維怡曾引用加洛蒂對卡夫卡的評價，然後由此引入「放下自己、成為他人」的討論。[71]如果撇開加洛蒂的觀點在歷史上曾引發過的各種政治和學術爭議，我們還是可以從加洛蒂的《論無邊的現實主義》中，找到一些可與李維怡對讀的段落：

> 作為現實主義者，不是模仿現實的形象，而是模仿它的能動性；不是提供事物、事件、人物的仿製品或複製品，而是參加一個正在形成的世界行動，發現它的內在節奏。〔……〕他〔按：指藝術家〕不僅擔負著報導戰鬥的任務，而且也是一個戰士，有他的歷史主動性和責任。對他和對所有人一樣，問題不在於說明世界，而在於參加對世界的改造。[72]

---

[70] 李維怡，〈自由的滋味〉，《行路難》，頁 361。演唱版見 https://youtu.be/Rs31KLwLFUU，檢索日期 2020/10/05。

[71] 李維怡：「是內心世界的客觀化，也是與其他人的會合……藝術不能明確地賦予一項使命，但是能啟發人們，迫使他們在開始前進的同時變成可見的真實形象。」李維怡，〈附錄，危險時刻的小說寫作——與張歷君筆談〉，《行路難》，頁 355-356。

[72] 加洛蒂（Roger Garaudy）著，吳岳添譯，《論無邊的現實主義》（天津：百花文藝出版社，1998），頁 172。

神話，也就是具體而擬人化地表現這種意識：即對自然界和社會中人類尚未主宰的領域裡所缺乏的和有待於創造的事物的意識。〔……〕當現實包括人在內的時候，就不再僅僅是它存在的樣子，而且也是它缺少的一切、它有待變成的一切，而人類的夢想和民族的神話則是它的酵素。當代的現實主義是神話的創造者，是史詩般的現實主義，是普羅米修斯的現實主義。[73]

加洛蒂認為，藝術既是反映又是創造，它不僅是對現實的反映，而且是對現實的能動的模仿。神話是一種創造的藝術，而神話的根本特徵是揭示。[74]當然，我們都明白，鬼故事並不直接等同於神話；但如果考慮到鬼魅書寫在李維怡小說中的若干功能，我們不能否認，李維怡早已把都市鬼故事，當作加洛蒂意義下的神話來使用了。

最後，必須指出的是，無論是取法於盧卡契、加洛蒂，還是轉化中國傳統鬼故事，李維怡的寫作實踐總是讓人看到她理解他人、介入現實、改變世界的初心：

> 我選用這種有別於主流論述對現實生活進行描畫的寫法，是希望呈現一些具體的社會和個人歷史，讓大家看到這些人都是普通人，同大家一樣會為兩餐、住屋、家庭而煩惱。而他們抵抗體制、抵抗主流，都是事出有因。記憶和歷史，是「我為何是現在這個我」及「這個世界為何是現今的樣子」的緣由，關係到「哪些人能獲得權力和資源分配？」，也關係到這些分配是否符合一些基本的「平等、自由、博愛」的原則。唯有顛覆既有的刻板印象，我們才有可能締造對世界的新視角。[75]

「放下自己、成為他人」，以一個左翼的整體性角度來理解權力和資源分配，能動地理解和介入現實，以求得「平等、自由、博愛」的普世價值。李維怡的鬼魅書寫，執意讓鬼魂附身現實，創造新的條件去尋找突破現實困局的出口，探問公義、民間和開放共同體的可能，指向更積極的、求變的方向。李維怡正是以這樣的方式，與世界的左翼互相呼應和連結，並以一種更廣闊的視野和形式，參與到現實主義的創作中。

---

[73] 同前註，頁 176。
[74] 高建為、錢翰等著，《20世紀法國馬克思主義文藝理論研究》（北京：北京大學出版社，2012），頁 178、181。
[75] 李維怡、張歷君，〈如何用小說減輕這個世界的重量〉，《字花》20（2009.7），頁 105。

主要參引文獻

一、中文

（一）專書

丸尾常喜著，秦弓譯，《人與鬼的糾葛：魯迅小說析論》，北京，人民文學出版社，1995。

加洛蒂（Roger Garaudy）著，吳岳添譯，《論無邊的現實主義》，天津，百花文藝出版社，1998。

安敏成（Marston Anderson）著，姜濤譯，《現實主義的限制：革命時代的中國小說》（*The Limits of Realism: Chinese Fiction in the Revolutionary Period*），南京，江蘇人民出版社，2001。

李維怡，《行路難》，香港，Kubrick，2009。

李維怡，《沉香》，台北，聯合文學出版社股份有限公司，2011。

李維怡，《短衣夜行紀》，香港，Kubrick，2013。

高建為、錢翰等著，《20 世紀法國馬克思主義文藝理論研究》，北京，北京大學出版社，2012。

楊秋紅，《中國古代鬼戲研究》，北京，中國傳媒大學出版社，2009。

魯迅，《魯迅全集》第 9 卷，北京，人民文學出版社，1981。

盧卡契（Georg Lukács），《盧卡契文學論文集》（一）、（二），北京，中國社會科學出版社，1980。

Abrams, M.H., Geoffrey Galt Harpham 著、吳松江原譯，《文學術語手冊》（*A Glossary of Literary Terms, 9th Edition*），台北，新加坡商聖智學習，2012。

（二）專書論文

王德威，〈魂兮歸來〉，收於《現代中國小說十講》，上海，復旦大學出版社，2003，頁 349-393。

危令敦，〈客途秋恨憑誰說？——論〈永盛街興衰史〉的香港歷史、記憶與身份書寫〉，《天南海外讀小說——當代華文作品評論集》，香港，青文書屋，2004，頁 175-209。

李清，〈鬼母傳〉，收於張潮輯，王根林點校，《虞初新志》卷十，上海，上海古籍出版社，
　　2012，頁 125-126。

陳筱筠，〈施叔青香港三部曲的瘋狂想像與鬼魅傳說〉，收於《台灣文學論叢》，新竹，清
　　華大學台灣文學研究所，2010，頁 335-368。

（三）期刊論文

王德威，〈文學的香港史——十個關鍵時刻〉，《明報月刊》2011 年 2 月號，總 46 卷第 2
　　期，總 542 期（2001/02），頁 22-28。

王德威，〈世事（並不）如煙——「後歷史」以後的文學敘事〉，刊於〈「新世紀十年文學，
　　現狀與未來」國際研討會學者發言〉，《文藝爭鳴》2010 年 19 期（2010/10），頁 41-43。

陳慶妃，〈香港折疊——論韓麗珠兼及香港新生代作家的書寫局限〉，《文學評論》2020 年
　　3 期（2020.5），頁 206-213。

黃國華，〈拒絕收編——論李碧華「後零三」電影小說的鬼魅敘事〉，《中國文學研究》42
　　（2016.7），頁 119-160。

裴開瑞（Chris Berry）著，王君琦譯，〈著魔的寫實主義——對於張作驥電影的觀察與寫實
　　主義的再思考〉，《電影欣賞》120（2004.9），頁 91-95。

鄒文律，〈《i-城志・我城 05》的城市及身體空間書寫——兼論「後九七香港青年作家」的
　　情感結構〉，《人文中國學報》25（2017.12），頁 193-229。

韓宇瑄，〈論李碧華小說的鬼魅書寫及其文化源流〉，《華僑大學學報（哲學社會科學版）》
　　2019 年 2 期（2019.4），頁 41-49。

（四）其他

李維怡，〈一個佬的玫瑰〉，《字花》2（2006.6），頁 37。

──，〈沉香〉，《字花》26（2010.7），頁 64-73。

──，〈封印〉（一），《字花》39（2012.9），頁 72-75。

──，〈封印〉（二），《字花》40（2012.11），頁 74-77。

──，〈封印〉（三），《字花》41（2013.1），頁 80-83。

──，〈封印〉（四），《字花》42（2013.3），頁 74-77。

──，〈鬼母雙身記〉（一），《字花》37（2012.5），頁 78-81。

──，〈鬼母雙身記〉（二），《字花》38（2012.7），頁 67-72。

──，〈離〉，《字花》74（2018.7），Book A，頁 20-31。

──，〈這，不是一個鬼故事〉，《香港文學》337（2013.1），頁 69-75。

──，〈蹲在牆角的鬼〉，《文學世紀》11（2002.2），頁 4-10。

張灼祥，〈流水賑中的情與愛──初看《拾香記》〉，《文學世紀》2（2000.5），頁 55-56。

張歷君編，《現實作為方法──李維怡專輯》，《字花》20（2009.7），頁 85-105。

陸姵而，〈鬼魅敘述──對讀張愛玲《金鎖記》與黃碧雲《雙城月》〉，《香江文壇》總 40（2005.08），頁 18-21。

蔡益懷，〈家族私語：《烈女圖》與《拾香紀》〉，《香港文學》總 189（2000.9），頁 61-63。

鄭政恒，〈個體信念與故事載體：李維怡《沉香》〉，《字花》33（2011.9），頁 39。

盧勁馳，〈李維怡作品的歷史觀照與她的自由倫理〉，《字花》24（2010.3），頁 90-91。

譚以諾，〈本土意識高漲之時──試論香港近年小說創作〉，《香港文學》347（2013.11），頁 64-69。

（五）學位論文

王鈺純，《新世紀香港短篇小說中的港人形象研究──雜誌《字花》《香港文學》為中心》，廈門，華僑大學碩士論文，2019。

何玥臻，《從驅魔到入魔──黃碧雲小說中的鬼魅書寫（1986-2011）》，新北，淡江大學中國文學系碩士論文，2014。

李慧珠，《李碧華小說的鬼魅敘事研究》，杭州，杭州師範大學碩士論文，2017。

林紫晴，《以寫作克服嚴酷──論李維怡「文字耕作」的理念與實踐》，香港，香港中文大學中國語言及文學系本科生論文，2018。

章妮，《三城文學「都市鄉土」的空間想像》，濟南，山東大學博士論文，2006。

陳姿含，《九七後香港城市圖像──以韓麗珠、謝曉虹、李維怡小說為研究對象》，新竹，國立清華大學碩士論文，2016。

黃美瑟，《李碧華鬼魅小說之藝術研究》，嘉義，南華大學碩士論文，2015。

（六）報紙

譚以諾，〈溫情的悲觀：《行路難》的善良與困局〉，《文匯報》B08 版，2010 年 10 月 4 日。

（七）網路

浪人劇場，《十年‧寒‧笑──韓麗珠、謝曉虹、李維怡短篇小說初回劇場化》演前分享會文宣，商務印書館網站，https://www.cp1897.com.hk/activity.php?id=680，檢索日期 2020/12/05。

李維怡，〈《幽會百科》（Comizi d'amore）與真實電影（Cinéma vérité）〉。「尋找在世間的影像──討論、筆記」網站，https://leftfilm.wordpress.com/2008/08/02/《幽會百科》與真實電影 cinema-verite/，檢索日期 2020/09/27。

李維怡，〈自由的滋味〉，演唱版，https://youtu.be/Rs31KLwLFUU，檢索日期 2020/10/05。

梁文道，〈梁文道讀《行路難》：關於香港的社會運動〉，鳳凰網讀書頻道，http://book.ifeng.com/psl/kjbfz/201001/0131_3554_1531467.shtml，檢索日期 2020/12/05。

李維怡，〈答讀者問：《現實即是美？》〉，沒漠花鬼（李維怡的個人網誌），https://indivisiblebeing.wordpress.com/2010/02/19/realism/，檢索日期 2020/09/27。

曾卓然，〈被壓迫者的香港文學──香港作家的三種「抗退」方式（一）〉，101 藝術新聞網，http://www.101arts.net/viewArticle.php?type=hkarticle&id=1805&gid=74&auid=65，檢索日期 2020/12/05。

曾卓然，〈被壓迫者的香港文學──香港作家的三種「抗退」方式（二）〉，101 藝術新聞網，http://www.101arts.net/viewArticle.php?type=hkarticle&id=1810，檢索日期 2020/12/05。

謝傲霜，〈李維怡：紀錄片式・書寫〉，獨立媒體，https://www.inmediahk.net/node/1049364，檢索日期 2020/10/05。

董牧孜，〈香港被「隱喻」掉了嗎？──李歐梵談香港寓言〉，香港 01 哲學，https://www.hk01.com/哲學/102444/香港被-隱喻-掉了嗎-李歐梵談香港寓言，檢索日期 2020/12/05。

二、外文

Berry, Chris. "Haunted Realism：Postcoloniality and the Cinema of Chang Tso-chi", in *Cinema Taiwan: Politics, Popularity and State of the Arts*, eds. Darrell William Davis, Ru-shou Robert Chen (London: Routledge, 2007), pp. 33-50.

中國現代文學　第三十八期
2020 年 12 月 73-92 頁

香港文學的都市論述及其邊界*

王家琪**

摘要

　　本文首先回顧目前香港都市文學研究的情況，把主要的研究方向概括為兩部分，首先是現代主義文學形式與都市主題的關係，結合現代主義文學思潮分析作品所描繪的香港都市形象以及都市空間所激發的特殊語言形式與實驗手法。其次是從後殖民角度討論香港都市特質的價值和意義，以及與後殖民討論相關的本土身份認同問題，從都市主題的展演分析本土身份認同的建立與發展。其後本文就目前都市論述的側重提出幾點思考，嘗試反思都市文學與特定文學形式的聯繫，文學作品對都市的態度為何及應否作為其本土身份認同的表現，都市以外香港其他類型景觀的書寫，以及反思都市論述在時間和空間上的「限度」或者說「邊界」應該如何釐定，並展望在全球化的年代，當鄰近地區急速都市化，香港都市文學研究能夠怎樣推進下去。

關鍵詞：都市文學、現代主義、後殖民主義、全球化、香港文學

* 承蒙兩位匿名評審老師的寶貴意見，令本文得以改進，謹此致謝。本文初稿曾經於第十三屆香港文學節研討會上發表，衷心感謝研討會講評人梁慕靈博士對拙文的回應和建議。
** 香港樹仁大學中國語言文學系助理教授

Reflections Upon the Discourse of Hong Kong Urban Literature

Ka Ki Wong***

Abstract

This paper aims to review current researches on Hong Kong urban literature study. At least two significant aspects of it could be noticed. The first one is to study the form of urban literature with regards to the modernist aesthetic. The second one is to discuss the postcolonial value of Hong Kong urban space and culture and analyze the performance of cultural identity through urban motif. The paper then goes on to make several reflections on the study of Hong Kong urban literature. Firstly, it suggests rethinking the relationship of certain aesthetic approaches to the urban motif and opens up the study of non-modernist urban literature. It also reflects upon the reason why and how the depiction of urban landscapes and lives is seen as evidence of Hong Kong's cultural identity, which leads to the lack of study of other kinds of landscape in Hong Kong literature. Last but not least, it questions the temporal and spatial boundary of the discourse of urbanism. In the age of globalization and in light of the rapid growth of urbanization, in what ways could urbanism remains as an effective framework in the study of Hong Kong literature.

Keywords: Urban literature, modernism, postcolonialism, globalization, Hong Kong literature

*** Ka Ki WONG, Assistant Professor, Department of Chinese Language and Literature, Hong Kong Shue Yan University

一、前言：何謂都市與都市研究

「都市」幾乎可以說是「香港」的同義詞，也是香港文學研究的關鍵課題。然而具體來說，「都市」文學所指的是甚麼？為甚麼都市研究對香港文學這麼重要？而都市論述又有其解釋的限度嗎？本文將會先回顧目前香港都市文學研究的概況，把主要的研究方向概括為兩部分，首先是現代主義文學形式與都市主題的關係，其次是後殖民都市文學以及與之相關的本土身份認同問題。在歸納相關研究的重點後，嘗試反思都市論述的側重和邊界，審視目前為止香港都市文學的研究成果，並試圖展望未來可以拓展的方向，以期推進相關的討論。

「都市」與「城市」在中文經常混同使用，意涵相近，[1]而「大都會」（metropolis）一詞據班德爾（Thomas Bender, 1944-）指源自希臘語，「它的意思是『母城』，即有殖民者去建立新城邦的那個原來的城市或者城邦（polis）」，又因此後殖民理論借用此詞指稱殖民宗主國。[2]都市研究首先是社會學研究範疇，八十年代以來文化研究的興起使之成為熱門研究課題。都市研究範圍非常廣泛，包括建築、都市規劃、都市發展模式、資本主義與全球化等等各種跨度甚大的課題，其中與文學關係較密切的是都市文化研究。對「城市」的研究最早可追溯到亞里士多德，而現代都市文化研究可以概括為五大面向，包括以西美爾（Georg Simmel, 1858-1918）為代表的都市生活心理學，班雅明（Walter Benjamin, 1892-1940）論都市表現實踐，大衛‧哈維（David Harvey, 1935-）論都市的物質基礎，雷蒙‧威廉斯（Raymond Williams, 1921-1988）論文化生產模式與現代主義，以及珍‧雅各布（Jane Jacobs, 1916-2006）論大都會文化與國家文化的關係。[3]其中班德爾談到國家文化與都市的關係，頗適合理解香港的都市文化。他認為一個大都會的活力，「它的文化成就和能量就是來自沒有負擔代表國家的責任」，就像上海和紐約，相反如果是負責代表國家文化的大都會，則較無法呈現國際化的活力而只能被指派表現國粹文化，就像蘇州和布達佩斯。[4]香港顯然屬於前者，這契合了許多論者對香港的定位，就是脫離國家意識型態、自由發展本身特色和現代文藝的大都會。

---

[1]　也有學者認為兩個詞語的內涵有所區別，提出「城市」是指從地理、經濟、政治、社會學等角度區別於「鄉村」的城鎮，而「都市」則指較大的、在一國之中佔重要政治經濟地位的「城市」。參考蔣述卓等著，《城市的想像與呈現：城市文學的文化審視》（北京：中國社會科學出版社，2003），頁 65-66。另參考陳曉明，〈城市文學：無法現身的「大他者」〉，楊宏海主編，《全球化語境下的當代都市文學》（北京：社會科學文獻出版社，2007），頁 3。

[2]　托馬斯‧班德爾（Thomas Bender）著，何翔譯，〈當代都市文化與現代性問題〉，許紀霖主編，《帝國、都市與現代性》（南京：江蘇人民出版社，2005），頁 259。

[3]　同前註，頁 258。

[4]　同前註，頁 269-270。

香港文學在華文地區之中較早表現出都市性的，作為研究個案對於其他城市而言有重要的參照價值。八、九十年代以來，以都市為題的香港文學研究著作甚豐。就主題內容的研究而言，對不同年代作品的研究各有重點，包括梳理三、四十年代早期文學中的都市描寫和現代性的表現，五十年代南來文人對香港都市的看法和變化，六十年代現代主義文學對都市的表現，七十年代本地成長的一代作者怎樣藉由都市題材展現本土意識，八十年代以來從後殖民和後現代性等研究都市經驗等等。另一方面，對都市文學形式的研究也甚為重要，包括拼貼並置、混雜、生活化等等文學形式怎樣和都市特質有關。還有不少的都市比較研究，例如香港和上海、台北的比較分析等等。綜觀目前的相關研究成果，「現代主義」、「本土」、「後殖民」這三個研究角度可說是最為突出。三者是互相關連的，一方面後殖民思潮所催生的本土身份認同追溯和反思皆寄託於都市空間，另一方面對都市文學的分析偏重現代主義與前衛實驗形式，而這些混雜多元的形式又往往與香港的殖民地身世相關。就著目前的研究情況，本文嘗試提出以下幾點不無意義的反思：其一，香港都市文學研究需要拓展到現代主義及後現代主義等等前衛實驗形式以外，思考都市主題與其他美學形式的關係。其二，當我們以一部文學作品對都市的態度作為其本土身份認同的判別標準，背後顯示了殖民現代性、殖民帶來的發展主義與資本主義價值是香港身份認同的重要部分，由此或可重新思考本土特色與都市主題的關係。其三，由文學史建構的角度來看，都市空間成為香港文學景觀中最引人矚目的題材，卻必須同時思索如何把香港其他類型景觀的書寫也納入文學史討論之中。其四，思索都市論述在時間和空間上的「限度」或者說「邊界」應該如何釐定，並展望在回歸後和全球化的年代，香港都市文學研究還能夠怎樣推進下去。以下分別加以說明。

二、現代主義、都市文學的主題及其他可能的形式

以都市為主題的作品首先見於現代主義的實驗之中，故此爬梳現代主義文學作品所描繪的香港都市形象是最為常見的都市文學研究方向。在目前已經相當豐富的香港現代主義研究之中，往往與都市文化結合討論，反過來說不少對香港都市文學的分析也是作為現代主義文學研究的一部分而展開的。例如鄭樹森比較香港與台灣五、六十年代的現代派詩歌，認為馬朗、崑南、王無邪、海綿等現代主義詩人所表現的「香港獨特之中西混合的『都市性』」是同期的台灣新詩較少表現的，後者「偶一出現的『都市性』都非常抽象，是知性的表達，而不是感性的呈現。」[5]引伸而言，甚至可以說是香港超前的都市化水平令現代派詩歌的表現穎異於同時期台灣以至其他華文地區的詩歌。洛楓梳理馬朗、崑南怎樣以

5　鄭樹森，〈五、六十年代的香港新詩〉，《現代中文文學學報》1 卷.2（1998.1），頁 153。

現代主義手法表現對香港都市的印象和感受，而七十年代的代表詩人則有也斯《雷聲與蟬鳴》自覺以都市街景為詩作主題，遊歷於城市空間。[6]區仲桃以班雅明的漫遊者（flâneur）概念討論西西和也斯詩作表現的都市漫遊主題，並思索現代主義詩潮的終結年份。[7]簡言之，都市空間、其中的生活經驗和都市人的精神意識等等皆是現代主義的重要主題，兩者經常被混合討論。

　　在香港文學研究者之中，對都市文學形式討論最為深入的應數也斯。他認為都市特質是香港文化最獨特之處，正是由於香港的都市特質，香港文學才在延續五四文學傳統之餘，尚能發展出獨特的自我身份認同和藝術表達模式。[8]他認為現代主義混雜的語言和前衛的表現手法是都市環境催生的特點：

> 都市的主題，往往與現代主義文藝相關。一方面現代主義文藝興起於城市，另一方面都市的紛雜多元、發展新的價值觀與生活方式，也同時要求新的書寫方法。鷗外鷗在《香港的照相冊》這輯詩中，用了不規則的自由詩體、行中有大號排列的字體、羅列的地名、號碼、雜用英語、詞性的轉換「金屬了的總督」、使用文言的反諷語法、幾何圖形的描寫，盡量做成新異陌生的效果。[9]

除了詩歌語言之外，在小說方面，他認為都市空間的特質令小說家傾向採用多角度的敘述手法：「都市空間的並置、錯列、缺乏中心，也要求不同的觀看、理解與再現的方法，例如浪蕩、徘徊、無目的無中心的書寫」，[10]「多於一個角度的寫法，是否跟都市的現實和理解都市的方法，有某種必然的內在關係，以至成為不同作者對都市題材的回應的方法？」[11]

　　除了現代主義，也斯亦討論到後現代主義與香港都市空間的關係，但是他特別警惕後現代理論的適用性，並以匯豐和中銀大廈為例，說明都市空間應該從在地使用者的角度理解，「後現代的跨國理論，也無法討論到個別地區市民對空間的應用策略」，[12]又指在分析香港文化與電影上，資訊氾濫、個人經驗碎片化等等「的確比較接近某些論述中描繪的後現代處境」，但是他提醒後現代理論容易「抹煞了香港社會文化的背景」。[13]他自己的詩作

[6]　陳少紅，〈香港詩人的城市觀照〉，《香港文學@文化研究》（香港：牛津大學，2002），頁342-374。

[7]　區仲桃，〈都市漫遊——試論香港現代主義詩潮的終結〉，香港中文大學中國語言及文學系及香港教育學院中國文學文化研究中心合編，《都市蜃樓：香港文學論集》（香港：牛津大學，2010），頁219-230。

[8]　也斯，〈香港的都市電影和文化身份〉，黃淑嫻、宋子江、沈海燕、鄭政恆編，《也斯的五〇年代：香港文學與文化論集》（香港：中華書局，2013），頁36。

[9]　也斯，〈都市文化與香港文學：歷史、範圍與論題〉，《城與文學》（杭州：浙江大學出版社，2013），頁11。

[10]　同前註，頁3。

[11]　同前註，頁17。

[12]　同前註，頁5。

[13]　也斯，〈都市文化・香港文學・文化評論〉，《香港文學@文化研究》，頁392-393。

反而有時被視為香港後現代都市詩，例如洛楓就以他和羅貴祥的詩作說明後現代主城市詩學的特徵，包括游離的空間意識以及資訊媒介下的城市文化。[14]

誠然，已有不少西方理論說明都市與現代主義的關係，足資佐證上述的討論。如果要避免予人混淆兩個理論框架之感，就必須首先釐清作為一種文學流派的現代主義和作為一個地理空間的都市之間的關係，也就是為甚麼現代主義形式與都市主題有關、為甚麼現代主義適合表現都市等等的問題，使「都市文學研究」不至於完全混同於「現代主義研究」。現代主義（modernism）的興起本來就與歐陸的大都會關係密切。布萊伯利（Malcolm Bradbury, 1932-2000）指出現代主義文學可說是「多語種城市的藝術」，城市所聚集的人流、文化機構和資本都是文學生產和流通所必須的。[15]城市為文學提供其主題內容，文學中的城市與其說是「地方」不如說是「隱喻」，因為對許多作家來說「城市就是形式的對等物」。[16]十九世紀不只是西方急速城市化的時代，也是作家和藝術家脫離其贊助者和精英讀者的時代，但也因此他們被置於似乎是獨立但又充滿不確定性、後來被稱為「異化」（alienation）的社會位置，產生了現代主義特色的精神和形式。[17]雷蒙·威廉斯則從左翼的角度探討現代主義與大都會的關係，把帝國主義和殖民主義的問題帶入視野，認為「現代主義」已經是過時的分類範疇，應該注意的分析對象是「都市」，因為現代主義實際上和特定城市發展成大都會的過程密不可分。[18]以十九世紀的倫敦為例，浪漫主義的多種特徵都對應倫敦城市化的過程所帶來的感受，這些特徵後來就是早期現代主義的主題，[19]包括大量陌生人聚集，個體在其中的孤獨感和疏離感，城市的不可測知和罪惡，城市帶來的新啟發等等。[20]令現代主義成為「現代主義」的，不是其主題或對都市經驗的回應，而是其地理位置。早期大都會發展和帝國主義及殖民主義關係甚大，大都會聚集了財富和權力，擁有即時全球性地接觸從屬文化的能力，同時在歐洲內部，不同大都會之間的發展差異也造成新的階級。基於這些帝國主義、殖民主義、資本主義等的發展，現代主義才能誕生。[21]

更具體而言，都市空間刺激了上述香港學者所說的現代主義的特殊語言形式與實驗手法。西方文學的相關討論可以補充把現代主義與都市主題結合討論的合理性。都市異於鄉村的最大特點是其人口和文化的混雜性，並且鮮明地體現在文學作品的形式上。布萊伯利認為都市的多變、混亂、繁雜反映在文學藝術形式之中，現代主義傾向壓縮概括都市經驗，

---

[14] 陳少紅，〈香港詩人的城市觀照〉，《香港文學@文化研究》，頁 366-373。

[15] Malcolm Bradbury, "The Cities of Modernism," in *Modernism: 1890-1930*, eds. Malcolm Bradbury & James McFarlane (Middlesex: Penguin books, 1978), 96-97.

[16] 同前註，97。

[17] 同前註，頁 98。

[18] Raymond Williams, "The Metropolis and the Emergence of Modernism," in *Modernism/Postmodernism*, ed. Peter Brooker (New York: Longman, 1992), 83-84.

[19] 同前註，頁 85。

[20] 同前註，85-89。

[21] 同前註，90-92。

都市小說和都市詩是其主要表現形式。現代主義藝術之所以是屬於都市的，是因為藝術家自其中得到疏遠一切和自我流放的態度，促使他們專注於美學技藝上的鑽研。[22]班德爾也認為都市刺激了嶄新的文學形式出現，這是因為「單一的敘事或者影像似乎都不可能概括出一個當代的大都市，這很大程度上是因為它並沒有一個線性的單一等級。它的多元性圍繞著多元的軸心，它總是在受到質疑，並不斷自返。」[23]這些都是由理論的角度分析都市空間與文學形式的關係，而且與鄭樹森、也斯等人的見解相近。

但是，香港都市文學與其他美學流派的關係卻還有不少開拓的空間。除了現代主義及後現代主義等等前衛實驗形式之外，以其他文學手法創作的都市文學，例如浪漫主義、現實主義等等，因為往往對都市抱持否定的態度，相對上較少獲得研究者的重視。但是這不意味它們沒有能力深入表現城市主題。事實上，在西方的討論中，都市的興起其實和浪漫主義、現實主義、自然主義等等多個流派都有關聯。利罕（Richard Lehan）追溯西方十九世紀以來各流派和文學表現與城市的關係，由浪漫主義、現實主義、自然主義、現代主義，到各種文類諸如偵探小說和奇幻文學等等，都以不同手法和角度表現城市的主題。[24]他指出，「現代現實主義（modern realism）的意義，從很大程度上得益於新城市的出現，無論在英國還是在法國，都是如此。」[25]工業化和城市化產生各種現實主義文學的主題，例如雨果（Victor Hugo, 1802-1885）和巴爾扎克（Honoré de Balzac, 1799-1850）筆下的巴黎。「雨果給城市本身添加了額外的宗教寓意」，[26]而巴爾扎克描寫「農業世界向城市世界的轉變催生了新的社會力量，也因此催生了新的人物類型。」[27]其後左拉（Émile Zola, 1840-1902）以自然主義描寫十九世紀中以後巴黎被改造為現代城市的過程，以及由此衍生的一系列社會問題，例如農民與城市、城市工人階級、現代都市的權力與經濟機構等等。[28]

就香港文學而言，都市文學離不開現代主義的課題，而很少牽涉現實主義。香港的都市特質與中國文學主流的鄉土特質相對，現代主義被認為是最適合表現都市精神的，而現實主義在中國現代文學傳統中與鄉土文學密切相關，大多在「城鄉對立」的結構之中推崇鄉土、否定都市。因此在香港文學討論中，現實主義文學多被視為「鄉土的」而非「都市的」，以至「香港現實主義與都市」的研究還沒有展開。例如袁良駿從現實主義寫法以及階級題材來定義鄉土，認為「香港小說的都市性中，也一直緊緊糾結著它的『鄉土性』」，列舉侶倫、舒巷城、海辛、金依等是香港鄉土派作家。[29]他推許舒巷城表現香港低下階層

[22] Malcolm Bradbury, "The Cities of Modernism," 100.

[23] 托馬斯‧班德爾，〈當代都市文化與現代性問題〉，許紀霖主編，《帝國、都市與現代性》，頁 263。

[24] 理查德‧利罕（Richard Lehan）著，吳子楓譯，「第三編：現代主義／都市主義」，《文學中的城市：知識與文化的歷史》（上海：上海人民出版社，2009），頁 61-218。

[25] 同前註，頁 66。

[26] 同前註，頁 70。

[27] 同前註，頁 71。

[28] 同前註，頁 73-76。

[29] 袁良駿，〈都市性與鄉土性的融合與衍進──香港小說藝術論之一〉，《江漢論壇》2000 年第 5 期（2000.5），

市民的苦難以及描寫窮街陋巷的鄉土氣息。[30]在他的分析中，「鄉土」似乎等同「貧窮」，
與「鄉土」本來的地理空間含義並無關連，而較多是「現實主義」的同義詞。[31]類似的討
論還有許翼心嘗試建立「香港鄉土文學」的譜系，同樣是聯結到「現實主義」，指「是開
放型的社會寫實文學」，「香港的鄉土作家所描畫的，不是農村的田園風光，而是繁華都市
背面的陰影；不是貧窮辛勞的淳樸農民，而是掙扎於工商業城市低層和市井小民」。[32]可見
現實主義和鄉土文學自然地結合討論，而由於這些現實主義文學所隱含的反資本主義價值
觀，它們多被歸類為「鄉土文學」而非「都市文學」。

　　然而，如果考慮「否定」都市也是一種與都市的關係，則上述現實主義左翼小說也是
其中重要部分。事實上，二千年代以來不少學者正是向這個方向補充和推進香港都市文學
的討論。「都市文學」的研究，實不必囿於「肯定」都市的文學作品。左派和現實主義立
場的相關文藝作品是否也有對香港都市空間的描寫，有否呈現對都市的多元態度？例如艾
曉明與袁良駿的討論方向相反，嘗試說明城市就是香港的鄉土，她提出「鄉土文學」不必
是「鄉村文學」和「農民文學」，而是指認同與故鄉的意思。[33]雖然艾曉明也說這樣的「鄉
土」定義與「本土」並無二致，[34]顯然「鄉土」在香港文學討論中並不是很有說明效力的
標籤，但是套用她的觀點，或者可以討論香港是否有「都市的鄉土文學」，也就是把上述
的「現實主義鄉土文學」重新定義為「現實主義都市文學」，把這些現實主義作品納入「都
市」文學討論之中，探討非現代派的作家如何描寫香港都市空間和生活。又例如余君偉以
舒巷城、羈魂和梁秉鈞三位不同風格的詩人為例研究七十年代的香港城市詩，指出左派和
現實主義的詩人寫下了數量最多的城市詩，以樸素寫實的語言書寫香港的都市化，加上羈
魂代表的結合古典色彩的城市詩，皆展現出現代派與生活化新詩以外的城市面貌。[35]又例
如陳曦靜認為舒巷城的小說呈現的香港都市形象立體、豐滿、有批評但也不無肯定，[36]皆
是這方面的研究案例，把香港都市文學研究擴展至現代派譜系以外。

頁 79-82。

[30] 袁良駿、犁青，〈香港鄉土派的第二梯隊──舒巷城的早期創作〉，《香港作家報》總第 108 期（1997.10），
第 1-2 版。

[31] 他甚至認為西西《我城》和也斯《剪紙》這類現代派作品，「不論其寫法如何現代，其鄉土氣息仍然撲面而
來」，令「鄉土」的定義更為漫無邊際。袁良駿，〈都市性與鄉土性的融合與衍進──香港小說藝術論之一〉，
《江漢論壇》2000 年第 5 期，頁 81。

[32] 許翼心，〈香港「鄉土文學」芻論〉，《香港文學》第 56 期（1989.8），頁 4-8。引文出自頁 7-8。

[33] 她舉例指舒巷城即以香港為「故鄉」，作品中雖無鄉村與土地，只有城市、街巷與大海，卻抒發濃烈的鄉情。
艾曉明，〈非鄉村的「鄉土」小說──關於舒巷城小說的「鄉土」含義〉，《香港作家》115（1998.5），頁 10-11。

[34] 同前註，頁 10。

[35] 余君偉，〈論一九七零年代香港城市詩的特色：以舒巷城、羈魂及梁秉鈞為例〉，《東海中文學報》37（2019.6），
頁 83-128。

[36] 陳曦靜，〈舒巷城作品中香港七〇年代的都市形象〉，嶺南大學人文學科研究中心香港文學研究小組編，《書
寫香港@文學故事》（香港：香港教育圖書公司，2008），頁 212-232。

三、都市作為本土身份認同的展演與後殖民載體

　　八、九十年代以來，後殖民成為香港文學研究的首要語境，啟導本地學者致力追尋香港的主體性，而都市又被視為香港文學的主要特色，兩個課題自然互相結合。例如朱耀偉探討城市空間如何作為後殖民論述的據點，指出在不少後殖民國家，鄉土被視為抵抗殖民主義、建構本土論述的據點，但在香港這個大都會，發揮這項論述功能的空間卻是城市，因此八、九十年代以來，以城市為主題的文學作品往往承載對香港後殖民身世的思考。[37]針對香港都市文學與民族主義的關係，王德威認為「香港最重要的意義在於它是座絕無僅有的城市———一座不斷重新琢磨其功能和國族屬性的都會。」[38]他顯然十分看重這一點，稱許香港的城市文化能夠質疑和超越中國現代文學的「鄉土／國土」（country/country）傳統，以邊緣和殖民地的身份偏處國族論述之外。「中國現代文學的主流總召喚著原鄉情結」，現實主義的鄉土神話被賦予國族政治的隱喻意涵，反觀香港的殖民歷史令此地偏離國族大論述，建立出獨一無二的城市文學譜系。[39]又如周蕾從香港作為一個經濟發達的殖民地海港城市談起，引導我們思考庸俗日常的物質主義如何被用作反襯和補償民族主義論述，而香港詩人怎樣反過來利用這種城市的物質主義構築獨特的詩藝。[40]可以說香港後殖民思潮與都市題材關係十分密切，「都市」空間被賦予反民族主義和解除殖民主義等等的重大價值。經常被討論的香港後殖民都市文學作品，包括西西的小說《我城》和〈浮城誌異〉，也斯的詩集《形象香港》、小說《記憶的城市‧虛構的城市》、《後殖民食物與愛情》，董啟章《地圖集》等「Ｖ城系列」小說，黃碧雲的〈失城〉等等，皆是以都市文學思考香港後殖民處境。與後殖民相關的文學特點，還有香港文學的混雜語言。陳冠中結合後殖民主義的「混雜」（hybridity）理論，以「半唐番」形容香港語言與文學的特點，[41]後來又以「雜種城市」、「世界主義」等等延續對香港都市空間混雜性的探討，樹立香港獨特的文化美學。[42]鄭政恆承接其討論，分析「半唐番」怎樣反映香港詩歌的語言特點以及表現香港的城市風貌和生活。[43]這種切入角度和「三及第」文學的討論方向相近，而又更強調殖民歷史對香港文學語言的影響。

---

[37] 朱耀偉，〈小城大說———後殖民敘事與香港城市〉，張美君、朱耀偉編，《香港文學@文化研究》，頁 253-255。

[38] 王德威，〈香港———一座城市的故事〉，《香港文學@文化研究》，頁 319。

[39] 同前註，頁 321-324。

[40] 周蕾，〈香港及香港作家梁秉鈞〉，《寫在家國以外》（香港：牛津大學，1995），頁 119-132。

[41] 陳冠中，〈半唐番美學筆記〉，《半唐番城市筆記》（香港：青文書屋，2000），頁 5-6。

[42] 參考以下兩文，陳冠中，〈香港作為方法———都市神韻〉，《我這一代香港人》（香港：牛津大學，2005），頁 42-49。〈雜種城市與世界主義〉，《我這一代香港人》，頁 50-73。

[43] 鄭政恆，〈香港詩歌與半唐番城市生活〉，梁秉鈞、陳智德、鄭政恆，《香港文學的傳承與轉化》（香港：匯智出版有限公司，2011），頁 179-196。

　　「本土身份認同」的問題無疑是藉著這股後殖民主義思潮而成為香港文學的熱門課題。學者回過頭來追溯七十年代是本土意識萌發的時代，部分香港文學作品此時開始描寫和表現本地都市風景、生活方式和市民意識，被視為本土意識的重要里程碑。不少論文遂從都市主題的展演分析本土身份認同的建立與發展。例如洛楓比較戰後多個香港新詩流派對都市的描寫及立場，包括現代主義的馬朗、崑南、梁秉鈞，現實主義的舒巷城，新古典主義的康夫、黃國彬、羈魂，後現代主義的羅貴祥等等。[44]她認為七十年代新詩由之前的懷鄉和民族題材轉向城市題材，象徵著本土意識的起點：「七〇年代香港現代詩表現的『本土意識』，可從兩方面看：一是對外在城市景觀的實地描寫，一是對日常生活狀況的直接思考。」[45]又例如羅貴祥認為香港「本土意識」的萌發來自七十年代詩人對城市空間的強烈意識，以及對城市生活經驗作出物我分離的觀察與反思。[46]陳智德藉由討論劉以鬯六、七十年代的小說，提出他逐漸脫離南來作家對城市生活的否定，重新正視和思考城市經驗，「它們對城市的觀察角度，異於五、六〇年代一輩否定或略去現實的過客心態」，而展現出其本土性。[47]換言之，都市主題的表現和刻劃成為了判斷文學作品是否體現出本土意識的關鍵標準。由此引伸，又與近年香港文學地景、地誌書寫的發展相關，已經成為重要的創作方向。

　　反過來說，對都市文化與生活的否定與批判，往往成為作家不夠認同香港的例證。例如洛楓在討論本土意識的表現時，所分析的詩作皆為現代主義和後現代主義詩人，像梁秉鈞、銅土、吳煦斌、張景熊等等。究其原因，是現代主義和後現代主義「對城市較能採取複雜和兼收並蓄的看法」，「走入城市的內在經驗」。[48]相反其他流派的詩人多批評和否定都市，例如她認為舒巷城的《都市詩鈔》充滿道德批判和對都市的偏激批評，未有反映真正的香港都市；而新古典主義的美學取向令詩人傾向田園山水，排斥都市，是「缺乏一種與生活息息相關的現代精神」，「不足以陳述都市的內容」，「終難免生活和語言脫裂的危機」[49]。洛楓的論點很有代表性，說明都市主題的深入展演怎樣被視為詩人的本土認同表現。認為舒巷城的《都市詩鈔》以偏頗及簡化的道德批判立場描寫香港，是「扭曲了香港文化的獨特個性」，[50]又例如也斯指出五十年代南來作家筆下的香港地方色彩淡薄，直至其中部分作者例如馬朗、劉以鬯等人探索「如何抒寫這不同都會的感受」，才逐漸形成香港文學的特色。[51]也有學者追溯到更早的時間，例如王宏志、李小良等認為無論是戰前旅港

44　陳少紅，〈香港詩人的城市觀照〉，《香港文學@文化研究》，頁 342-374。

45　洛楓，〈香港現代詩的殖民地主義與本土意識〉，《香港文學@文化研究》，頁 237。

46　羅貴祥，〈經驗與概念的矛盾：七十年代香港詩的生活化與本土性問題〉，《香港文學@文化研究》，頁 246-247。

47　陳智德，《根著我城：戰後至 2000 年代的香港文學》（台北：聯經出版公司，2019），頁 350-351。

48　陳少紅，〈香港詩人的城市觀照〉，《香港文學@文化研究》，頁 373。

49　同前註，頁 364。

50　同前註，頁 350-353。

51　也斯，〈從五本小說選看 50 年代以來的香港文學——再思五六十年代以來「現代」文學的意義和「現代」評論的限制〉，《香港文化十論》（杭州：浙江大學出版社，2012），頁 72-73。

的作家還是戰後的南來作家，他們對香港的激烈否定和懷鄉心態的表現往往皆建基於對香港都市環境的批判。[52]

　　當我們以一部文學作品對都市的態度作為其本土身份認同的判別標準，背後或者顯示了殖民現代性、殖民帶來的發展主義與資本主義價值是香港身份認同的重要部分。認同都市被視為認同本土身份，而這些作品在後殖民角度下被認為是較能代表香港的，這種批評角度冒起於八、九十年代之後的評論中。香港身份認同的萌芽與本地社會經濟的發展互相呼應，七十年代在麥理浩的管治下，社會民生大幅改善，經濟急速起飛，都市化的步伐極快，普遍被視為本土身份認同形成的關鍵時期。同時本地影視文化例如粵語流行曲和電影、電視劇等等蓬勃發展，一系列因素推進了香港人對自己身份的自豪感和對當下生活的正視。[53]潘少梅也指出，「對香港七十年代末期以來的香港文化研究顯示，一種新的話語逐漸形漸形成。它具有資本主義發展相符合的意識形態特徵」，包括「鮮明的城市肯定意識」，「和香港七十年代末期經濟成功起飛，而產生的一種本土自覺和自豪感相結合的結果。」[54]可能是出於上述原因，我們對香港本土身份認同的討論同時隱含了資本主義現代大都市的生活方式與價值，而較少考慮跳出這個框架來考慮「本土」的意涵。都市文學的討論範圍集中在現代派作品，因為這類作品更多地深入表現資本主義大都會空間、文化、生活方式與價值，反之左派與現實主義文學作品因為對都市生活方式與價值的否定而未被納入「本土」身份認同的討論範圍。

　　香港文學研究在七、八十年代起步時無疑十分重視身份認同議題，[55]故此特別重視能夠代表香港特色的都市文學，時至現在卻可以退後一步叩問「香港特色」與「都市」的關係。學者認為由五十年代南來作家到六、七十年代本地成長的作家，期間較明顯的變化是他們對都市的態度改變了，從對都市的簡化否定變為更複雜的看法。雖然「本土意識」並不等於完全擁抱認同這座城市，[56]但是完全否定香港都市文化的作品也很少被視為能夠體現「本土」特色。不無意味的對照是，六十年代不少現代派作品正是尖銳地批判香港的商業都市文化，崑南該時期的詩作、小說《地的門》、劉以鬯的《酒徒》等等都是其中的代表作。這些作家在批判香港商業都市特質的同時藉由現代主義形式而深入地表現了香港都

---

[52] 關於戰前旅港作家怎樣描寫香港，參考王宏志、李小良、陳清僑，〈中國人說的香港故事〉，《否想香港：歷史・文化・未來》（台北，麥田出版，1997），頁 21-94。有關的作品選集，可以參考盧瑋鑾編，《香港的憂鬱：文人筆下的香港（1925-1941）》（香港：華風書局，1983）。對於戰後南來作家懷鄉作品的研究，參考陳智德，〈懷鄉與否定的依歸──徐訏和力匡〉，《根著我城：戰後至 2000 年代的香港文學》，頁 227-250。

[53] 高馬可（John M. Carroll）著，林立偉譯，《香港簡史──從殖民地至特別行政區》（香港：中華書局，2013），頁 213-218。

[54] 潘少梅，〈後殖民時期、香港和女性寫作〉，《香港文學@文化研究》，頁 572。

[55] 許子東在討論香港文學的定義時就提出過「香港身份」在「香港文學」討論中是主導的因素，「這是否說明『香港文學』之所以成為『話題』，歸根結底是與『身份認同』的危機與覺醒有關？」許子東，〈一九九七年的香港短篇小說〉，《香港短篇小說初探》（香港：天地出版，2005），頁 22-23。

[56] 羅貴祥，〈經驗與概念的矛盾：七十年代香港詩的生活化與本土性問題〉，《香港文學@文化研究》，頁 246。

市生活，因而很少有學者把他們對香港的批評與部分戰後南來作家或者左翼現實主義文學對香港的否定作出比較，也很少質疑現代派是否足夠「本土」，其中的原因可能在於現代主義的形式本身就與資本主義都市精神密切關聯。我們甚至可以追問，不認同都市文化的作品能否同時是體現香港身份認同的作品？這一系列十分值得研究的問題，在我們停止把「都市」和「本土」掛鈎之後才能展開討論。對於「都市」被賦予的種種意義，朱耀偉曾經意味深長地提醒：「香港城市小說中的『城市』大概可以說是一個新保守神話」，被想像和記認為香港身份認同的根源和歸屬，但是我們更應把「城市」的概念「問題化」（problematize），作為流動的意符。[57]

　　都市空間固然是香港文學景觀中最引人矚目的題材，但是由文學史建構的角度來看，不得不同時思索如何把其他類型的空間納入香港文學史的討論之中。在都市題材以外，香港文學還有不少地景值得留意，它們不見得就不能代表香港的特色和地方感（sense of place）。例如樊善標就以易君左、也斯和余光中為例，討論香港山水郊野的散文與本土身份認同的關係。南來作家易君左的香港山野遊記結合古典文人的情趣，撫慰戰亂流離的心緒，也斯七十年代的香港郊野遊記實驗新鮮的遊記寫法，卻被遺漏在後來建立的都市論述之外，而余光中對香港山水的喜愛證明了他對香港的認同與情懷。由此他提出思考城市與香港其他空間的關係，以至都市論述興盛以後怎樣影響我們對香港文學面貌的理解。[58]隨著近年自然書寫與生態文學批評的倡議，對香港都市文學的討論也出現新角度。例如黃宗潔討論韓麗珠、謝曉虹、鄒文律小說中的動物，探討文學如何回應當前香港的城市發展和環境議題、動物議題的關係，呈現理解當代香港城市空間與自然環境既共生又衝突的複雜圖象。[59]又例如鍾怡雯討論蔡珠兒寫於香港的自然書寫作品，[60]樊善標討論劉克襄《四分之三的香港》等等，[61]結合生態文學批評的角度相信是未來其中一個重要的研究方向。

57　朱耀偉，〈後殖民敘事與香港城市〉，《香港文學@文化研究》，頁 255 及 267。

58　樊善標討論余光中的香港山野散文，例如〈山緣〉（1985）、〈飛鵝山頂〉（1985）等深刻地抒發他對香港的感情。余光中自白常常帶來訪的台灣朋友去遠足登山，炫耀香港山景之美，以香港人的身份向外來者展示對香港的自豪，表示「無論我曾在何處，會在何處，這片心永遠縈迴在此」。樊善標，〈三位散文家筆下香港的山──城市香港的另類想像〉，《中國現代文學》19（2011.6），頁 115-140。

59　黃宗潔，〈香港新世代小說中的動物與城市〉，《淡江中文學報》第 37 期（2017.12），頁 231-254。

60　鍾怡雯，〈論蔡珠兒散文的主題延伸與收攏〉，《華文文學》2017 年 1 期（2017.4），頁 93-98。

61　樊善標，〈近年本土運動之中與之前的香港郊野遊記──從劉克襄《四分之三的香港》回溯一九七〇、八〇年代〉，《中國文學學報》5（2014.12），頁 241-267。

四、反思都市論述的邊界：展望香港都市文學研究

　　最後也是最關鍵的問題，就是都市論述的「限度」或者說「邊界」應該如何釐定？當都市已經成為地球上超過一半人口所居住的空間，[62]人口在千萬以上的城市數量愈來愈多，更多的大城市陸續晉身國際大都會的行列。「都市」似乎膨脹為無所不包的主題，都市文學的定義就需要更謹慎的釐清和劃界。都市文學研究本來就存在不少疑難，其中一個問題是「都市」難以成為獨立的研究範疇，在社會和文化上與「資本主義」和「現代性」等課題難以割裂討論。[63]都市社會學對這方面的見解很值得參考。沙維奇與渥德指「都市研究」一度在社會學上被批評是無法成立的研究範疇，認為都市生活經驗根本無所不包，這門學科的界線無法釐定，尤其在已高度發展的西方國家，「都市的」已經是沒有意義的標籤。[64]部分社會學家也對現代主義與都市經驗的關係持有不同看法，質疑大都會是否必然導致現代主義出現。像 1890 至 1930 年代現代主義與歐陸大都會的關係，到底是「都市」的普遍屬性，還是特定歷史時期在特定城市才能成立？持前一種的看法有伯曼（Marshall Berman, 1940-2013），認為「現代性」的經驗不只是十九與二十世紀一切社會生活的總體特色，都市經驗更一直是創造性藝術的泉源。持後一種看法的有培里·安德森（Perry Anderson, 1938-），認為現代主義與都市的關係只適用於形容由封建秩序轉為資本主義秩序的歷史過渡時期，現代主義藝術可說是對這個過渡階段的回應。二十世紀三十年代以後資本主義已然大獲全勝，再申論這點已經沒有太大意義。[65]

　　關於甚麼才是「都市的」文化研究，班德爾饒有深意地提出幾點提醒：

> 都市文化研究的任務之一是鑑別甚麼是都市的、甚麼是國家的，以及哪些是大都會現代性所特有的，這一點可以把大都會文化和由國家意識型態及文化工業所推動的一般發展區別開來。更廣泛地，我們必須深入考察所說的文化（或藝術）到底只是發生在這個城市還是屬於這個城市。何種特殊的社會構成和經驗在某種特定意義上是城市的，也就是說，它們多多少少得是空間的，而何種特殊的社會構成和經驗可以使文化形式定型，無論是日常生活還是藝術。[66]

---

[62] 根據聯合國經濟和社會事務部人口司編制《2018 年版世界城鎮化展望》，全世界超過 55%人口居於城市。到 2050 年，這一比例預計將增加到 68%。參考聯合國網站：https://www.un.org/development/desa/zh/news/population/2018-world-urbanization-prospects.html，最後瀏覽日期：2020 年 10 月 8 日。

[63] Mike Savage & Alan Warde, "Introduction," *Urban Sociology, Capitalism and Modernity* (London: The Macmillan Press Ltd., 1993), 4-5.

[64] Savage & Warde, "Introduction," *Urban Sociology, Capitalism and Modernity*, 1-2.

[65] Savage & Warde, "Perspectives on Urban Culture," *Urban Sociology, Capitalism and Modernity*, 117.

[66] 班德爾，〈當代都市文化與現代性問題〉，許紀霖主編，《帝國、都市與現代性》，頁 270。

也就是說，都市文化研究需要解答空間性的都市經驗與文化形式的關係，同時還要與資本主義、現代性等相關概念劃分開來。這個問題在中文文學的語境中更為複雜，因為「都市化」和「現代化」同時意味著西化和殖民主義的影響，而所謂「資本主義生活方式」在內地文學中的評價仍頗為曖昧。[67]陳曉明在討論中國城市文學時指出城市文學在中國現當代文學史上無法獨立於現代主義等其他線索，又只是強大主流的鄉土文學的「他者」和被文學史排斥的部分。要令這項研究成立就必須集中在狹義的都市文學，亦即「對城市的存在本身有直接表現，建立城市的客體形象，並且表達作者對城市生活的明確反思，表現人身與城市的精神衝突的作品」。[68]

　　這些關於「都市」界線的思考對於我們反思香港都市文學論述很有啟發。由此不妨提出以下的問題：怎樣的特質才是「都市的」？這些特質到底是香港獨有的還是都市普遍的特質？都市論述是否只適用於特定歷史時段，有沒有時間下限？當鄰近地區已經高度都市化，都市性還能否視為香港的特點？標籤某地區某部分的作品為「都市」的意義是甚麼？這些都是繼續發展都市文學論述時需要回答的問題。假如認為「都市文學」的討論仍然是有價值的話，都市論述的「限度」或者說「邊界」應該如何釐定？

　　從時間的角度來看，香港文學的都市論述似乎是較為擅長處理早期城市化過程中產生的變化，以及反映這些變化的作品和思潮。例如三十年代的部分香港詩人例如鷗外鷗、李育中等借鑑上海現代派的手法描寫最早期的香港都市面貌，[69]五、六十年代現代主義作品所表現的都市感官、意識與經驗，[70]七十年代產生不少反映香港急速的城市發展的作品，例如劉以鬯《對倒》、《島與半島》、西西《我城》、也斯《剪紙》等等。[71]但隨著城市發展水平提高，愈接近當下，都市題材的劃分愈發困難。如果時間拉近到當下，在極致都市化的地方之中，我們的生活經驗、意識、感受與情思已經先天地內在於都市空間。既然無法指認「都市不是甚麼」，「都市」指的到底是甚麼變得更難釐清。如果說在社會學和文化研究上這些新的全球變化意味著都市研究日益重要，那麼在文學研究上，反而令「都市文學」的邊界更為寬泛模糊，也更有需要把「都市文學」限定在狹義的範圍內。[72]

---

[67] 例如上海是當代中國城市文學研究的重要個案，在部分研究之中，一方面認為物質、消費、西方舶來品、老上海殖民建築等等是「城市文學」定義的關鍵，另一方面這些「資本主義的生活方式」和伴隨都市化而產生的「階級矛盾」在當代中國的意識形態中又往往與負面的批評互相連繫，更為突顯城市文學論述的複雜性。參考蔣述卓等著，《城市的想像與呈現：城市文學的文化審視》，第三章，頁43-79。喻述君，〈試論城市文學發展的困境及其趨勢〉，《湖北函授大學學報》第23卷3期（2010.6），頁137-138。寇國慶，〈當代城市文學的精神嬗變、價值與可能〉，《貴州師範大學學報（社會科學版）》總163期（2010.2），頁83-86。

[68] 陳曉明，〈城市文學：無法現身的「大他者」〉，《全球化語境下的當代都市文學》，頁3。

[69] 陳智德，〈都市的理念：三〇年代香港都市詩〉，《現代中文文學學報》第6卷2期、7卷1期（2005.6），頁177-194。

[70] 鄭蕾，《香港現代主義文學與思潮》（香港：中華書局，2016），頁125-145。陳少紅，〈香港詩人的城市觀照〉，《香港文學@文化研究》，頁342-374。

[71] 陳智德，《根著我城：戰後至2000年代的香港文學》，第十二至十四章，頁349-401。

[72] 關於廣義與狹義的都市文學定義，可參考陳大為的界定：「所有跟都市空間和生活相關的詩（至少包括：生活、消費、政治、文化、歷史、價值觀、慾望、建築、事件），都可以定義為「廣義的都市詩」；至於那些

　　九十年代以來區域格局的變化促使我們反思把都市文化與香港本土特色掛勾的論述。在全球化的年代，香港鄰近地區急速都市化，羅永生認為這類論述策略只適用於形容八十年代或以前的香港。隨著中國經濟起飛、全球化的變化等等，「都市性」已經不能代表香港的獨特性，說明了都市文化論述的最大困難是怎樣反映九十年代以來區域格局的變化：

> 可是在香港意識當中，卻仍然自戀地殘留著簡單的「城市香港－鄉土內地」的二分
> 〔……〕周邊城市群的出現、追趕，以及全球化的經濟重組，使香港不斷要重新問，
> 何謂使香港具備其與別不同的城市特質？城市特質究竟是使香港獲得它的獨特性
> （有別於鄉土大陸）的原因呢？還是正因為城市生活方式和體制的趨同性、普遍
> 性、環球性，而使香港慢慢失去它的獨特性？[73]

又例如朱耀偉認為後九七時期香港與內地的關係改變，「內地不少城市愈來愈資本主義化，從前香港的特色逐漸消滅」，[74]香港從前的地緣角色不再明顯，「當中國融入全球資本主義，香港的例外位置便飽受威脅」。[75]後九七時代的香港都市特點往往需要在與鄰近區域都市的比較中不斷調整，黃宗儀運用「全球城市區域」（global city-regions）概念分析 1997年以後的官方論述怎樣在近二十年來的多次經濟和政治變化之中調整香港與區域格局的關係，從香港作為國際大都會，改為強調香港是珠三角區域的其中一座城市。[76]這些研究都說明了香港的「都市文化」定位正在急劇變化當中。

　　但是從另一角度思考，上述社會學上的都市化進程，不一定與文學上呈現的印象互相對應。當我們說「香港文學的最大特點是其都市特質」，並不等於宣稱香港是鄰近區域之中「最為都市化」的，而是衡量都市特質在本地文學創作之中的重要性，以及其在文學史論述上的代表性。當鄰近城市趕上與香港相近的都市化水平，並不必然意味在當地文學表現之中「都市文學」擁有與在香港文學史上同等的豐富意義，更不意味著香港都市文學的討論應被放棄，或是「都市」主題對香港文學的價值因而減損。應對區域格局的變化以及愈來愈多大都會的出現，反而更應該積極思考香港與這些城市的關係與差異。

　　二千年以來不少學者沿著這道線索持續補充、思考香港都市特質的定位。學者們並不放棄探討香港的都市特點，只是調整方向。其中一個方向，是從宏觀的國際比較角度切入，著眼於香港與世界的關係。例如李歐梵認為香港不能再單靠經濟定位，而應該保留和發展

在書寫過程中特別強調「都市」的概念（進行本質性的形上辯證），或鎖定明確的單一都市（刻劃其歷史、文化、消費特質，或獨特的個人記憶）的詩作，即是「狹義的都市詩」。陳大為，〈定義與超越──台灣都市詩的理論建構〉，《亞洲閱讀：都市文學與文化（1950-2004）》（台北：萬卷樓，2004），頁 67。
[73] 羅永生，〈〔晚〕殖民城市政治想像〉，《殖民無間道》（香港：牛津大學，2007），頁 63-64。
[74] 朱耀偉，〈香港（研究）作為方法〉，朱耀偉主編，《香港研究作為方法》（香港：中華書局，2016），頁 19。
[75] 朱耀偉，〈何為香港？現狀迷思破滅之後〉，《香港研究作為方法》，頁 100。
[76] 黃宗儀，〈全球城市區域治理之外香港的跨境身分論述與再現〉，《地理學報》52（2008.6），頁 1-30。

香港固有的「世界主義」（cosmopolitanism）優勢，成為真正的國際大都會。[77]跨區域比較研究相信是未來值得期待的研究方向，一方面整理歷史上香港與其他東亞城市的差異，另一方面也尋找香港都市的獨特性、回應當下的全球化挑戰。在戰後到八十年代之前，香港文學表現出華文地區之中最突出的都市性。八十年代以來，台灣方面有林燿德、黃凡等人大力推廣和提倡都市文學，[78]九十年代以後內地也出現較多城市文學研究，[79]香港文學作為較早探索都市題材的地方，應有許多可以與各地華文文學比較參照之處。甚或不只是研究城市之間的差異，而是包括城市之間的聯結，著眼於二十世紀以來東亞各城市之間互相凝望和交往。例如藤井省三討論日本現代作家對上海、香港、台北的文學印象、這三座城市的文人在日本留學的印象，以及四地文人的交往；[80]林少陽分析東京新感覺派到上海、香港現代派之間的承傳與流變，[81]都是這方面的研究實例。另一方向則是深化在地的討論，例如岑學敏借用鄉土文學的「土地」隱喻，以「城市土地」為題討論 2000 年代香港華語語系詩和土地相關的公共實踐，認為近年的作品出現「再政治化」，多見回應保育運動、介入社會公共議題，繼續延伸和闡發「都市」可以承載的價值觀。[82]

五、結語

　　總結以上的分析，本文首先回顧目前香港都市文學研究的概況，並指出其中三個較主要的研究方向：（一）爬梳現代主義文學作品所描繪的香港都市形象，以及都市所激發的特殊語言形式與實驗手法，（二）從後殖民角度討論香港都市特質的價值和意義，（三）從都市主題的展演分析本土身份認同的建立與發展。同時就目前都市論述的側重和邊界提出四點思考，以期推進相關的討論。其一，香港都市文學研究需要拓展到現代主義及後現代主義等等前衛實驗形式以外，思考都市主題與其他美學形式的關係。其二，當我們以一部文學作品對都市的態度作為其本土身份認同的判別標準，背後顯示了殖民現代性、殖民帶來的發展主義與資本主義價值是香港身份認同的重要部分，以及為何需要重新思考本土特色與都市主題的關係。其三，由文學史建構的角度來看，都市空間成為香港文學景觀中最引人矚目的題材，卻必須同時思索如何把香港其他類型景觀的書寫也納入文學史討論之

[77] 李歐梵，〈香港文化定位：從國際大都市到世界主義〉，《香港研究作為方法》，頁 78-83。

[78] 羅秀美，《文明・廢墟・後現代——台灣都市文學簡史》（台南：國立台灣文學館，2013），頁 15-25。

[79] 蔣述卓、王斌，〈論城市文學研究的方向〉，《學術研究》2001 年第 3 期（2001.3），頁 97-107。

[80] 藤井省三，〈二十世紀東亞都市文化的相互越境——東京與南方漢語圈的三座城市：上海、臺北、香港〉，《現代中文文學學報》7.2（2005.12），頁 8-25。

[81] 林少陽，〈「文」與「現實」——由東京新感覺派、上海新感覺派至當代香港小說的一個探索譜系〉，《現代中文文學學報》7.2（2005.12），頁 62-80。

[82] 岑學敏，〈城市、土地與文學 2000 年代香港華語語系詩的實踐〉，《中外文學》47.2（2018.6），頁 89-124。

中。其四，反思都市論述在時間和空間上的「限度」或者說「邊界」應該如何釐定，並逼問在回歸後和全球化的年代，香港鄰近地區急速都市化，「都市性」在何種程度和層面上仍能被視為香港的特點，結尾展望未來香港都市文學研究的可能性。歸根結底，任何論述框架都會有其適用範圍和限制，釐清都市論述的界限才能繼續拓展香港都市文學研究。香港文學的都市論述似乎很早就建立起來，同時又還有很多值得補充和發展的面向。

主要參引文獻

一、中文

（一）專書

也斯，《城與文學》，杭州，浙江大學出版社，2013。

也斯，《香港文化十論》，杭州，浙江大學出版社，2012。

王宏志、李小良、陳清僑，《否想香港：歷史・文化・未來》，台北，麥田出版，1997。

朱耀偉主編，《香港研究作為方法》，香港，中華書局，2016。

周蕾，《寫在家國以外》，香港，牛津大學，1995。

高馬可著，林立偉譯，《香港簡史——從殖民地到特別行政區》，香港，中華書局，2013。

張美君、朱耀偉編，《香港文學@文化研究》，香港，牛津大學，2002。

梁秉鈞、陳智德、鄭政恆編，《香港文學的傳承與轉化》，香港，匯智出版有限公司，2011。

理查德・利罕（Richard Lehan）著，吳子楓譯，《文學中的城市：知識與文化的歷史》，上海，上海人民出版社，2009。

許子東，《香港短篇小說初探》，香港，天地出版，2005。

許紀霖主編，《帝國、都市與現代性》，南京，江蘇人民出版社，2005。

陳大為，《亞洲閱讀：都市文學與文化，1950-2004》，台北，萬卷樓，2004。

陳冠中，《半唐番城市筆記》，香港，青文書屋，2000。

陳冠中，《我這一代香港人》，香港，牛津大學，2005。

陳智德，《根著我城：戰後至 2000 年代的香港文學》，台北，聯經出版公司，2019。

楊宏海，《全球化語境下的當代都市文學》，北京，社會科學文獻出版社，2007。

蔣述卓等著，《城市的想像與呈現：城市文學的文化審視》，北京，中國社會科學出版社，2003。

鄭蕾，《香港現代主義文學與思潮》，香港，中華書局，2016。

盧瑋鑾編，《香港的憂鬱：文人筆下的香港（1925-1941）》，香港，華風書局，1983。

羅永生，《殖民無間道》，香港，牛津大學，2007。

羅秀美，《文明・廢墟・後現代——台灣都市文學簡史》，台南，國立台灣文學館，2013。

（二）專書論文

香港中文大學中國語言及文學系及香港教育學院中國文學文化研究中心合編，《都市蜃樓：香港文學論集》，香港，牛津大學，2010，頁 219-230。

黃淑嫻、宋子江、沈海燕、鄭政恆編，《也斯的五〇年代：香港文學與文化論集》，香港，中華書局，2013，頁 36。

（三）期刊論文

艾曉明，〈非鄉村的「鄉土」小說──關於舒巷城小說的「鄉土」含義〉，《香港作家》115（1998.5），頁 10-11。

余君偉，〈論一九七零年代香港城市詩的特色：以舒巷城、羈魂及梁秉鈞為例〉，《東海中文學報》37（2019.6），頁 83-128。

岑學敏，〈城市、土地與文學：2000 年代香港華語語系詩的實踐〉，《中外文學》47.2（2018.6），頁 89-124。

袁良駿，〈都市性與鄉土性的融合與衍進──香港小說藝術論之一〉，《江漢論壇》2000 年第 5 期（2000.5），頁 79-82。

寇國慶，〈當代城市文學的精神嬗變、價值與可能〉，《貴州師範大學學報（社會科學版）》總 163（2010.2），頁 83-86。

許翼心，〈香港「鄉土文學」芻論〉，《香港文學》56（1989.8），頁 4-8。

陳智德，〈都市的理念：三〇年代香港都市詩〉，《現代中文文學學報》第 6 卷 2 期及 7 卷 1 期合刊（2005.6），頁 177-194。

喻述君，〈試論城市文學發展的困境及其趨勢〉，《湖北函授大學學報》23.3（2010.6），頁 137-138。

黃宗儀，〈全球城市區域治理之外香港的跨境身分論述與再現〉，《地理學報》52（2008.6），頁 1-30。

黃宗潔，〈香港新世代小說中的動物與城市〉，《淡江中文學報》37（2017.12），頁 231-254。

黃念欣，〈舞照跳──香港電影與文學中的舞廳文化與城市想像〉，《中國文學學報》2（2011.12），頁 281-293。

楊紹軍，〈20 世紀 90 年代以來都市文學研究綜述〉，《雲南社會科學》第 2005 年第 5 期（2005.10），頁 130-133。

鄒文律，〈《i-城志‧我城 05》的城市及身體空間書寫──兼論「後九七香港青年作家」的情感結構〉，《人文中國學報》25（2017.12），頁 193-229。

趙坤，〈香港小說中的城市想像與想象中的香港城市〉，《華文文學》2009 年第 1 期（2009.7），頁 26-33。

樊善標，〈三位散文家筆下香港的山──城市香港的另類想像〉，《中國現代文學》19
　　（2011.6），頁 115-140。

樊善標，〈近年本土運動之中與之前的香港郊野遊記──從劉克襄《四分之三的香港》回
　　溯一九七〇、八〇年代〉，《中國文學學報》5（2014.12），頁 241-267。

蔣述卓、王斌，〈論城市文學研究的方向〉，《學術研究》2001 年第 3 期（2001.3），頁 97-107。

鄭樹森，〈五、六十年代的香港新詩〉，《現代中文文學學報》1.2（1998.1），頁 149-158。

鍾怡雯，〈論蔡珠兒散文的主題延伸與收攏〉，《華文文學》2017 年 1 期（2017.4），頁 93-98。

酈可怡，〈中國三十年代現代派小說的都市風景修辭〉，《中國文學學報》3（2012.12），頁
　　1-28。

藤井省三，〈二十世紀東亞都市文化的相互越境──東京與南方漢語圈的三座城市：上海、
　　臺北、香港〉，《現代中文文學學報》第 7 卷 2 期（2005/12），頁 8-25。

（四）報紙

袁良駿、犁青，〈香港鄉土派的第二梯隊──舒巷城的早期創作〉，《香港作家報》總 108
　　（1997.10），第 1-2 版。

（五）網路

聯合國經濟和社會事務部人口司，〈聯合國：2050 年中國城市人口將再增 2.55 億〉，聯合
　　國網站：https://www.un.org/development/desa/zh/news/population/2018-world-urbanization-
　　prospects.html，瀏覽日期：2020 年 10 月 8 日。

二、外文

Bradbury, Malcolm & James McFarlane eds. *Modernism: 1890-1930.* Middlesex: Penguin
　　books, 1978.

Brooker, Peter, ed. *Modernism/Postmodernism.* New York: Longman, 1992.

Savage, Mike & Alan Warde. *Urban Sociology, Capitalism and Modernity.* London: The
　　Macmillan Press Ltd., 1993.

中國現代文學　第三十八期
2020 年 12 月 93-118 頁

淪陷的日常：
作為閾限文本的〈苦茶庵打油詩〉[*]

楊治宜[**]

摘要

　　生活在北平淪陷的「閾限空間」下的周作人，選擇了用「打油詩」這一自置「正體」傳統以外的文體進行自我表述。以隱晦著稱的〈苦茶庵打油詩〉，因此具有了相當的閾限文本性質，承載了周作人在新舊、中日、個人與民族國家之間的自我反思。本文試圖探索的便是在抵抗與合作之間廣闊的道德灰色地帶，以及周作人在淪陷的歷史情境下自處、自適、自圓的話語邏輯：淪陷下的日常和生存是否合法？除了潔身自好的出世選項之外，積極入世的儒家精神、甚至救世的佛家精神是否還是士人合法的道德選項？我們是否可能、或者應當憑藉想像中未來對當代的政治和道德正統的評價，作為行為指南？最後，通過對周作人戰後繫獄期間詩作裡「飼虎」與「食人」意象的解讀，我提出周作人始終堅持的是以個人主義的立場對民族國家正統和歷史正義敘事的反抗，儘管在淪陷之後，他的個人主義不能不淪為第二義的、從主導性二元對立敘事的逃逸。他的「半新不舊」的詩歌作品因此始終是一種閾限文本，在分明的世界之間，摸索著意義的裂隙。

關鍵詞：周作人，打油詩，淪陷，個人主義，閾限性，文化記憶

---

[*] 本文寫作期間得到鄭毓瑜、范宜如和高嘉謙諸位教授的幫助，以及兩位匿名審查人中肯而富於建設性的意見，一併致謝。

[**] 楊治宜，德國法蘭克福大學漢學系教授。

The Everyday Life under the Occupation: Doggerels in the Bitter Tea Studio as Texts of Liminality

Zhiyi Yang[***]

Abstract

Since he decided to stay in Beiping after the Japanese occupation of the city in 1937, Zhou Zuoren had been living in a liminal space. The unorthodox and classicist "doggerels" became his chosen genre of lyrical self-expression. In this article, I argue that these esoteric *Doggerels in the Bitter Tea Studio* are texts of liminality, articulating Zhou's reflections when he was caught between the new and the old, China and Japan, the individual and the nation state. I seek to explore the ethical grey zone between resistance and collaboration, by understanding the discursive logic that Zhou Zuoren employed to justify his survival against the tyrannical moral command of resistance. Is the daily life under the occupation still legitimate, even when it means coexistence with the enemy? Aside from purist escapism, should the intellectuals still maintain the options of active worldly engagement (Confucianism) or compassionate salvation by sharing the world's sufferings (Buddhism), when both options entail moral contamination? Could or should one act based on the imagined future judgments of history? Finally, by extending the reading into Zhou's postwar prison poetry, I propose that Zhou, an individualist, had always been resisting the political orthodox of the nation state and the victor's historical narrative. During and after the war, however, his individualism could not but become secondary in nature, subordinating to the primary discourse of nationalism, by which he hoped to escape from the binding binaries. His classicist poetry thus remains a kind of liminal texts, exploring the cracks of meaning between the Apollonian worlds of triumphant clarity.

Keywords: Zhou Zuoren, doggerel, Japanese occupation, individualism, liminality, cultural memory

---

[***] Zhiyi Yang, Professor of Sinology, Goethe University Frankfurt.

一、前言

37 年 7 月北平淪陷後，士林領袖如周作人等的去留，成為輿論的焦點。

決定不走之後，北平八道灣 11 號的苦茶庵就成了苦住庵。最初或許是迫於生計，之後或許是為攻訐所激，加之其他種種已知未知因素，周作人一步步走向與佔領者合作之途。39 年 1 月出任留平的「偽北大」圖書館長，41 年 1 月擔任華北教育總署督辦（43 年 2 月去職），戰後被審判繫獄，49 年後被剝奪政治權利終身：從高蹈出世、批判社會的士林領袖到泥足深陷、聲名狼藉的「文化漢奸」，淪陷意味著周作人生涯的一大轉折。

淪陷也意味著他文學生涯的一大轉折。早年以新文學幹將聞名的知堂，淪陷後轉作舊體。不求古雅，不講格律，初號「打油詩」，「意在與正宗的舊詩表示區別」。老虎橋繫獄期間，為了避免「打油說渾話」的誤解，又因為其「文字雜」、「思想雜」的特色，乃換了「雜詩」的名號。然而雖然文字雜糅，其主流思想，照知堂自己的話講，還是中國詩人最古的「憂生憫亂」；用舊的詩體，是因為「事情太簡單，或者情義太顯露，寫在文章裡便一覽無餘，直截少味，白話詩呢又寫不好」的緣故。[1]

白話詩寫不好，恐怕不全是謙辭。知堂在 20 年代初全力譯介日本小詩，包括俳句、短歌、川柳類，是因為它們最好體現了「詩歌本以傳神為貴，重在暗示而不在明言」的特色。[2]小詩適合抒寫剎那的印象，正滿足現代人的一種需要，但「單音而缺乏文法變化的中國語」難以翻譯或者擬作這種詩句。[3]是時新詩聖手，如徐志摩、謝冰心輩，「流麗輕脆」[4]，惜乎「清新透明而味道不甚深厚」[5]，好比水晶球，晶瑩美麗，到底不耐看。自從知堂發表〈五十自壽〉（1934）之後，冒著被左派作家攻擊復古的大不韙，開始重新操練舊的詩體、技巧和語言，似乎意味著他本人新詩試驗的結束，也意味著他打破新舊詩的門戶，舊瓶新酒，藉助用典銜接和意象跳躍來訴諸讀者聯想，造成隱晦迴旋、苦茶留甘的效果。其結果，是鑄就了半個多世紀以來闡釋學上的公案。作者微旨，如祖師西來意，始終在可說不可說間。

借用人類學的術語來說，淪陷是一種非常的閾限空間（liminal space），即在兩個穩定空間之間的狀態。[6]進入閾限空間者，已經把舊的身份部分拋棄，而新的身份尚未形成，

---

[1] 周作人，〈雜詩題記〉，收於鍾叔和編，《周作人散文全集》（桂林：廣西師範大學出版社，2009），冊 9，頁 669–670。

[2] 周作人，〈日本小詩〉，《周作人散文全集》，冊 3，頁 120。

[3] 同前註，頁 123–124。

[4] 周作人，〈志摩紀念〉，《周作人散文全集》，冊 5，頁 814

[5] 周作人，〈中國文學的變遷〉，《周作人散文全集》，冊 6，頁 71。

[6] 人類學家 Arnold van Gennep 最早在 1909 年提出此詞，參見其著作 *The Rites of Passage* (London: Routledge, 2004), 11, 21, and 53.

因此具有相當的模棱性，或曰閾限性（liminality）。「『閾限性』是個偶然的世界，其中事件和觀念，甚至『現實』本身，都能向不同方向發展。」[7] 在固有的、提供身份之穩定框架的文化、社會、政治等秩序崩塌後，淪陷時期的周作人彷彿活在一個「閾限空間」裡；而他隱晦模棱、半新不舊的「打油詩」，恰是探索這種閾限身份的文字工具。這些詩歌，通過它們與中國的文化記憶（cultural memory）、歷史典範的關聯，反過來為作者建立起闡釋世界的新的框架。它們的作用，因此不僅是消極意義上的宣洩（catharsis）和表露（revelation），也是積極意義上的闡釋（exegesis）和建構（construction）。

而以學者和散文作者知名的周作人，之所以選擇「打油詩」這種自置於正統文體、詩體以外的體裁，或許正是因為他的心事無法以常規的散文筆法表述、也無法以結構嚴謹邏輯分明的論文表述吧。因此，面對作為「閾限文本」的〈苦茶庵打油詩〉，理論和方法固不可缺，但第一步還是要做梳理和讀懂的基本工作。這篇小文因此有意嘗試拋棄論文寫作的學術慣例，用文本細讀的傳統閱讀方式，通過對詩中重複出現的若干主題和思想的闡釋，探索知堂面對「歷史現場」的失路彷徨和心事隱微。

需要說明的是，首先，依照德國文學批評家 Käte Hamburger 的觀點，抒情詩的歷史作者和創作人格（lyric 'I'）之間的關係是永遠無法定性的。[8] 我們通過詩歌解讀的知堂，只能理解為這些作品的創作人格，而非其歷史作者。歷史中的個人，有更加深刻的豐富性和複雜性，不能為其作品所涵蓋。但儘管如此，這一創作人格畢竟有其時間、空間和身份的特殊性；「知堂」創作人格雖然不等於歷史作者周作人，但對二者的探討所採用的史料和方法必然在一定程度上重疊。其次，當前學人（有特殊意識形態限制或目的的研究除外）對中國二戰期間淪陷區經驗的探討，早已超出了抵抗與投降的二元對立、亦即所謂「忠奸」、「漢賊」之二元道德對立的層面，[9] 而是達成了一個基本共識，即在黑白之間有廣大的道德模棱的灰色地帶。西方學界對二戰期間德國佔領區內個人選擇的描述，常常以合作（collaboration）、抵抗（resistance）、妥協（accommodation）進行描述，但這三個陣營之間不是壁壘分明的，而是有著千瘡百孔的邊界和毛細血管般的有機滲透。哪怕是選擇「合作」，也有「中立性合作」（與新現實妥協苟活）、無條件的意識形態合作（全面認同納粹意識形態）、有條件合作（通過合作實現個人目的）、策略性合作（從內部瓦解敵人；合作即抵抗）的不同形態。[10] 毋庸置疑，這最後一種合作形態，是最有利於合作者們的自我辯

7　Bjørn Thomassen, "The Uses and Meanings of Liminality," *International Political Anthropology* 2.1 (2009): 5.

8　Käte Hamburger, *Die Logik der Dichtung* (Stuttgart: Ernst Klett, 1957).

9　對中國二戰期間「通敵合作」（collaboration）及淪陷區文學客觀中立的研究，歐美學界的開山之作有 John Hunter Boyle, Gerald E. Bunker, 和 Edward M. Gunn 的著作。而近年來最重要的英文著作有 Poshek Fu, David Barrett and Larry N. Shyu, Timothy Brook, Rana Mitter 和 Yun Xia 的專著。最近完成博士論文或者研究專著手稿（待出版）的學者還有 Jonathan Henshaw, David Serfass, Jeremy Taylor 及我本人。日本學者如柴田哲雄、土屋光芳、龜田壽夫和關智英，台灣學者如王克文、羅久蓉、許育銘、高嘉謙、劉威志、邱怡瑄，大陸學者如陳雁、袁一丹等都有極為重要中肯的學術著述，茲不例舉。書目信息見參考文獻。

10　Werner Rings, *Leben Mit Dem Feind: Anpassung u. Widerstand in Hitlers Europa, 1939–1945* (München: Kindler,

護的，也是戰後國民政府漢奸審判期間受審者（包括周作人）採取的主要辯護策略。至於他淪陷期間的具體作為功過，有法庭記錄和大量學者論述，[11]不是本文的主要著眼點。我所關注的，僅涉及到他在文本中對自身作為歷史行動主體（historical agent）的定位和闡釋。限於文章篇幅，本文不擬探討這些作品在戰爭中單篇傳播和發表的文本及情境，而主要關注自從 1944 年 10 月它們在《雜誌》[12]上結集發表以來面對世人的形態，探討這些文本作為作者的藝術後身（after-life），在佔領的 "閾限空間" 行將收場之際，向當時與後世的讀者傳達的意義。

　　總言之，這篇小文的目的不在辯護或翻案，而是希望通過發明〈苦茶庵打油詩〉的閾限文本（text of liminality）性質，探索淪陷下自處、自適、自圓的話語邏輯，回到去除了民族國家話語框架的歷史現場，還原生活在片段時間中的個人視野。當習以為常的道德框架崩塌之後，淪陷下的日常和生存是否合法？除了潔身自好的出世選項之外，積極入世的儒家精神、甚至救世的佛家精神是否還是士人合法的道德選項？我們是否可能、或者應當憑藉想像中未來對當代的政治和道德正統的評價，作為行為指南？這些過去的生命，沒有未來回顧的優越眼光，只能憑一己的倫理指南，摸索亂世的洪荒。而作為文人，文字是他們與過去的文化典範和道德英雄對話的方式，慰藉他們的存在之孤獨，幫助他們尋找恰當的回應方式。然而歷史雖在某種意義上循環，但從不自相重複，尤其是在民族國家範式主導下的二十世紀，其政權變換與歷史上的王朝代嬗有極大不同，不能簡單類比；現代職業性知識分子，也不同於歷史上學而優則仕的士大夫。周作人們通過文化記憶進行的未來想像和身份重塑，因此註定是不完美的；以之為行動的主導，則每每失敗。

二、淪陷下的生存

〈苦茶庵打油詩〉開篇曰：[13]

　　燕山柳色太淒迷，話到家園一淚垂。長向行人供炒栗，傷心最是李和兒。（其一）

1979), 112–197.

[11]　審訊周作人筆錄及辯護詞、各方陳述函，見：南京市檔案館編，《審訊汪偽漢奸筆錄》（南京：鳳凰出版社，2004），頁 1377–1440。學者著作，例見：木山英雄，《北京苦住庵記：日中戰爭時代の周作人》（東京：築摩書房，1978），第十一章；耿傳明，《晚年周作人》（北京：現代出版社，2013），第二章；Haosheng Yang, *A Modernity Set to a Pre-Modern Tune: Classical-Style Poetry of Modern Chinese Writers*（Leiden: Brill, 2016）第三章關注周作人淪陷時期詩歌。

[12]　周作人，〈苦茶庵打油詩〉，《雜誌》14.1（1944.10），頁 4–8。

[13]　本文所引〈苦茶庵打油詩〉以 1944 年《雜誌》發表本為準，補遺及其他所引詩作則參考止庵校訂的《老虎橋雜詩》（石家莊：河北教育出版社，2002）及王仲三《周作人詩全編箋註》（上海：學林出版社，1995）。王註雖極有價值，但舛誤頗多，讀者參考王註本時當審慎。

知堂曾說，「照事實講來，浙東是我的第一故鄉，浙西是第二故鄉，南京第三，東京第四，北京第五，但我並不一定愛浙江。在中國我覺得還是北京最為愉快，可以住居，除了那春夏的風塵稍為可厭。」[14]的確，北京的春天，總是短暫而粗暴的，柳茸尚未在風塵裡褪盡，便要進入焦躁的盛夏了，和被水霧煙雨籠愛得青蔥的江南柳相比，燕山柳色便不免有「太淒迷」之憾了。值得注意的是，這首打油詩做於北平淪陷後，這裡的「家園」既指戰火中的故國，也指作者的紹興老家。雖然知堂號稱「不一定愛浙江」，但兒時習見的故鄉風物，其氣味、滋味、聲色，便不能不在回憶中扎根，融入「我從哪裡來」的答案，形塑「自我」的個體身份。作為淪陷主體的個人，因此便不能僅僅以「中國人」概之，而是過去的每個經驗片段和主體的性格、想像綜合化學作用下產生的獨特個體。而他在這篇1925 年的文章裡所羅列的「故鄉」，把東京和浙東、浙西、南京、北京等中國的地域並置，無形中已經打破了中日之隔，亦即民族國家之隔。個體由此得以從「民族國家」的霸權性身份下抽離，審視自身的跨地域性和跨文化性。

知堂好寫兒童趣味、江南細饌，其實還是脫不了鄉情深重。他鄉住得久了，自然產生新的眷戀。可是故鄉永遠是等待回歸的可能性。當戰火蔓延、交通阻斷、音書隔絕，忽然回鄉變得不可能，甚至故園也可能在戰火中毀滅的時候，鄉情就會變得格外深重起來。所以順著「家園」的話頭，〈打油詩〉其二說：「家祭年年總是虛，乃翁心願竟何如。故園未毀不歸去，怕出偏門過魯墟。」[15]「家祭」、「乃翁」都是用陸游事。在中日戰爭甫從多年來的局部摩擦擴展為全面戰爭的時候點出「北定中原」心願之虛，似乎暗示了知堂對抗戰前途的悲觀。思鄉情怯，背面傅粉寫出了故園情深。

但這詩的關鍵，還是在後兩句。

北宋汴京的李和兒炒栗，號稱天下第一。紹興中南宋使臣來到燕山，忽然有人持炒栗子來獻，自稱汴京李和兒，揮涕而去。本事初見陸游《老學庵筆記》，後世敷衍生華，知堂〈炒栗子〉[16]一文言之甚詳，茲不具引。李和兒從汴京（河南開封）來到燕山（北京），可見亂世的輾轉；獻栗、揮涕，可見其對宋廷的眷戀。然而李和兒並沒有隨著朝廷南渡，而是留在「淪陷區」繼續操持賤業，和成千上萬「淚盡胡塵」的父老一樣，與佔領的秩序妥協。不過，無力直搗黃龍、最多守成半壁的南宋朝廷，似乎也沒有責難普通百姓都要去做抵抗的「義民」。能夠獻十捧炒栗、灑兩行老淚，便足以讓使臣感動了。只有在現代民族國家的政治範式主導下，士大夫對王朝的絕對忠誠義務才被轉化為普通百姓對民族國家政府的絕對忠誠義務，「地無分南北、人無分老幼」才有了守土抗戰的職責，以犧牲普通百姓性命和生計為代價的「焦土抗戰」也才有了其合法性。現代中文的「民族」是個複合詞；而在生存受到威脅時，是以「民」為主還是以「族」為主，不同的預定答案也將帶來

---

[14] 周作人，〈與友人論懷鄉書〉，《周作人散文全集》，冊 4，頁 170。
[15] 周作人，〈苦茶庵打油詩〉，頁 5。
[16] 周作人，〈炒栗子〉，《周作人散文全集》，冊 8，頁 415–418。

不同的解法選項。生存的危機解除後，勝利的選項稱尊立統，是否意味著其他任何危機迫發的選項都可以通過回溯視域的「後見之明」定為不合法呢？

對故事中的南宋的使臣來說，李和兒的炒栗本是和平時代京城的尋常物事，或許也不曾特別在意。但待到南遷之後，一顆炒栗卻用最切實的溫度和香味勾起他們無限的故國悲思。微物寄寓的是「正常」的重量。正常秩序下不思不慮習以為常的舉止和事物，在非常秩序下突然都成了奢侈。或許正因為如此，知堂在日軍壓境、國土淪喪之際不願意離開北平八道灣的苦雨齋。越是面臨無常與無情，人越不願意放棄建立起來的日常秩序，且總不免有倖免的幻想。做出類似選擇者本自不少，雖然不是所有人都像知堂這樣最終直接接受「偽廷」俸祿。名節無虧者，如留守北平的史學家陳垣，仰仗輔仁大學這一德國教會學校招牌，得以免於被日軍接管成為「偽教授」之誚。原本已經在西南聯大執教的錢鍾書，最後也回到淪陷區的上海，退守「默存」，從而事實上接受佔領的秩序。我想，原因種種，且不必盡高尚，但是對內心智識世界之秩序的依賴、對個人選擇自由權之固執、對民族話語霸權的抗拒，至少是他們成為「妥協者」的原因之一罷。淪陷區下，傳統民族藝術反而逆「新文化」之流重新繁榮。國畫家如吳湖帆、鄭午昌，在淪陷區繼續舉行畫展、出售畫作。[17]「閉門謝客」的齊白石、「蓄鬚明志」的梅蘭芳，畢竟是在淪陷區的上海而非在大後方的重慶、昆明熬過了戰爭歲月。不少在戰後「痛打落水狗」的文人，戰時也在《雅言》、《中和》、《古今》、《同聲》等「偽刊物」上發表作品，賣文為生。如前言所論，在戰爭情境下，抵抗與合作之間，有廣闊的灰色地帶。

知堂一向說，「我覺得最需要的愛國心應該是個人主義的而不是國家主義的，——為自己故而愛國，非為國家故而愛國。」[18]換言之，儘管知堂依然承認"愛國"的倫理至上性（這也顯示在他借用陸遊《老學庵筆記》為前文本的指涉上），但他認為個人的道德主體性和判斷力不能為民族國家所淹沒、取代。英國學者 Susan Daruvala 因此把周作人所代表的現代性取向稱為「對現代性的另類中國式回應」（alternative Chinese response to modernity），即在面對具有規範性意義的民族國家主體性時，堅持個人主體性的重要和不可替代。[19]（雖然竊以為 an alternative response to Chinese modernity，即「對中國現代性的

---

[17] 根據陳蓓統計，上海孤島期間舉行的畫展有 320 場（年均 109 場）以上，淪陷期間舉行的則有 504 場（年均 125.75 場）以上（Pedith Chan, 'The Discourse of Guohua in Wartime Shanghai', *European Journal of East Asian Studies* 19 [2020]: 270）。值得一提的是，戰後以「漢奸」罪受審的唯一淪陷區重要畫家是李青萍，恰是位女性；儘管對她的指控子虛烏有，「漢奸」的指控依然讓她一生多次受審、羈留再被判無罪。對戰爭中道德與社會性別的討論，扛鼎之作有：羅久蓉，《她的審判：近代中國國族與性別意義下的忠奸之辨》（臺北：中央研究院近代史研究所，2013），第三章。李青萍的境遇，不免讓人想起德國的女電影導演 Leni Riefenstahl：儘管男性藝術家如 Wilhelm Furtwängler、Herbert von Karajan、Gustaf Gründgens 和 Richard Strauss 等都在納粹德國有顯赫的生涯，但 Riefenstahl 卻是唯一被作為「納粹同路人」（*Mitläufer*）羈押、受審、並被禁止繼續創作的重要藝術家。

[18] 周作人，〈關於戲劇的兩條意見〉，《周作人散文全集》，冊 2，頁 617。

[19] Susan Daruvala, *Zhou Zuoren and an Alternative Chinese Response to Modernity* (Cambridge MA: Harvard University Asia Center, 2000), 56–57 and passim.

另類回應」，或許是更恰當的副標題，因為既然以個人主義為標榜，又何必代表「中國」呢？）與民族國家目的論式的宏大敘事相比，個人的主體性是通過無數即時性、具有強大偶然性的日常經驗組成的。〈苦茶庵打油詩〉多聚焦於微物和日常，尤其是食物。譬如「禪林溜下無情思，正是沈陰欲雪天。買得一條油炸鬼，惜無白粥下微鹽。」（其五）[20]「橙皮權當屠蘇酒，贏得衰顏一霎紅。我醉欲眠眠未得，兒啼婦語鬧哄哄。」（其七）[21]「廿年慚愧一狐裘，販賣東西店漸收。早起喝茶看報了，出門趕去吃豬頭。」（補遺其二）[22]再如四三年南遊時嘗到的石家豆腐羹（其十八）、後湖乾絲（其二十）。[23]淪陷區的政治秩序雖然扭曲，但日常生活相對穩定，物資相對充足，不免讓人產生一種生活仍在繼續的幻想。用另一位接受了「偽職」、先後出任南京梁鴻志和汪精衛政府印鑄局局長的文人李宣倜的話來說，「大浸稽天塵劫耳，與君藕孔忍須臾。」[24]在接受了傳統教育的文人看來，中國歷史是不盡滾滾的大劫；這個藕孔，則是他們用文化、記憶和日常風雅建築起來的內心烏托邦，具有抵抗現實的意義。而即便是投身浩劫、記錄「國破山河在」的詩史，也要坐落在「白頭搔更短」的微渺個人生命中來獲得質感和重量。組成歷史的，正是無數人一天天的柴米油鹽醬醋茶。

知堂的〈炒栗子〉一文說，打油詩的前兩首是他 37、38 年歲除之際的冬天偶食炒栗、記起放翁而寫下的。是時想來上海、南京已經淪陷了，一場空前慘烈的大屠殺正在染紅南京的街道和江水。但是活著的人，便因此不食炒栗了麼？

進一步說，設若如此，那賣炒栗子的李和兒們又何以為生呢？若是佔領軍也要食炒栗，李和兒們是否算是以物資供敵呢？不食周粟、自願餓死固是清白無虧的道德典範，但食周粟者便因此有罪了麼？覆巢之下，完卵即是原罪。在淪陷區生存，意味著不斷在大與小的道德妥協中抉擇。知堂寫此詩時尚未「落水」，紹興老家是否即將毀於戰火亦不可知。與未卜的前途相對的，是眼前炒栗可見、可握、可感的色香。生存，只在這食炒栗的一分分、一秒秒間。

三、「太有情」：出世與入世之間

〈打油詩〉的名篇，首推其四，做於 38 年 12 月 21 日：

---

[20] 周作人，〈苦茶庵打油詩〉，頁 6。此詩頭二字，止庵及王仲三本均誤作簡體的「禅林」。見：《老虎橋雜詩》，頁 86；《周作人詩全編箋註》，頁 8。

[21] 周作人，〈苦茶庵打油詩〉，頁 6。

[22] 周作人，《周作人詩全編箋註》，頁 30。

[23] 周作人，〈苦茶庵打油詩〉，頁 7。

[24] 李宣倜，〈次均子韻〉，《同聲月刊》1.2（1941.1），頁 110。

禹跡寺前春草生，沈園遺跡欠分明。偶然挂杖橋頭望，流水斜陽太有情。[25]

禹跡寺和沈園，都是紹興的名勝，但顯然都在歷史流轉間隳頹了。淪陷之後，知堂屢屢寫到大禹，倒不光是因為禹陵坐落紹興、鄉邦與有榮焉的緣故。也許在知堂看來，如果說歷史的劫難如大浸稽天的洪水，那麼大禹就是能通過疏導洪水的巨大傷害力、從而成就治世的聖人。一年以後，知堂又寫了篇〈禹跡寺〉，稱讚大禹是「一個大政治家，儒而近墨的偉大人物」。[26]不久他又提出儒家的最高理想應該是禹稷精神，即一種積極入世、救世的精神。這種用世理想雖然堅苦卓絕，但又不同於菩薩投身飼餓虎的精神：「孔孟心在為民，唯不曾全把自己沒殺，乃是推己以及人。」[27]這是一種中庸的、非極端的思想，因為「凡極端為社會國家而輕個人者，其危險傾向皆可懼也。」[28]思想一旦極端，哪怕是以兼愛救世為理想，總不免流於意識形態，而忽視了人之為人的日用常行。

沈園以陸游贈髮妻唐婉的名篇〈釵頭鳳〉流芳。知堂常常稱引的卻是放翁七十六歲題沈園的兩首絕句，其一曰「傷心橋下春波綠，曾是驚鴻照影來。」其二曰「此身行作稽山土，猶吊遺蹤一泫然。」[29]他說，這兩首詩「可以見放翁的真性情，很使人感動」。越城東南的古跡裡，「最令人惆悵者莫過於沈園遺址。因為有些事情或是悲苦或是壯烈，還不十分難過，唯獨這種啼笑不敢之情，深微幽郁，好像有蟲在心裡蛀似的，最難為懷。」[30]放翁以「愛國詩人」知名，而「聖人以孝治天下」，孝的道德理想從來就不屬於家庭私有，而是一種父權時代的公共道德，雖然在陸游的例子裡這種父權轉移到了母親身上。在「治平」的絕對價值面前，私情不堪一擊，但是情又有超越理性和道德的力量。兒孫滿堂的七十老翁，心底一生埋藏著為了孝道而負己也負卿卿的遺憾。所以知堂說，登石橋而望沈園，是一種悵然的情懷。

然而偉大的聖人、偉大的愛情，遺跡都淹沒荒萊、無人過問了。據知堂回憶，「沈園不知早到哪裡去了，現在只剩下了一片菜園。禹跡寺還留下一塊大匾，題曰古禹跡寺，裡面只有瓦礫草萊，兩株大樹。」[31]中國人向來對歷史陳跡有一種隨隨便便的態度。所以聖人也好、詩人也罷，其事功言語文字，都不是為了後世的不朽才做的，而是不得已而發，才算是真摯。其流傳不朽者，偶中而已。用他二十年前給《自己的園地》散文集作的序說，「其實不朽決不是著作的目的，有益社會也並非著者的義務，只因他是這樣想，要這樣說，這才是一切文藝存在的根據。」[32]

---

[25] 周作人，〈苦茶庵打油詩〉，頁 5。

[26] 周作人，〈禹跡寺〉，《周作人散文全集》，冊 8，頁 370。

[27] 周作人，〈漢文學的傳統〉，《周作人散文全集》，冊 8，頁 409。

[28] 周作人，〈湯島聖堂參拜之感想〉，《周作人散文全集》，冊 8，頁 569–570。

[29] 陸游，〈沈園〉（二首），《劍南詩稿校註》，錢仲聯校註（上海：上海古籍出版社，1985），卷 38，頁 2478。

[30] 周作人，〈姑惡詩話〉，《周作人散文全集》，冊 6，頁 28。

[31] 同前註。

[32] 周作人，〈《自己的園地》舊序〉，《周作人散文全集》，冊 3，頁 188。

　　如果說此詩前半篇討論的是不朽，那麼三四句便轉向了偶然、無常和有朽。拄杖橋頭的姿態有一種禪宗的機鋒，寓意在說與不說間。流水斜陽代表時間的流逝和大自然的無常，本是無情物，知堂反而說它們「太有情」，其中寄寓的是詩人主體的情懷。這種情，是個體生命對抗絕對、超越、永恆的力量。

　　有意思的是，此詩自註引沈尹默和詩：「一飯一茶過一生，尚於何處欠分明。斜陽流水干卿事，未免人間太有情」，並稱許沈氏「指點得很不錯」。考慮到 38 年秋冬之際就盛傳周作人「將出山」，而詩成之後不久，他本人便在 39 年元旦遇刺，並最終坐實謠言出任北大圖書館長，[33]讀者不難把沈氏和作理解為請周作人不要犧牲一世「分明」的詩諫。然而把「有情」的寓意從純粹的哲學領域著落為當下的政治選擇，這不免犯了知堂本人「一說便俗」的戒了。決定留平以來，知堂屢次引用《東山談苑》裡面的一條故事：「倪元鎮為張士信所窘辱，絕口不言。或問之，元鎮曰：一說便俗。」並稱許道：「余澹心記古人嘉言懿行，裒然成書八卷，以余觀之，總無出此一條之右者。」[34]然而，把自己的出山解釋為「太有情」（即對此世不能忘情，入世以救疾苦）的結果，卻恰恰是一種自我辯解。

　　以詩為辯，是一種說不說之間的高級策略，所謂只為上根人說法：中下根人自是不懂，上根人則拈花微笑，神與意會。以〈打油詩補遺〉其十三為例：

　　　當日披裘理釣絲，浮名贏得故人知。忽然悟徹無生忍，垂老街頭作餅師。[35]

　　此詩的詩意頗為晦澀。私淑知堂的紀庸（果庵），讀過此詩後，也感歎不能詳其微意，「只恨無人學孟棨，箋出本事與人看。」[36]王仲三的箋註本，此詩註解亦誤，所以有必要交代本事。披裘垂釣，用的是東漢嚴光子陵事。相傳嚴子陵與劉秀同學。劉秀登基稱帝後，嚴子陵消失不見。帝遍尋天下，有人報告有披羊裘垂釣澤中者，屢召方至。然而嚴光最終還是掛冠歸隱了。[37]無生法忍，是大乘佛教中忍辱波羅蜜之一種，指智慧安住於無生無滅之理而不退轉。[38]「餅師」典兼兩層意思。第一層是說公羊經學。《三國志》〈裴潛傳〉記載鍾繇不好《公羊》而好《左氏》，貶公羊為賣餅家，[39]即過於切近現實政治，失於鄙俗。第二層則反其意而用之。龔自珍〈雜詩己卯自春徂夏在京師作〉其六曰：「昨日相逢劉禮部，高言大句快無加。從君燒盡蟲魚學，甘作東京賣餅家。」自註：「就劉申受問公羊家言。」[40]蟲魚學代指清代的考據之學，而買餅的公羊學就是強調實用和入世的學術了。三

33　張菊香、張鐵榮，《周作人年譜》（天津：天津人民出版社，1999），頁 562–567。
34　周作人，〈讀《東山談苑》〉，《周作人散文全集》，冊 8，頁 49。
35　周作人，《周作人詩全編箋註》，頁 39。
36　紀庸，〈知堂老人南遊紀事詩〉，《古今》23（1943.5），頁 7–11。
37　范曄，〈逸民列傳〉，《後漢書集解》，王先謙集解（北京：中華書局，1984），卷 83，頁 965–966。
38　丁福保，《佛教大辭典》（臺北：佛陀教育基金會，2014），頁 2152。
39　陳壽撰，裴松之注，《三國志》（北京：中華書局，1964），頁 671–676。
40　龔自珍，《龔自珍詩集編年校註》（上海：上海古籍出版社，2013），頁 39。

個典故連起來，知堂的微意也就略可窺探。他把多年的脫離政治、鑽研學問比作嚴子陵的披袞垂釣，「出世」的姿態反而讓他名聞天下，[41]所以也不免矯揉之誚，落了皮相。如今悟透了以大悲心和方便智為基礎的善德後，超脫外在榮辱，故能冒天下之大不韙重新入世，以參與政治為救世的手段。值得注意的是，44 年 10 月知堂在《雜誌》上結集發表打油詩的時候，並沒有收入此詩，晚年且反復自辯此詩並非夫子自道。[42]然則詩無達詁。設若我們不以作者的說明為闡釋的終點，這或許恰反映了在戰爭局勢分明之後此詩的不合時宜：因為設若是以嚴子陵、公羊家自詡，則頗有道德的我慢，而 44 年後的周作人所亟需的乃是同情和寬恕。[43]

　　如果說在不幸國土淪陷之後，在淪陷的國土上消極生存雖然不免原罪（sin），但還不是可以起訴的罪行（crime）的話，那麼積極入世就對淪陷的道德底線提出了新的挑戰。所以在周作人的邏輯裡弔詭的是，「太有情」恰是悟徹「無生忍」的結果，即以旁觀者的姿態出世的清醒觀察導致他對自身有情的體認，從而重新擁抱世間有情。可是這樣的夫子自道，似乎也到底俗了。辯護——哪怕是藉助詩歌的高級的辯護——意味著承認有需要辯護之事、之跡，因此永遠不能徹底成功。

三、內心烏托邦

> 河水陰寒酒味酸，鄉居哪得有清歡。開門偶共鄰翁話，窺見蓊中黑一團。（其十三）
> 野老生涯是種園，閒銜煙管立黃昏。豆花未落瓜生蔓，悵望山南大水雲。（其十五）
> 山居亦自多佳趣，山色蒼茫月色高。掩卷閉門無一事，支頤獨自聽狼嗥。（其二二）
> 鎮日關門聽草長，有時臨水羨魚遊。朝來扶杖入城市，但見居人相向愁。（其二四）[44]

　　淪陷以前的知堂說，「我的道德觀恐怕還當說是儒家的」，[45]儘管他並不出仕。傳統士大夫如果要以入世的態度行出世的生活，可選擇的身份不多，「逃禪」的遺民外更多見的是歸隱的逸民。子曰，「天下有道則見，無道則隱」[46]，仕與隱是士大夫身份的一體兩面。

---

[41] 此詩最初發表時第二句作「市人知」；見《同聲月刊》3.2（1943.4），頁 75。

[42] 《周作人詩全編箋註》，頁 40 引自註；1959（？）年 3 月 31 日與曹聚仁的信；《周曹通信集》第一輯（香港：南天書業公司，1973），頁 33。

[43] 根據匿名審稿人提出：「這首詩寫於 1943 年 3 月 16 日，其諷刺對象或與偽華北政務委員會的人事變動有關。1943 年 2 月 4 日偽華北政務委員會改組，全體共署辭呈，但只有周作人自己被批准辭職。」設若如此，則典故對現實的指涉或有不可知的因素。

[44] 周作人，〈苦茶庵打油詩〉，頁 7。

[45] 周作人，〈自己的文章〉，《周作人散文全集》，冊 7，頁 351。

[46] 劉寶楠，《論語正義》（北京：中華書局，1990），卷 9，頁 303。

子又曰，「吾豈匏瓜哉，焉能繫而不食」[47]，對儒者而言，仕永遠是第一義的，甚至是道德命令，隱只是第二義的、不得已而獨善其身的選項。所以淵明不為五斗米折腰而掛冠，未免令人猜測他的選擇不僅僅是因為不能忍辱，而是對亂世的抗議，抑或「義不事宋」的正統選擇。[48]當然，「隱逸」概念有其內在的模糊性。《說文》曰：「隱，蔽也。」[49]也就是藏起來不讓世人看見。所以也不妨「隱」於朝堂之上、百僚之間，韜光養晦、抑才匿跡。「逸，失也。」[50]如兔之善逃，超脫塵網，這就更多的指向了一種「內心烏托邦」（inner utopia）式的哲學狀態，與外在區區之跡無干涉、甚至相反對。[51]金馬門內的「隱士」們，既然都不曾掛冠歸隱，既然都做山水田園詩，有考據癖的後人又何能辨別真隱士、假隱士和「週末隱士」（weekend recluse）[52]呢？

　　因此淪陷後出仕的知堂，似乎在有意通過詩歌塑造某種隱士形象，標榜自己內心的高蹈。我稱之為「內心烏托邦」，蓋借用德國社會學家 Karl Mannheim 的定義，即意識形態（ideology）是肯定現實合理性的，而烏托邦（utopia）則與現實秩序對抗。[53]這四首詩，共享一個有意思的結構，即內在（禁閉）世界與外在（開放）世界的交流。但這交流的含義是模稜的。第一首「河水」，前二句寫的是鄉居的窮窘；第四句的「窺見」主語不明，有可能是鄰翁，也有可能是詩人。考慮到詩人作為第三句的主語僅僅是做了「開門」的動作，鄰翁窺入詩人黑屋子的可能性大一些。這首鄉居詩恰可以和〈其二二〉相映成趣。在「山居」詩裡，外在世界以山色、月色和狼嗥的形式（即聲與色）穿透四壁，抵達詩人的幽閉世界，破其聊賴，成為「佳趣」。當然，知堂〈遇狼的故事〉明確說出，此詩的「狼」其實是狗，即苦雨齋南邊舊陸軍大學馬號改建成的華北交通公司警犬訓練所。警犬一般是德國狼犬，訓練警犬的「外國人」自然也是日本人了，「這狗成天的嗥叫，弄得近地的人寢食不安。」[54]把佔領者的犬號比作狼嗥，又稱其富於佳趣，頗有些反諷。此外，「河水」詩作於 1941 年 12 月 30 日歲暮，恰在珍珠港事件爆發之後。這「菴中黑一團」的滋味，也是難以言傳的。

　　太平洋戰爭爆發以來的南方戰局，大約也反映在「野老」詩的「山南大水雲」裡。照知堂自註，「夏中南方赤雲瀾漫，主有水患，稱曰大水雲。」這說明此詩作於 42 年夏，大

---

[47] 同前註，卷 20，頁 678。

[48] 參見：袁行霈，〈陶淵明年譜簡編〉，《陶淵明集箋注》（北京：中華書局，2003），頁 849–858。

[49] 段玉裁，《說文解字註》（上海：上海古籍出版社，1981），頁 734。

[50] 同前註，頁 472。

[51] 關於「內心烏托邦」的概念，請參考：楊治宜，《「自然」之辯：蘇軾的有限與不朽》（北京：三聯出版社，2018），第五章。

[52] 這是宇文所安對唐代在長安郊外有別墅、休沐時以「隱士」自居的達官貴人們的嘲諷；見：Stephen Owen, "The Formation of the Tang Estate Poem," *Harvard Journal of Asiatic Studies* 55.1 (1995): 39–59.

[53] 參見：Karl Mannheim, *Ideology and Utopia: an Introduction to the Sociology of Knowledge*, translated by Louis Wirth and Edward Shils (London: Routledge, 2002), 49–52.

[54] 周作人，〈遇狼的故事〉，《周作人散文全集》，冊 9，頁 165–166。其中知堂也用一貫的散文筆法，把自己女兒的情人谷萬川比作「大黑狼」，未免就有失地道。

約是在中途島海戰之後。雖然日軍在國內和佔領區竭力把中途島宣傳為大捷，但美軍的反宣傳還是抵達了消息靈通人士的，何況日本海軍南下策略的不智早就為識者預知。另一種可能是代指日本在華南的繼續進犯。第三種可能是"大水雲"代表了更加宏觀深遠的憂慮。《知堂回想錄》引此詩並稱："這是一九四二年所作，再過五六年北京就解放了，原來大革命的到來極是自然順利，俗語所謂'瓜熟蒂落'。……昔人的憂懼後來成為事實，的確成為一場災難，現在卻是因此得到解救，正如經過一場手術，反而病去身輕了。"[55]當然，1963 年回想往昔的知堂，是欽定漢奸、人民公敵，顯然是不會也不敢挑戰大革命合理性的。但這三種可能並不互相排斥。共產革命的勝利，事實上也是中日戰爭的長遠結果。他的悵望，是面對未知未來的憂思。這場來日大難，威脅的是他「自己的園地」，是他黃昏中淡淡藍霧的煙管、尚未結實的瓜豆。作為學者，他既是歷史中人，也是歷史的旁觀者。

　　「鎮日」詩作於 43 年 10 月 4 日晨。窗前草不除，用的周濂溪的典故，代表哲人對自然物理觀察而不干涉的胸中霽月[56]；魚之樂，用的是莊子的典故。[57]魚樂代表一種無憂無慮的自由，是在自我意識缺乏的情況下生物的本能狀態。子曰，「天下何思何慮」[58]，能達到這樣自由境界的唯有動物和聖人；下愚不省，上智臨羨而已。思慮至少能讓人免於愚勇。知堂稱許世人目為奸臣的唐代宰相許敬宗說，「魏晉以後士多死於思想，初唐剩了許君」，因為他看透帝王驅使勇士蹈死的「愚民政策無他，實只是使人毋思量而已」。[59]但哲人的思慮畢竟有一層超越境界，不同於「居人相向」之愁，後者即個人的患得患失。知堂〈苦茶庵打油詩〉後記說，「我的打油詩本來寫的很是拙直，只要第一不當他作遊戲話，意思極容易看得出，大約就只有憂與懼耳。孔子說，仁者不憂，勇者不懼。吾儕小人誠不足以與語仁勇，唯憂生憫亂，正是人情之常，而能懼思之人亦復為君子所取，然則知憂懼或與知慚愧相類，未始非人生入德之門乎。」[60]

　　所以種園的知堂，到底不是大仁大勇、亦即大閒適的陶淵明。在一篇論〈自己的文章〉的散文裡，他引陶公〈擬輓歌辭〉之三「親戚或餘悲，他人亦已歌」曰：「這樣的死人的態度真可以說是閒適極了……此所謂閒適亦即是大幽默也。但此等難事唯有賢達能做得到，若是凡人就是平常煩惱也難處理，豈敢望這樣的大解放乎。總之閒適不是一件容易學的事情，不佞安得混冒，自己查看文章，即流連光景且不易得，文章底下的焦躁總要露出頭來，然則閒適亦只是我的一理想而已，而理想之不能做到如上文所說又是當然的事也。」

---

[55] 周作人，《周作人文選：自傳·知堂回想錄》（北京：群眾出版社，1998），頁 348。

[56] 以此事論儒者氣象，最早見《二程遺書》卷第三；參見：程顥、程頤，《二程集》（北京：中華書局，1981），頁 60。以此論人心天理，見《陽明傳習錄》第 101 則；參見：王陽明，《王陽明全集》（上海：上海古籍出版社，1992），頁 29。

[57] 參見：郭慶藩，《莊子集釋》（北京：中華書局，1961），頁 606–607。

[58] 《周易正義》，卷 8，載：阮元，《十三經註疏》（北京：中華書局，1980），頁 87。

[59] 周作人，〈許敬宗語〉，《周作人散文全集》，冊 8，頁 311。

[60] 周作人，〈苦茶庵打油詩〉，《雜誌》14.1（1944.10），頁 7–8。

又說,「看自己的文章,假如這裡面有一點好處,我想只可以說在於未能平淡閒適處,即其文字多是道德的。」這所謂的道德,也就是不虛偽的,亦即「小子狂簡」的態度。[61]這樣的道德觀,是既有出世的清醒、又有入世的熱忱的態度,亦即兼具歷史的旁觀者和參與者的雙重身份。兩者雖然是一體兩面,但也不可避免的有著矛盾。

四、「翻著襪」：矛盾中的自適

44 年發表的〈苦茶庵打油詩〉前言稱:「和尚有所謂僧臘者,便是受戒出家的日子起,計算他做和尚的年歲,在家時期的一部分拋去不計,假如在二十一歲時出家,到了五十歲則稱曰僧臘三十。五十五歲以後也便是我的僧臘。」[62]不久知堂又在另一篇文章的附記裡提到,近日整理故紙堆,偶然找出一張紙來,其文曰「民國二十年一月三十日,夢中得一詩曰,偃息禪堂中,沐浴禪堂外,動止雖有殊,心閒故無礙。族人或云余前身為一老僧,其信然耶。」[63]夢中作詩、前身是僧,古人這樣的例子也頗有之,譬如蘇東坡有前身是五祖戒和尚之說,其他如張方平、王陽明乃至清順治帝,自以為前身是僧者,例不勝舉,至於是真實信念還是藉以張揚某種處世姿態,就不得而知了。但值得玩味的是知堂的僧臘從五十五歲算起,也就是 1939 年元旦遇刺、決定「入世」之後。僧臘的說法,因此暗含著知堂自辯以入世為出世、寓清修於紅塵的態度。打油詩的確多有自擬為僧者。例如:

> 粥飯鐘魚非本色,劈柴挑擔亦隨緣。有時擲鉢飛空去,東郭門頭看月圓。(其三)
> 不是淵明乞食時,但稱陀佛省言辭。攜歸白酒私牛肉,醉倒村邊土地祠。(其六)
> 日中偶作寒山夢,夢見寒山喝一聲。居士若知翻著襪,老僧何處作營生。(其十)
> 我是山中老比丘,偶來城市作句留。忽聞一聲劈破玉,漫對明燈搔白頭。(其十九)[64]
> 柳綠花紅年復年,蟲飛草長亦堪憐。於今桑下成三宿,慚愧浮屠一夢緣。(補遺其一)[65]

「粥飯鐘魚」是僧人清修生活的描寫,「劈柴挑擔」用的是禪宗砍柴擔水吃飯無非妙道的公案,所謂行走坐臥皆是禪,故龐蘊居士詩:「神通並妙用,運水及搬柴。」[66]如果說「粥飯鐘魚」著重戒律,那麼「劈柴挑擔」則著重日用常行,是禪修的一體兩面。然而這

---

[61] 周作人,〈自己的文章〉,《周作人散文全集》,冊 7,頁 351。
[62] 周作人,〈苦茶庵打油詩〉,《雜誌》14.1(1944.10),頁 4。
[63] 周作人,〈記杜逢辰君的事〉,《周作人散文全集》,冊 9,頁 322。
[64] 周作人,〈苦茶庵打油詩〉,頁 7。
[65] 周作人,《周作人詩全編箋註》,頁 29。
[66] 彭定求編,《全唐詩》(北京:中華書局,1960),頁 9137。

兩句的平淡恰恰襯托出後兩句意象的奇異，仿佛一位平平無奇的掃地僧忽然轉過頭來，把飯鉢擲空，化作明月飛去。耿傳明指出，黃山有擲鉢峰，相傳昔日有孽龍居住，常害人畜，有神僧擲鉢將它罩住，從此害絕。所以「擲鉢」句也可以理解成神僧以無上法力降龍伏虎，帶來人間太平。[67] 這首詩做於 38 年 12 月 16 日，即遇刺、出山的半月前。如果耿氏的理解正確，那麼這首詩暗示了知堂無限的道德自信。

「不是」詩做於 38 年 12 月 21 日。由於日軍接管了留平的大學，只有教會背景的燕大和輔仁除外，如果不任「偽教授」，就只有去兩校求職。半年間知堂也確實拒絕了「偽北大」校長兼文學院長、「偽北師大」的聘請，只接受了燕大每月一百元的教課費，但因為全家數十人的生計都靠他維持，似乎頗為艱苦。據作家李霽野轉述，周作人「出山」之前曾三次找過輔仁大學國文系主任沈兼士，每次都只說幾句無關緊要的話就匆匆離去，令沈兼士莫名其妙。其實，知堂真正的來意大約是在「要飯吃」，希望沈氏聘他去輔仁上課，但是又不願明說。至於沈氏是真糊塗還是裝糊塗就難說了。[68] 淵明〈乞食〉詩曰：「饑來驅我去，不知竟何之！行行至斯里，叩門拙言辭。主人解余意，遺贈豈虛來？談諧終日夕，觴至輒傾杯。」[69] 沈氏並非解意的主人可知矣；又或許知堂更比淵明高傲，「但稱陀佛省言辭」，令沈氏不願意主動遷就吧。但由於知堂乞食不得，三四句或是想像辭。白酒私牛肉，用的大約是蘇東坡的典故。何薳《春渚紀聞》錄東坡〈牛酒帖〉：「今日與數客飲酒……無以侑酒。西鄰耕牛適病足，乃以為炙，飲既醉，遂從東坡之東直出，至春草亭而歸。」[70] 宋人非法宰殺耕牛，稱為「私牛肉」。蘇軾黃州流放期間，俸祿斷絕，生活窘迫，乃至躬耕東坡、犯法求飽。知堂此詩自註：「此殆是游方僧詩乎，比丘本是乞士，亦或有神通也。」[71] 一詩兼顧隱士、僧人、遷客三種身份，不曾言怨而實懷遺憾，最終落腳在寧可觸犯戒律、法規，自行得食的神通想像上。或以為，白酒牛肉，乃是奢侈品而非必需品，何不能簞食瓢飲呢？余不能代東坡、知堂辯也。在更加普遍的意義上，我們也可以同樣質問，在危機面前，除了實用的抵抗文學外，《古今》派的閒適、〈夜來香〉的靡靡之音、張愛玲文學的市井趣味還是否合法的問題。淪陷之下，生存以外，是否還能允許有生活的樂趣，哪怕只是討來的白酒和非法的牛肉呢？

「日中」詩的用典比較明顯。唐居士王梵志詩「梵志翻著襪，人皆道是錯。乍可刺你眼，不可隱我腳。」黃庭堅評曰：「一切眾生顛倒，類皆如此，乃知梵志是大修行人也。」[72] 東坡曰：「言發於心而衝於口，吐之則逆人，茹之則逆余。以為寧逆人也，故卒

67　耿傳明，《晚年周作人》，頁 122。
68　同前註，頁 32。
69　袁行霈，《陶淵明集箋註》，頁 103。
70　何薳，《春渚紀聞》（北京：中華書局，1983），頁 92。
71　周作人，〈苦茶庵打油詩〉，頁 6。
72　黃庭堅，〈書梵志翻著襪詩〉，《黃庭堅全集》（成都：四川大學出版社，2001），頁 704。

吐之。」[73]與梵志之言有異曲同工之妙。知堂自詡若知梵志之意，老僧將無處營生，有禪宗公案呵佛罵祖的自信。其微旨，在唯求此心安穩，雖千萬人吾往矣而已。

「我是」詩做於 43 年 4 月南遊期間。是時知堂為人排擠，被解除華北教育總署督辦職務。由於前一年周作人陪同汪精衛訪問滿洲國，之後又被邀請到南京為汪六十大壽慶生，兩人交誼漸篤，此時汪乃請周氏南下講學，排解煩悶。此詩自註係 11 日晚在蘇州聽歌所作，也有一些公案氣味。[74]〈劈破玉〉是民間一種曲調。知堂一篇文章裡曾提到，著名的東林領袖趙南星立身謹重，而喜好裒輯「市井謔浪之言」如〈劈破玉〉諸曲；其辭「俏冤家，我咬你個牙廝對；平空裡撞著你，引的我魂飛」云云，本是很好的情歌。[75]可見知堂此絕四句，井然有序，從出世到入世，從無情到有情，而最終歸結於禪悅。歌兒一聲劈破玉，恰如祖師棒喝，讓老僧參悟到世間有情之道。

「柳綠」詩第三句所用的典故是知堂喜愛的。據《後漢書》〈襄楷傳〉，延熹九年楷上書直言極諫，有云：「或言老子入夷狄為浮屠，浮屠不三宿桑下，不欲久生恩愛，精之至也。」[76]知堂 37 年出版的散文集便以《桑下談》命名，且評論說，「浮屠不欲久住致生愛戀，固然有他的道理，但是從別一方面說來，住也是頗有意味的事。……大抵釋氏積極精進，能為大願而捨棄諸多愛樂，儒家入道者則應運順化，卻反多流連景光之情耳。」故曰，「樂行不如苦住，富客不如貧主。」[77]是時日本侵犯華北的意圖已經是司馬昭之心了，而知堂乃將苦雨齋命名為苦住庵，[78]或許表明他已經在去留之間有所偏向。然而「桑下」典還有一層意思。襄楷的直言極諫是因為漢桓帝時，宦官專朝，政刑暴濫，導致「中國弱，四夷強」，故楷諷曰帝當學黃老浮屠之道，省欲去奢。[79]知堂用桑下典，既謝有情之愧，又同時譏諷了當時中國的時局。

這五首僧詩，展現的是 39 年之後以居士自擬的知堂。他的居士禪，在有情與無情、入世與出世之間，也悄然回應著明遺民「逃禪」的歷史記憶。然而所謂「遺民」，除非是要做起兵反抗的「義民」，否則事實上已經接受了淪陷異代的秩序，和「順民」有別者，也不過是不食周粟的姿態（但非實質，除非餓死）而已，何況遺民不傳代，為了不墮家聲起見，子孫還是要出仕的。逃禪出家是一種僅次於蹈死的、相對比較激烈的辦法，採取這種選擇，就意味著和士大夫身份系統的決裂。不過，像知堂這樣已經出仕、在家在朝的「居

---

[73] 蘇軾，〈思堂記〉，《蘇軾文集》（北京：中華書局，1986），頁 363。

[74] 周作人，〈苦茶庵打油詩〉，頁 7。

[75] 周作人，〈笑贊〉，《周作人散文全集》，冊 9，頁 466。

[76] 王先謙，《後漢書集解》（北京：中華書局，1984），頁 383。

[77] 周作人，〈《桑下談》序〉，《周作人散文全集》，冊 7，頁 701–702。

[78] 周作人，〈談《東萊博議》〉，《周作人散文全集》，冊 7，頁 746。此文結尾落款已經是「二十六年六月七日於北平苦住庵」。

[79] 王先謙，《後漢書集解》，頁 383。

士」，還算是逃禪嗎？逃禪因此變成了一種姿態，未必空洞，但總不免有些反諷。「老僧翻著襪」的自適，為這種種的矛盾和反諷提供了最後邏輯自圓的出路。

但無論這些詩作的創作思路如何，44 年結集發表打油詩的知堂，顯然不能不面對戰後清算的可能。他的「僧臘」一說，或許恰是依附集體主義話語邏輯之上的自我辯護：不論居士還是隱士，他們的選擇是不觸動當世現實政治的。如果說 1922 年提倡"為自己故而愛國"的知堂尚且敢於和民族國家話語對壘的話，那麼計算「僧臘」的知堂的個人主義則不再具有和集體主義相對抗的力量，而淪為犬儒式的第二義生存哲學，藉此以逃離個人與民族、偶然與必然、正統與異端的二元對立。他的「內心烏托邦」也不是在積極意義上以改變現實秩序為目的的烏托邦，而是在消極意義上逃避現實避免對抗的思想堡壘。這些詩作，成為他面對公眾和後世的晦澀的自白。

餘論：在分明的世界之間

1945 年 8 月，隨著美國在廣島、長崎投下兩顆原子彈，蘇聯紅軍出兵掃蕩東北，現代中國的一場夢魘暫時結束了。起碼在那個夏天，勝負已經分明，淪陷的「閾限空間」就此關閉。然而「合作者」們的命運卻長期不甚明朗。周作人和其他頭面「漢奸」一起，被暫時關押在北京的炮局胡同監獄和上海的提籃橋監獄，等待處置。直到 1946 年 3 月，迫於外有國際上「法奸」審判的示範、內有中共和媒體的輿論壓力，[80]國民政府才雷厲風行（也可以說是不符合司法程序）地把「漢奸」們迅速（或曰草草）正法。在等待和服刑的繫獄期間，監獄又為「漢奸」們提供了另一個「閾限空間」：這裡，通過國家暴力的懲罰儀式，他們本應當洗心革面、重新做人，認同民族國家的大義。但知堂繫獄期間的詩作似乎表明他對宏大歷史敘事的拒斥、對「勝者為義」（victor's justice）的不認同：

> 往昔讀佛書，吾愛覺有情。菩薩有六度，忍辱良足欽。布施立弘願，顧重身命輕。投身飼餓虎，事奇情更真。平生再三讀，感激幾涕零。嚮往不能至，留作座右銘。安得傳燈火，供此一卷經。（〈菩提薩埵〉，載《往昔三十首》，一之二）[81]

此詩作於老虎橋期間。知堂好用佛典，蓋釋氏神道設教，常用譬喻，發人深省。此外並有印歐哲學邏輯徹底的長處。譬如中國傳統講無私無我，最多不過到墨子兼愛、道家委運順化的地步，而佛家乃曰眾生平等、捨身飼虎。這樣的激烈決絕，一方面如「鳥身自為

---

[80] Margherita Zanasi, "Globalizing Hanjian: The Suzhou Trials and the Post-World War II Discourse on Collaboration," *The American Historical Review* 113.3 (2008): 731–751.

[81] 周作人，《周作人詩全編箋註》，頁 64–65。

主」（《梵網經》）這樣的見解，明智通達，古今莫及；[82]另一方面，未免近乎意識形態，並不能作為眾生榜樣。知堂論儒佛分辨，前文已經交代。但是如果真的有人能達到菩薩境界，依然是值得禮讚的。所謂「嚮往不能至」，自己非投身飼虎者，明矣。其實知堂曾以「飼虎」許之者，並無第二人，唯汪氏兆銘是也。1937 年 5 月張江裁初版《汪季新先生庚戌蒙難實錄》的時候，倩知堂作序。知堂平生不肯以文章媚當世，就連孫中山，也是身前多批評，身後方讚許，而是時汪兆銘仍任國民黨副總裁，所以他雖頗有感觸，但是只肯題字了事。42 年此書再版時，張氏再次倩知堂作序。由於此序《散文全集》未錄（豈編者為尊者諱哉？），又與前詩相發明，值得在此擇其緊要抄錄：

> 予昔時曾多讀佛經，最初所見者有菩薩投身飼餓虎經一卷，蓋是什師所譯，文情俱勝，可歌可泣。至今相隔垂四十年，偶一念及，未嘗不為之惻然動心。重理儒書，深信禹稷精神為儒家正宗，觀孔孟稱道之言可知。此亦正是菩薩行。唯己溺己飢為常，而投身飼虎乃為變，其偉大之精神則一，即仁與勇是也。……如汪先生此錄，自更令人低回不置矣。抑汪先生蒙難不止庚戌，民國以後乙亥之在南京，己卯之在河內，兩遭狙擊，幸而得免，此皆投身飼餓虎，所捨不祇生命，且及聲名，持此以觀庚戌之役，益可知其偉大，稱之為菩薩行正無不可也。[83]

當然，作此序時，周氏正處在他平生唯一仕途生涯頂點，汪氏又是他的頂頭上司，或許不免溢美。但是他的讚詞確有所本。汪氏平生每每以自我犧牲精神自勵，胡適、葉嘉瑩先生甚至許以「烈士精神」。[84]把汪氏比作投身飼虎的菩薩，這是知堂給任何時人的最高讚語，序言體現的邏輯，也與他向來的思想一貫，未必盡是不情。不過，汪氏的合作也未必如知堂詩意的暗示，是由犧牲的精神推動、一往無前造成的必然結果。其政權建立的前因後果極其複雜。首先是汪氏對戰局的誤判；其次是他在和談過程中的不堅定，導致所得條件不能滿意，不能建立真正獨立的政府；第三是政權成立後，隨世界戰爭格局變幻，與日本訂立的盟約幾經更改，以圖充實實力，如果不是汪氏 44 年 11 月瘐死名古屋，其結局究竟如何，尚不可知。[85]而知堂對汪氏的讚美同時也是自辯。對在汪精衛之前便已經「落水」的合作者而言，汪精衛的「和平運動」給了他們政治救贖和道德救贖的希望。只有通過讚美汪精衛的犧牲精神，他們才能夠為自己的行動正名。更何況，憑藉汪精衛在民國政壇的

---

[82] 周作人，〈讀戒律〉，《周作人散文全集》，冊 7，頁 302。

[83] 張江裁輯纂、朱之珩編訂，《汪季新先生行實錄全編》（香港：槐風書社，2017），頁 115–116。

[84] 葉嘉瑩，〈汪精衛詩詞中的精衛情結〉（汪夢川整理 2007 年台大講話錄音），《印刻文學生活》5.7（2009.3），頁 104–111。更完整的文章見：葉嘉瑩，〈汪精衛《雙照樓詩詞稿》讀後〉，《傳記文學》675（2018.8），頁 12–23；676（2018.9），頁 31–39。

[85] 我最近完成的英文著作手稿 *The Poetics of Memory: Wang Jingwei and China's Wartime Collaboration*（標題暫定），前半部分是一部完整的汪精衛傳。本文對汪精衛生平的觀點來自我個人的整理和思考。

聲望、人脈和政治資本，如果他活著，即便日本戰敗，也許能以一己之力庇護廣大追隨者亦未可知。

戰時淪陷區教育，常常被抨擊為「奴化教育」。但如果選項只剩「偽教育」和「無教育」，除接受前者外，淪陷區的青少年學子們還能如何延續中國的文化命脈呢？更何況，按照教育部長朱家驊光復之後到北平的講話，華北教育並未奴化。[86]湯爾和、周作人兩位教育總督對日本的要求雖然不能完全抗命，但其消極抵抗在很大程度上保護了華北教育的民族性和延續性。[87]據在北平度過少年時代的葉嘉瑩回憶，七七事變之後因為要保護文物，所以北平「不抵抗」投降了。如果抵抗的話，不僅北京的古文物和建築都要毀掉，且她本人的生死亦不可知。所以在某種意義上，她的生存有賴於成為民族恥辱的「不抵抗」政策，這同樣彰顯了淪陷區境遇下身份的閾限性和道德的模棱性。作為學者的葉嘉瑩，是通過晚年對汪精衛詩詞的評鑒來表達這種被民族國家的大義話語壓制乃至噤言無聲的經驗。知堂的不懺悔，則是用繫獄期間的雜詩來側面表述的。

〈往昔〉組詩作於汪氏身後。〈打油詩〉裡提到佛陀精神的也有一處：

> 年年乞巧徒成拙，烏鵲填橋事大難。猶是世尊悲憫意，不如市井鬧盂蘭。（其十四）[88]

此詩作於 42 年七夕（7 月 18 日）。耿傳明先生認為詩意是在重申知堂的出山之志，「在於不循俗理、俗情，『勇入地獄』『解民倒懸』的『本意』」。[89]這樣的理解是認為知堂以菩薩自詡；但知堂雖然有「救世」的我慢，卻最多自擬老僧而從不曾自詡菩薩。（所謂汪精衛「我不下地獄誰下地獄」，也是當時淪陷區 "和運" 追隨者和媒體的溢美，並非汪氏自表。[90]）理解詩意的關鍵，可能在於「乞巧」、「烏鵲」典。〈其十一〉曰：「烏鵲呼號繞樹飛，天河暗淡小星稀。」[91]顯然用了曹操〈短歌行〉「繞樹三匝、無枝可依」的典故。[92]41年七夕做的〈其十二〉曰：「一水盈盈不得渡，耕牛立瘦布機停。劇憐下界癡兒女，篤篤香花拜二星。」[93]用的是牛郎織女本事。貫穿這三首小詩的烏鵲，代表了相依、重逢、團聚。雖然不必膠柱鼓瑟，非得把它們箋註成「期待統一的愛國情懷」的話，至少可以說這幾首詩顯露知堂對戰爭、割據和亂離的悲憫，也就是他所說的「憂生憫亂」的思想。所以，

---

[86] 《華北日報》載朱家驊1945 年 11 月 17 日北平視察講話，見《審訊汪偽漢奸筆錄》，頁 1400，1418。

[87] 關於戰時淪陷區教育，大陸研究者多集中於「奴化教育」視角。對北平教育較為深入公正的研究，見：Sophia Lee, "Education in Wartime Beijing: 1937–1945" (PhD Dissertation, University of Michigan, 1996).

[88] 周作人，〈苦茶庵打油詩〉，頁 6。

[89] 耿傳明，《晚年周作人》，頁 50。

[90] 例見：時評，〈與國同壽〉，《申報》（第一版），1943 年 5 月 5 日；時評，〈敬悼汪主席〉，《申報》（第一版），1944 年 11 月 13 日。

[91] 周作人，〈苦茶庵打油詩〉，頁 6。

[92] 曹操、曹丕、曹植，《三曹集》（長沙：嶽麓書社，1992），頁 65–66。

[93] 周作人，〈苦茶庵打油詩〉，頁 6。

或許可以說前兩句寫的是統一之難,後兩句寫的是以汪精衛為領袖的合作政權暫時紓解了淪陷區人民的生存艱危。

說到「飼餓虎」,不能不抄一首戰後繫獄時期所作〈忠舍雜詩〉裡的〈騎驢〉詩:

倉猝騎驢出北平,新潮餘響久銷沉。憑君篋載登萊臘,西上巴山作義民。[94]

所謂中國傳統「吃人」,是周氏兄弟早年的共識。魯迅振聾發聵,把中國歷史一概斥為吃人的歷史;知堂雖然不曾如此決絕,但早在 1925 年也寫過「吃人,這是我中華古已有之之事」;[95]又曰,「中國人本來是食人族,象徵地說有吃人的禮教,遇見要證據的實驗派可以請他看歷史的事實,其中最冠冕的有南宋時一路吃著人臘去投奔江南行在的山東忠義之民。」[96]據《雞肋編》,「自靖康丙午歲,金狄亂華,六七年間,山東、京西、淮南等路,荊榛千里,斗米至數十千,且不可得。盜賊、官兵以至居民,更互相食,人肉之價,賤於犬豕,肥壯者一枚不過十五千,全軀暴以為臘。登州範溫率忠義之人,紹興癸丑歲泛海到錢唐,有持至行在猶食者。」[97]但知堂用人臘典,除了二十年代抨擊中國傳統外,就屬繫獄期間了。這首〈騎驢〉詩外,還有〈丁亥暑中雜詩·修禊〉詩也寫道:

往昔讀野史,常若遇鬼魅。白晝踞心頭,中夜入夢寐。其一因子巷,舊聞尚能記。
次有齊魯民,生當靖康際。沿途吃人臘,南渡作忠義。待得到臨安,餘肉存幾塊。
哀哉兩腳羊,束身就鼎鼐。猶幸製薰臘,咀嚼化正氣。食人大有福,終究成大器。
講學稱賢良,聞達參政議。千年誠旦暮,今古無二致。舊事倘重來,新潮徒欺世。
自信實雞肋,不足取一臠。深巷聞狗吠,中心常惴惴。恨非天師徒,未曾習符偈。
不然作禹步,灑水修禊事。[98]

和〈打油詩〉相比,這兩首人臘詩的意義算是相當顯豁了。在任何文明社會,食人都是觸犯人倫底線的。以人肉為乾糧去投奔朝廷,雖然目的「忠義」,但目的正義性顯然不能回頭證明其手段的合法性。〈騎驢〉詩,作者自註是說傅斯年事。[99]47 年的〈雜詩題記〉甚至引〈修禊〉詩「猶幸製薰臘,咀嚼化正氣」句,自詡「這可以算是打油詩中之最高境界,自己也覺得仿佛是神來之筆,如用別的韻語形式去寫,便決不能有此力量,倘想以散文表出之,則又所萬萬不能也。關於人臘的事,我從前說及了幾回,可是沒有一次能這樣的說得決絕明快,雜詩的本領可以說即在這裡,即此也可以表明它之自有用處了。我前曾

---

[94] 周作人,《周作人詩全編箋註》,頁 49。
[95] 周作人,〈人的叫賣〉,《周作人散文全集》,冊 4,頁 94。
[96] 周作人,〈吃烈士〉,《周作人散文全集》,冊 4,頁 245。
[97] 莊綽,《雞肋編》(北京:中華書局,1983),頁 43。
[98] 周作人,《周作人詩全編箋註》,頁 159。
[99] 同前註,頁 49。

說過，平常喜歡和淡的文字思想，但有時亦嗜極辛辣的，有揤臂見血的痛感。」[100]知堂繫獄時心境之「不悛」可知矣。

　　周、傅恩怨，袁一丹的〈周作人與傅斯年的交惡〉一文已經有了詳細交代，[101]這裡扼要介紹。傅斯年是周作人學生，早年以《新潮》幹將聞名，抗戰勝利後又出任北大代理校長。但是面對留平的「偽教員」、「偽學生」如何處置的問題，他的態度是反對懷柔，而主張徹底劃清界限，自己的老師周作人就成了開刀的榜樣。知堂自辯的受北大校長蔣夢麟囑咐保管北大校產事，傅氏決然否認，雖然在庭審期間時任行政院秘書長的蔣夢麟本人出函證明確有此事，而北大校長胡適也證明淪陷期間北大校產不減反增，顧隨、郭紹虞等學者且證明周氏營救了被日軍逮捕的愛國教員及地下抗日工作人員。傅氏的劃清界限，也與俞平伯、沈兼士等舊友的多方營救、素昧平生的律師王龍的慨然辯護形成了鮮明對比。[102]雖然傅斯年「漢賊不兩立」的態度符合歷史正義，也佔領了輿論、道德和春秋史筆的制高點，本身無可厚非，但歷史的無情邏輯與生活在歷史中的個人有情經驗從來就不是完全一致的。知堂把汪精衛讚美為捨身飼虎的菩薩，而把傅斯年貶為食人臟的「登萊義民」，這顯然有悖於正統史學。他的情懷，自然也不過是不識大體的「私憤」了。從淪陷到繫獄、甚至到 49 年以後，在某種意義上，他的私有空間（private space）始終處在被權力壓制的佔領境遇下，也始終沒有停止抵抗。他的「半新不舊」的詩歌作品因此始終是一種閾限文本，在分明的世界之間，摸索著意義的裂隙。

　　但傅斯年們就勝利了嗎？把大批不幸生長在淪陷之下的青年學子作為「偽學生」對待、取消文憑、強制再教育的結果，是造成了數千百萬對國民政府失望的中產階級家庭。何況國民政府的接收，不免讓觀者產生對敵寬厚而對民苛刻的印象。東京審判時，只有六名日本軍事政治領袖被判死刑；南京軍事法庭也只裁判四名日本軍官為南京大屠殺負責、判處死刑。相形之下，至 1947 年 10 月為止，中國法庭共審判了 4 萬 5 千 679 起漢奸案，其中 369 人判處死刑，979 人終身監禁，1 萬 3 千 570 人長短不等的徒刑。這還不算中共統治區內的審判和被「街頭正義」懲處的「漢奸」們。[103]國民政府對日沒有索賠分文，但是對「光復」的淪陷區卻大肆掠奪，接收被譏為「劫收」；儘管淪陷區的經濟狀況優於大後方，但國民政府卻規定法幣對中儲券以 1 比 200 的懲罰匯率兌換，導致惡性通貨膨脹。最終政權潰爛，敗走海島。歷史正朔，又由誰來制定呢？

　　歷史不是高速公路，而是佈滿無數人深深淺淺腳印的荒萊。如果說在治平之世還有大一統的國家以其權威命令指引方向，而民眾只有依之違之兩種選項的話，那麼亂世則連明朗的方向亦無之。許多歷史學家的任務便是在這些凌亂的腳印中辨出主流、旁流、支流和

---

[100] 周作人，〈雜詩題記〉，《周作人散文全集》，冊 9，頁 671。
[101] 袁一丹，《此時懷抱向誰開》（上海：上海文藝出版社，2020），頁 88–101。
[102] 南京市檔案館編，《審訊汪偽漢奸筆錄》，頁 1386–1430。
[103] 王曉華，《漢奸大審判》（南京：南京出版社，2005），頁 150。

末流來。但回溯史學的危險是陷入目的論的幻象。文字學者的任務，則在於聆聽那些倒在草萊間的白骨的細語。歷史的勝利者們從來是不需要側耳聆聽的：他們住在十三陵、水晶棺裡，他們的事功言語勒石立碑，有留聲機廣播，有歷史課本灌輸，早就不朽了。不過，對註定是要審判繫獄、身敗名裂、挫骨揚灰的歷史失敗者而言，是否依然有權利用有朽的文字、抒發一瞬間的私憤和不敬、在歷史的滾滾車輪之外保留一點點個人的表達自由？讀詩讀史的諸君，又有幾人能保證永遠做歷史的勝利者、或者只為城頭變幻的勝利者們歡歌呢？

主要參引文獻

一、中文文獻（以作者姓氏筆劃為序）

（一）專書

丁福保，《佛教大辭典》，臺北：佛陀教育基金會，2014。

王先謙，《後漢書集解》，北京，中華書局，1984。

王克文，《汪精衛・國民黨・南京政權》，臺北：國史館，2001。

王陽明，《王陽明全集》，上海：上海古籍出版社，1992。

王曉華，《漢奸大審判》，南京，南京出版社，2005。

何薳，《春渚紀聞》，北京，中華書局，1983。

阮元，《十三經註疏》，北京：中華書局，1980。

范曄，《後漢書集解》，王先謙集解，北京：中華書局，1984。

周作人，《周作人詩全編箋註》，王仲三箋註，上海，學林出版社，1995。

——.《周作人文選：自傳・知堂回想錄》，北京，群眾出版社，1998。

——.《老虎橋雜詩》，止庵校訂，石家莊，河北教育出版社，2002。

——.《周作人散文全集》，鍾叔和編，桂林，廣西師範大學出版社，2009。

周作人、曹聚仁，《周曹通信集》，香港，南天書業公司，1973 年。

南京市檔案館編，《審訊汪偽漢奸筆錄》，南京，鳳凰出版社，2004。

段玉裁，《說文解字註》，上海：上海古籍出版社，1981。

袁一丹，《此時懷抱向誰開》，上海，上海文藝出版社，2020。

袁行霈，《陶淵明集箋注》，北京：中華書局，2003。

莊綽，《雞肋編》，北京，中華書局，1983。

耿傳明，《晚年周作人》，北京，現代出版社，2013。

曹操、曹丕、曹植，《三曹集》，長沙：嶽麓書社，1992。

陸游，《劍南詩稿校註》，錢仲聯校註，上海：上海古籍出版社，1985。

陳雁，《戰爭與性別：上海 1932–1945》，北京，社科文獻出版社，2014。

陳壽撰，裴松之注，《三國志》，北京，中華書局，1964。

許育銘，《汪兆銘與國民政府》，臺北，三民書局，1999。

程顥、程頤，《二程集》，北京：中華書局，1981。

張江裁，《汪季新先生行實錄全編》，朱之珩編訂，香港，槐風書社，2017。

張菊香、張鐵榮，《周作人年譜》，天津，天津人民出版社，1999。

郭慶藩，《莊子集釋》，北京：中華書局，1961。

彭定求編，《全唐詩》，北京，中華書局，1960。

黃庭堅，《黃庭堅全集》，成都，四川大學出版社，2001。

楊治宜，《「自然」之辯：蘇軾的有限與不朽》，北京，三聯出版社，2018。

劉寶楠，《論語正義》，北京：中華書局，1990。

蘇軾，《蘇軾文集》，孔凡禮編，北京，中華書局，1986。

羅久蓉，《她的審判：近代中國國族與性別意義下的忠奸之辨》，臺北，中央研究院近代史研究所，2013。

龔自珍，《龔自珍詩集編年校註》，上海，上海古籍出版社，2013。

（二）期刊論文

李宣倜，〈次均子孋〉，《同聲月刊》第 1 卷第 2 號（1941.1），頁 110。

周作人，〈苦茶庵打油詩〉，《雜誌》14 卷 1 期（1944.10），頁 4–8。

紀庸，〈知堂老人南遊紀事詩〉，《古今》第 23 期（1943.5），頁 7–11。

高嘉謙，〈風雅·詩教·政治抒情：論汪政權、龍榆生與《同聲月刊》〉，《中山人文學報》38（2015.1），頁 61–88。

葉嘉瑩，〈汪精衛詩詞中的精衛情結〉（汪夢川整理 2007 年台大講話錄音），《印刻文學生活》5.7（2009.3），頁 104–111。

──.〈汪精衛《雙照樓詩詞稿》讀後〉，《傳記文學》675（2018.8），頁 12–23；676（2018.9），頁 31–39。

（三）學位論文

邱怡瑄，《史識與詩心：近現代舊體詩「詩史」的觀念遞變與戰爭書寫（1840–1945）》，臺北，國立台灣大學博士論文，2019。

袁一丹，《北平淪陷時期讀書人的倫理境遇與修辭策略》，北京，北京大學博士論文，2013。

劉威志，《梁汪和平運動下的賦詩言志》，新竹，國立清華大學博士論文，2017。

（四）報刊

時評，〈與國同壽〉，《申報》（第一版），1943 年 5 月 5 日
時評，〈敬悼汪主席〉，《申報》（第一版），1944 年 11 月 13 日

二、外文

（一）英文

Barrett, David and Larry N. Shyu, eds., *Chinese Collaboration with Japan, 1932–1945.* Stanford CA: Stanford University Press, 2001.

Boyle, John Hunter. *China and Japan at War 1937–1945: The Politics of Collaboration.* Stanford CA: Stanford University Press, 1972.

Brook, Timothy. *Collaboration: Japanese Agents and Local Elites in Wartime China.* Cambridge MA: Harvard University Press, 2005.

Bunker, Gerald E. *The Peace Conspiracy: Wang Ching-Wei and the China War, 1937–1941.* Cambridge MA: Harvard University Press, 1972.

Chan, Pedith. "The Discourse of Guohua in Wartime Shanghai," *European Journal of East Asian Studies* 19 (2020): 263–296.

Daruvala, Susan. *Zhou Zuoren and an Alternative Chinese Response to Modernity.* Cambridge MA: Harvard University Asia Center, 2000.

Fu, Poshek. *Passivity, Resistance, and Collaboration: Intellectual Choices in Occupied Shanghai, 1937–1945.* Stanford CA: Stanford University Press, 1993.

Gunn, Edward M. *Unwelcome Muse: Chinese Literature in Shanghai and Peking, 1937–1945.* New York: Columbia University Press, 1980.

Hamburger, Käte. *Die Logik der Dichtung.* Stuttgart: Ernst Klett, 1957.

Henshaw, Jonathan. "Serving the Occupation State: Chinese Elites, Collaboration and the Problem of History in Post-war China," PhD Dissertation, University of British Columbia, 2019.

Lee, Sophia. "Education in Wartime Beijing: 1937–1945," PhD Dissertation, University of Michigan, 1996.

Mannheim, Karl. *Ideology and Utopia: an Introduction to the Sociology of Knowledge*, translated by Louis Wirth and Edward Shils. London: Routledge, 2002.

Mitter, Rana. *The Manchurian Myth: Nationalism, Resistance, and Collaboration in Modern China.* Berkeley: University of California Press, 2006.

Owen, Stephen. "The Formation of the Tang Estate Poem," *Harvard Journal of Asiatic Studies* 55.1 (1995): 39–59.

Rings, Werner. *Leben Mit Dem Feind: Anpassung u. Widerstand in Hitlers Europa, 1939–1945.* München: Kindler, 1979.

Serfass, David. "Le gouvernement collaborateur de Wang Jingwei: Aspects de l'État d'occupation durant la guerre sino-japonaise, 1940–1945," PhD Dissertation, École des Hautes Études en Sciences Sociales, 2017.

Taylor, Jeremy. *Iconographies of Occupation*. Honolulu: University of Hawaii Press, forthcoming 2021.

Thomassen, Bjørn. "The Uses and Meanings of Liminality," *International Political Anthropology* 2.1 (2009): 5–27.

Van Gennep, Arnold. *The Rites of Passage*. London: Routledge, 2004.

Xia, Yun. *Down with Traitors: Justice and Nationalism in Wartime China.* Seattle: University of Washington Press, 2017.

Yang, Haosheng. *A Modernity Set to a Pre-Modern Tune: Classical-Style Poetry of Modern Chinese Writers*. Leiden: Brill, 2016.

Yang, Zhiyi. *The Poetics of Memory: Wang Jingwei and China's Wartime Collaboration* (working title). Manuscript under review.

Zanasi, Margherita. "Globalizing Hanjian: The Suzhou Trials and the Post-World War II Discourse on Collaboration," *The American Historical Review* 113.3 (2008): 731–751.

（二）日文

土屋光芳，《汪精衛と民主化の企て》，東京，人間の科学新社，2000。
──.《汪精衛と蔣汪合作政権》，東京，人間の科学新社，2004。
──.《「汪兆銘政権」論─比較コラボレーションによる考察》，東京，人間の科学新社，2011。
木山英雄，《北京苦住庵記：日中戦争時代の周作人》，東京，築摩書房，1978。
柴田哲雄，《協力・抵抗・沈黙：汪精衛南京政府のイデオロギーに対する比較史的アプローチ》，東京，成文堂，2009。
亀田壽夫，《「汪兆銘政権」の検証：その背後の思想哲学》，東京，山椒出版社，2015。
關智英，《対日協力者の政治構想：日中戦争とその前後》，名古屋，名古屋大學出版會，2019。

中國現代文學　第三十八期
2020 年 12 月 119-142 頁

開映中不許發奇聲
——劉吶鷗小說中的聲響、噪音與認同

吳佳鴻[*]

摘要

　　劉吶鷗身為同時具有台灣、日本與上海經驗的新感覺派小說家，其小說中聲音之意義，並不只是現代都會經驗的再現仿擬，而可能暴露出半殖民地作家身分認同，乃至透露內在聲響的失語。不論是女性不和諧的話聲，或是都市暗夜中的噪音，都讓凝視的男性主體感到挫折、陌生甚至是恐懼。正如小說中書寫觀影時的警語「開映中不許發奇聲」，惟奇聲總是不期而至，屢屢挑戰僵化的男性凝視。通過聲響與噪音，劉吶鷗除寫出充滿性及認同挫敗的狀態，更暗示了在仿擬西方及日本文學的表層底下，可能潛藏的複雜認同乃至抵拒。

關鍵詞：聲音、新感覺派、劉吶鷗、現代性、都市

---

[*]　吳佳鴻，國立臺灣大學中國文學系博士生

Keep silence during gaze:
Sounds, noises and identity in Liu Naou's fictions

Chia-Hung Wu[**]

Abstract

Sounds and noises in Liu Naou's fictions are not only represent just experiences of modern urban, but also reveal the identity of semi-colonial writers. Whether it is the disharmonious voices of women or the noises in the dark night of the city, the staring male subject feels frustrated, unfamiliar or even scared. Through the sound and noise, Liu Naou not only writes about the identity's frustration, but also implies that under the surface of imitating Western and Japanese literature, there may be hidden complex identity and even resistance exist.

Keywords: Sound, Shanghai Neo-Sensationism, Liu Naou, Modernity, Urban

[**] Chia-Hung Wu, Ph. D. student, Department of Chinese Literature, National Taiwan University

一、前言

　　劉吶鷗（1905-1940），活躍於上海的新感覺派作家、導演、電影評論家，這位生長於日治時期的台灣、求學於日本東京，最後到上海發展的知識份子，不管是小說創作、翻譯還是電影工作，成長經驗與時空背景使得他呈現複雜的認同。[1]以閩南語為母語的劉吶鷗，不論是在日本學習日語、在上海文壇使用白話文體寫作、使用「中文」與人交談，或是在上海震旦大學法文班學習法文，他都是使用多數語言的少數群體。[2]以小說創作而言，1924年由橫光利一、川端康成等在日本實踐的新感覺書寫，[3]1928年經由劉吶鷗翻譯日本小說《色情文化》與譯介，轉化出上海新感覺派，劉吶鷗對於法語與日語的閱讀與翻譯，也轉化成他自己創作中文新感覺小說的養分。[4]相對於殖民宗主國的新興文學流派，劉吶鷗通過多重語言的翻譯、模擬與再創造後，如何、或是否可能摸索出自己的文學「語言」？[5]

　　劉吶鷗的文學生涯建立在上海的都市新感覺，[6]而近年的研究則指出其模擬與承繼法國小說家帶有殖民意味的凝視視線。例如梁慕靈的研究，認為劉吶鷗的小說更多模擬殖民

---

[1] 劉吶鷗本名劉燦波，出生於台南首屆一指的望族，於1920年至1926年留學於日本，就讀東京青山學校中學與高等科，1926年畢業後在上海震旦學院、東京雅典娜・法蘭西語言學院學習法語與拉丁語，1928年後定居上海。參見林正芳，〈文明開化──一個日治時期台籍文化人的案例〉，收於康來新、許秦蓁編，《劉吶鷗國際研討會論文集》（台南：國立台灣文學館，2005），頁69-90。

[2] 研究者已經從劉吶鷗日記與好友回憶錄中，可看見劉吶鷗遊走於不同的語言之間，在不同朋友面前轉換語聲。另一方面，施蟄存等友人也指出劉吶鷗的中文夾雜著濃厚的台灣話口音。參見〔法國〕CUTIVET Sakina著，王佩琳、許秦蓁譯，〈劉吶鷗「新感覺派」1927年日記中的語文表現〉，收於康來新、許秦蓁編，《劉吶鷗國際研討會論文集》，頁121-142。

[3] 橫光利一等作家於1924年創辦刊物《文藝時代》，同年十一月評論家千葉龜雄以「新感覺派」統稱該派作家，論述其文學觀與特色。參見中川成美，《モダニティの想像力──文学と視覚性》（東京：新曜社，2009），頁103-114。

[4] 在既有的學術研究成果中，論述上海新感覺派的源起、都市性或比較法國、日本與上海新感覺派關係的論文已經相當豐碩，其中具有代表性的包含李歐梵著，毛尖譯，《上海摩登：一種新都市文化在中國1930—1945》（香港：牛津大學出版社，2000）、彭小妍，《浪蕩子美學與跨文化現代性：一九三〇年代上海、東京及巴黎的浪蕩子、漫遊者與譯者》（台北：聯經出版公司，2012）、史書美著，何恬譯，《現代的誘惑：書寫半殖民地中國的現代主義（1917-1937）》（南京：江蘇人民出版社，2007）、嚴家炎，〈前言〉，《新感覺派小說選（修訂版）》（北京：人民文學出版社，2009），頁1-35、趙家琦，《東京／上海：從日本「新興文學」視域重探日、中新感覺派的多重現代性交涉（1920s-1930s）》（新竹：清華大學中國文學系，2014年）；陳碩文，《上海三十年代都會文藝中的巴黎情調（1927-1937）》（臺北：政治大學中國文學系，2008年）……等研究。楊彩杰則於單篇論文中，以力學的意象形式討論三者的間的異同，則頗具創見從表述機制到使用的符號（漢字以及意象）進行討論，則為近年別開生面的研究成果。參見楊彩杰，〈文學風格的回應－保爾・穆杭、橫光利一和劉吶鷗〉，發表於《清華學報》新47.1，（2017.3），頁117-154。

[5] 在劉吶鷗1927年1月3日的日記中，就提及自己正在學習國音會話。對劉吶鷗而言，學習掌握不同於母語的主流語言，已經融入他的生活經驗之中，而這也提供研究者思考的空間：面對各式主流的「聲音」，劉吶鷗如何發聲？參見劉吶鷗著，康來新、許秦蓁編，《劉吶鷗全集》（台南：台南縣文化局，2001）日記集，頁34-35。本論文中凡引述劉吶鷗著作，皆出自此全集，為便於閱讀僅標明篇名頁碼，不再註明出版項。

[6] 彭小妍指出新感覺派小說中，主要以男性的眼光，結合上海特殊的商業環境、出版場域與都市文化，塑造

者的「視覺化表述」，意味著劉吶鷗套用西方殖民者凝視女性的視線套路來想像中國的現代化。以〈兩個時間的不感症者〉為例，劉吶鷗小說中被觀看的對象「處於靜態的被觀看位置，本身並不能發聲，而男性觀察者佔據了形塑和評價的位置」，而劉吶鷗的手法是「模仿殖民主義文學中的『殖民者凝視』而來。」[7]但是在視線之外，我們仍不明白半殖民地的上海如何「發聲」回應凝視視線，而始終帶著曖昧主體性的上海男性，又將如何面對這些來自凝視對象與自身內在的聲音／噪音？[8]

　　對於新感覺派小說中的聲音研究，郭詩詠以聲景（soundscape）做為討論的概念，認為聲景涉及了人與聲音的關係，以及人賦予聲音意義的方式。[9]留聲機等現代機器的出現，使得孤立的聆聽經驗變得可能，而現代都市生活獨特的聲音經驗，也使得討論新感覺派小說中的聲景顯得具有重要性。[10]

　　研究小說中的聲音，或許不僅可以從文學反映論，討論文學如何摹寫現實經驗，因為文學可能不僅是經驗的呈現，而更是轉化經驗，重新認知並且表述的思考機制。因而，除了考察當時上海有了什麼新的聲音體驗、聽覺經驗外，或許可進一步討論：聲音與視覺的

出作風洋派、吸茶、出入交際場與性開放的新女性形象。此外亦結合既有研究，指出中國新感覺派的書寫，與日本新感覺派有不同脈絡，劉吶鷗、穆時英等人的新感覺小說是在國民黨清黨、左翼文人興起的背景下，有意識追求娛樂、都市感覺的產物。參見彭小妍，《浪蕩子美學與跨文化現代性：一九三〇年代上海、東京及巴黎的浪蕩子、漫遊者與譯者》，頁 65-95。

[7] 學界將凝視與殖民聯繫在一起，較早的例子是史書美的開創性研究，近年則必須歸功於梁慕靈較晚的研究。參見梁慕靈，《視覺、性別與權力：從劉吶鷗、穆時英到張愛玲的小說想像》（台北：聯經出版公司，2018），頁83-93。

[8] 正如同史書美、梁慕靈等研究者探討新感覺派的凝視時，重點已不僅僅是外在媒體圖像、感知方式、電影畫面或都市景觀，而是更進一步探討觀看位置、觀看態度與視線隱含的殖民地情境、文化認同和情慾投射；本文探討劉吶鷗小說中的聲音／噪音，重點也不僅在於機械複製時代上海具體的流行音樂、噪音汙染或聽覺文化構建成的都市聲音，而更側重於與視覺可能共謀協力，但更多時候以「奇聲」樣態中斷視線、造成視聽不諧的聲音及噪音，背後可能具有的半殖民地認同（或不認同）及抵拒意義。

[9] 聲景概念，最初由加拿大作曲家 R. Murray Schafer 所提出，意指聲響環境中的各種元素。他指出聲音學（sonic studies）在不同的、獨立的領域中已有許多研究，如音響學（acoustics）、心理聲學（psychoacoustics）、噪音研究到音樂研究，皆關注人與環境聲響的關係，而聲景學則是要統合這些研究，聲景可以是任何聽覺研究的領域。就此而言，一方面音響學中關於音聲的物理性質、生理聲學乃至噪音聲學，與聽覺文化實為不同的研究領域、議題或進路，惟在聲響環境而言，則是聽覺能力、聲響與聲音文化共同構成整體聲景。在R. Murray Schafer 之後，社會學、民族學乃至音響生態學等領域的研究，則各從不同角度參與、深化關於聲景的研究及討論。參見 R. Murray Schafer, *The soundscape: our sonic environment and the tuning of the world*, (Verment: destiny books,1994), introduction, p.3-12；楊建章、呂心純，〈音聲空間研究的全球趨勢與本土回應初探〉，刊於《關渡音樂學刊》13（2010.12），頁 77-96 DOI：10.29873/GMJ.201012.0005

[10] 論中的研究探討小說中如何表現都市經驗中的聲音，思索文學文本與都市聽覺經驗的互文，意即將既有研究視覺經驗的研究方式，轉移至聽覺經驗進行研究，促使學界注意聲音的重要性，可說此論文有開創性意義。郭詩詠，〈上海新感覺派小說中的聲音景觀〉，《文學》春夏號，（上海：復旦大學出版，2018），頁 115-135；郭詩詠在另一篇論文中，則以機械複製時代流行歌曲出發，探討無線廣播的新興聲音媒介如何形塑現代聽覺體驗，而穆時英的小說中又如何援引流行音樂的資源進行互文性書寫。文中分析《某夫人》中只聞歌聲而不見摩登女郎身體，正如同機械複製時代的聽覺只聞樂聲、不見唱者一樣，同樣構成「視覺的缺席」，提供除劉吶鷗之外，其他新感覺派小說家的「視聽不諧」書寫。這部分受益於匿名審查人的提醒，謹此致謝。參見郭詩詠，〈欲望政治與文化身份想像——穆時英小說、流行音樂與跨文化現代性〉，刊於《文學與文化》第 2 期（2018），頁 102-110 DOI:10.13896/j.cnki.wxywh.2018.02.014

關係、被誰聽見、為何聲音開始具有不同意義？而這些討論，引導出的答案，指向的不是物質技術發展的成果，而是在 1920-1940 年的台灣、日本與上海間，身為一名跨國移動的東亞知識份子，在日語、中文、法文、閩南語多種語言的拉鋸之間，劉吶鷗的努力，是否可能具有「多數語言的少數使用」的廣義意義，意即聲音可能是一條線索，允許我們討論小說家如何嘗試跨越主要與次要的邊界、模擬主要視線與凝視位置，卻又呈現了男性視線遭遇的挑戰／挫敗，以及難以發聲的失語情境。

在劉吶鷗的小說中，視覺與聽覺的書寫皆頻繁出現，但是對於小說中的男性聚焦人物或敘事者而言，兩種知覺卻有著不同的意義。此外，文本中對於兩種知覺的描寫方式，也存在著差異。如果說劉吶鷗筆下的視覺是對殖民視線的擬造與轉化，那麼他筆下的聽覺，卻潛伏了顛覆、挑戰凝視者的可能性。這種雙重性，或許可以藉以解釋劉吶鷗既模擬西方及日本，但又身為少數群體的特殊性，並深化詮釋其認同所具備的複雜性。

二、小說中的視聲不諧──技術、感知與辨義

（一）視覺[11]與聲音的差異：書寫技術與感知方式

探討都市聲音，首先應注意聲音與噪音的都市特性，不只是聲音從牛車變成汽車、鐘聲從寺廟變成教堂等等物質條件的差異。另一方面，聲音或噪音的特性，也應當和小說中的都市視覺相比較。

劉吶鷗小說中對視覺與聽覺的書寫確然存在差異。對於視覺的側重，不僅是敘述視覺感官的篇幅較多，在文學技術的層面上也有意追求視覺性，[12]這可能與他對日本文學技巧的吸收學習有關。[13]王志松即曾就劉吶鷗對於日本文學的翻譯，指出劉吶鷗的翻譯不僅是直譯，並且在選擇更具視覺性的翻譯語彙與語意，使得翻譯文本加強了「新感覺色彩」，

---

[11] 陳孟君綰合敘事技術與都市心病，從視覺經驗、視覺技術到視覺隱喻，探討新感覺派的內在精神。如果說新感覺派小說中的視覺，揭示了所謂「心之眼」與「心眼」的都市觀照與精神圖像，那麼聽覺又與視覺間處在何等的關係及位置，即值得探究。這部分關於新感覺派視覺的研究，參見陳孟君，〈影戲眼／心眼／心病的多層視窗：上海新感覺派小說中視覺書寫所繪製的心靈圖像〉，刊於《中正大學中文學術年刊》第 13 期（2009.6），頁 49-80。

[12] 上海新感覺派對於視覺的側重，除直接呈現於文本敘述中，也表現於郭建英在新感覺派刊物中的漫畫。例如，劉吶鷗小說〈殺人未遂〉刊登於穆時英、葉靈鳳所編的《文藝畫報》1934 年 1 卷 2 期時，就附有郭建英的插圖，頁 13、15-16。

[13] 就影響線索而言，不論是保羅穆杭或是橫光利一，皆相當重視視覺性。楊彩杰論述法、日、中新感覺派的影響與差異，即指出穆杭重視視覺直觀，而橫光利一更著重通過漢字特性建立文體。橫光利一並不僅僅重視漢字符號，更利用漢字偏旁預先建立直觀形象，開創出獨特的文體。參見楊彩杰，〈文學風格的回應－保爾‧穆杭、橫光利一和劉吶鷗〉，頁 134-138。

例如「あげる」原文只是日文慣用的提高聲音，劉吶鷗翻譯為「高舉」，可以看出其對視覺性的側重。[14]

　　事實上，謝惠貞就指出劉吶鷗的〈遊戲〉仿作自橫光利一作於 1927 年的小說〈皮膚〉，在以男性為多數的上海讀書界建立起跨國經濟、半殖民地與摩登女郎構築成的新感覺文本。劉吶鷗誠然受到日本新感覺派許多啟示。[15]以小說創作而言，從翻譯與學習得到的影響與啟發，或許更多是在視覺層面。以〈遊戲〉而言，視覺摹寫的實踐例如小說最開頭描寫「魔宮」般人人籠罩於「魔力」的探戈宮：

> 男女的肢體，五彩的燈光，和光亮的酒杯，紅綠的液體以及纖細的指頭，石榴色的嘴唇，發焰的眼光。[16]

這整段皆是視覺摹寫，從器物、亮度、形狀、顏色、型態（液體）到譬喻（石榴色、發焰），敘述的方式是盡可能以白描呈現視覺，並且結合譬喻以完成具有象徵性的畫面：舞廳中的燈光、音樂與情慾交融成現代都會的魔力，並將人襲捲吞噬。與魔宮般的舞廳相較，個人的寂寞感似乎提供暫時的救贖，繁亂的畫面「從我的眼界消滅了」，而聲音通過個人情感的轉換成為具有田園意象的聽覺經驗。[17]

　　小說接著敘述他「瞟了她一眼」，「忽然空氣搖動」，打斷了他的情緒：

> （音樂）警醒地鳴叫起來。正中樂隊裡一個樂手，把一枝 Jazz 的妖精一樣的 Saxophone 朝著人們亂吹。繼而鑼，鼓，琴，弦發抖地亂叫起來。這是阿弗利加黑人的回想，是出獵前的祭祀，是血脈的躍動，是原始性的發現，鑼，鼓，琴，弦，嘰咕嘰咕……[18]

從亂吹、亂叫與嘰咕嘰咕看出聲音的混亂與難以辨別意義，因而更接近於噪音。理解噪音的方式，則是想像成原始的、危險的部落族群。不論是田園自然般宜人的駱駝鈴響，或是

---

[14] 王志松，〈新感覺文學在中國二、三十年代的翻譯與接受——文體與思想〉，《日語學習與研究》2（2002），頁 68-74，引用處見頁 69-70。

[15] 謝惠貞，〈日本統治期台湾文化人による新感覚派の受容——橫光利一と楊逵・巫永福・翁鬧・劉吶鷗〉，東京大學人文社會系研究科博士論文，藤井省三教授指導，2012 年。轉引自柳書琴，〈魔都尤物：上海新感覺派與殖民都市啟蒙敘事〉，《山東社會科學》2（2014.02），頁 39。

[16] 劉吶鷗，〈遊戲〉，《劉吶鷗全集》文學集，頁 31。

[17] 川端康成對於新感覺派的解讀，認為所謂「新感覺」並非是發掘新的感官。相較於舊文學書寫味覺是將舌頭放至大腦，再通過大腦解釋味覺，川端康成認為新感覺書寫是不通過大腦處理，力圖直接呈現、保持感覺的新鮮性。參見王志松，〈新感覺文學在中國二、三十年代的翻譯與接受——文體與思想〉，《日語學習與研究》2（2002），頁 69。也就是說在寂寞感中將城市看成沙漠、在腦中轉化聲響的感知模式，同時也是較為傳統的知覺方式，然而樹枝微風與駱駝鈴響皆是暫時的，「探戈宮」的魔力也只是現代都市的冰山一角。小說最後，敘事的主角仍然無法避免被捲入現代機制之中。

[18] 《劉吶鷗全集》，頁 33。

混亂、躁動的爵士樂與黑人祭祀樂，都難以調度更多語彙直接抓住聽覺經驗進行摹寫，而是轉而以聲源的歸屬或概述來描述，前者如形容聲音是「黑人的回想」、「出獵前的祭祀」；後者如形容聲音是「原始性的」，都是說明性的描述，只有「發抖地」是運用肢體的顫抖直接描寫聲響的狂亂。小說中敘述步青聆聽爵士樂的聽覺音樂，試圖描述人物對聲音的感受，而在描寫技術上，對聲音或噪音的書寫不同於視覺，顯得難以描繪。亂吹、亂叫與嘰咕嘰咕的爵士音樂，匯流在「探戈宮」的整體「魔力」中，讓小說主角麻痺在「音樂迷夢中」、沉浸於與情人的舞蹈，直到深夜他們離開舞廳，意即在這裡視覺與聲音的描寫，同樣是為了書寫現代機制中的都市洪流；但是，可凝視細數的視覺，與難以辨義、難以說明的聲音之間仍存在顯著差異。又如小說中描寫離開舞廳的情景：

> 街上四下裡已經靜悄悄的了。兩排的街燈在那的白霧裡露著像肺病的患者的臉一樣的微弱的光線。遠遠地只聽見著修路工人的鏗鏗的錘聲。樹蔭裡，鴟鴞忽然叫了兩聲。[19]

從小說開頭至此的聲響分為「可以辨義掌握的聲音」與「不可辨義、難以掌握的噪音」。相對於可以辨認意義的聲音，噪音似乎更有力量、更具威脅性。小說開頭當步青沉浸在文明毀滅的感受與寂寞感當中，他將聽到的都市噪音轉化為可以理解、融合他自身情感的聲音、以及「太古的沉默」。但是，「亂吹」、「亂叫」的樂音捕捉、麻痺了步青，讓他陷入「音樂性的迷夢」，而回到現實時已是沉默的、只有鐵槌聲與鴟鴞聲的城市。視覺與聽覺在此處再次呈現差異：視覺的形象清楚出現於眼前，而聽覺中的錘聲、鴟鴞夜啼則皆是從昏暗，甚至遙遙視線不可及之處傳來的聲響。敘事中可以明確將眼前白霧譬喻為「肺病的患者的臉」，而都市中不可解的聲音卻呈現為頑固的聲響自身。[20]

不論是爵士樂或是鐵錘聲，都是難以辨別意義，並且中斷步青當下的主觀情感，將他拉回「現在」的都市噪音，這些噪音阻斷了小說中的主角步青沉浸在他的主觀時間。

劉吶鷗的小說中經常以視覺書寫片段化的景觀，表達凝視的感官感受，例如：

> 迷朦的眼睛只望見一隻掛在一個雪白可愛的耳朵上的翡翠的耳墜兒在他鼻頭上跳動。他直挺起身子玩看著她，這一對很容易受驚的明眸，這個理智的前額，和在它

---

[19] 同前註，頁 36。

[20] 趙家琦考索日本新感覺派的源起脈絡，指出千葉龜雄所述，蓋新感覺派是挖掘並發現感覺的奧妙，且以具有象徵性的詩般的語言及特殊節奏呈現，通過藝術化過程呈現主體與世界的連結。所謂新感覺，並不是肉身知覺，而是在技術上、感知上皆更細緻探索事物在表象下的實質。參見趙家琦，《東京／上海：從日本「新興文學」視域重探日、中新感覺派的多重現代性交涉（1920s-1930s）》，頁 40-43。若據這樣的界定而言，本文則認為在劉吶鷗的實踐中，視覺書寫的意象性呈現得更為鮮明，光線與肺病患者的連結，明確連結了都市與人物主體之間共通的現代病態，可說是新感覺的發現與實踐。與此相較，聲音的象徵性與事物的實質，則往往顯得較不鮮明。

上面隨風飄動的短髮，這個瘦小而隆直的希臘式的鼻子，這一個圓形的嘴型和它上下若離若合的豐膩的嘴唇，這不是近代的產物是什麼？[21]

敘述男性凝視都會女性的視覺經驗，從觀看者視線的貼近、模糊開始，並詳細敘述觀看所見的細節，從顏色、觀看的姿態、大小形狀、風格與若即若離的動態，書寫的不只是身為「近代的產物」的摩登女郎，也是相應凝視著近代尤物的現代視線。小說並不僅僅以情節、題材完成對摩登女郎的凝視，視覺經驗的可表述性與透明性也和小說的文學技法緊緊合拍。可見的明晰性與白描摹寫的可敘述性緊密結合。

但是，相較於可以凝視／敘述無礙的女性外貌（摩登女郎身為近代的產物也使人聯想為都市景觀），聽覺的感受卻不同於視覺可以在透明櫥窗展示式的景觀下，聚焦於片段化的感官。聽覺經常受制於難以界定聲音，甚至難以確定聲音的方位，而聲音或噪音也往往具備著侵略性或中斷性，隨時可能打斷小說中人物的默想或凝視。

劉吶鷗小說中人物與都市的關係並不一定是緊張的，但是都市中的聲音或噪音，和小說中的主要人物卻經常保持疏離的關係，聲音或噪音總是外來的、陌生的。在這樣的觀察下，小說〈遊戲〉的結尾顯得值得深思：

不禁一陣辣酸的笑聲從他的肚裡滾了出來。鋪道上的腳，腳，腳，腳……一會兒他就混在人群中被這餓鬼似的都會吞了進去了。[22]

笑聲變成都市中的聲音，而這樣的聲音是「從肚子裡滾了出來」的辣酸的笑聲。橫光利一1928 年在一篇長文〈新感覺派的研究〉中，試圖說明陳舊的、常識性的敘述與新感覺式的敘述在認知觀上的差異。橫光利一以叨絮的摩登女子為例，指出新感覺式的描寫會是「她敲打著她絮聒的舌頭」，敲字同時具有動態性與音樂性、可連結到現代化的打字機，並且其動態延續性可以代替時間副詞等等，皆可以表現出科學、簡潔的現代感知。[23]在〈遊戲〉中最後一段的敘述中，也可以看出藉由「滾出來」、「吞進去」的意象，強化聲音的陌生化與特殊認知，也較接近橫光利一的觀點。但是另一方面，聲音與噪音的連結、意義的不可辨認，則或許是劉吶鷗小說中的發明。當聲音從辣酸變成都市中混雜聲音的一部分時，或許可以說聲音就變成了噪音。

在〈遊戲〉這篇小說中，不論是主角步青、情人移光或是未現身的情敵（威脅），都是生活在現代都市之中的青年男女。小說中強調步青眼裡的情人，具有西式的面貌：「希臘式的鼻子」、「近代的產物」，而小說中的根本焦慮，則是西化的情人將被有著「卓別林

---

[21] 《劉吶鷗全集》，頁 34。

[22] 同前註，頁 43。

[23] 本段關於橫光利一的論述，參見趙家琦論文中的綜整，《東京／上海：從日本「新興文學」視域重探日、中新感覺派的多重現代性交涉（1920s-1930s）》，頁 68-69。

式的鬍子」、雇用「黑臉的車夫」的情敵奪走。小說書寫的，是在愛情上受挫於更富有、更西化的情敵的挫敗感。小說呈現將西化等同於現代化的半殖民地特性，主角追求的是仿擬殖民者的視線，凝視他的情人，然而他的仿擬終究失敗了，而他的笑聲最終融會在城市不可理解的噪音之中。再一次，視線與聲音間呈現分歧。

如果說透明的凝視視線與敘述的文學技巧，是融會殖民視線、新式技術以擬造觀看半殖民地上海的策略；在都市經驗中的聲音與聽覺，卻往往並未共同參與在同樣的模式中。與此相反，都市中的聽覺與噪音，不論是在人物的理解層面，或是小說的敘述技術層，都展現出不透明性，甚至是陌生性。如果說，劉吶鷗援借法、日文學資源，也試圖在文學中追尋上海乃至現代中國的新感覺，那麼他顯然並不只注意到可以被明確掌握、較具透明性的視覺，而同時也揭露上海存在著的聲音／噪音：嘈雜、亂叫或難以辨義。

聲音與噪音之間應有不同、更不用說純粹聽覺、音樂、聽覺文化和都市聽覺經驗皆屬不同層次的概念，但是正如同前述，爵士樂、都市車流與施工噪音，同樣在敘事者半殖民地男性的感知中，被同一化、揣想或感受為嘈雜躁亂之聲，正如同聲景的討論其實並非專注於孤立的聲音，而是聲音與環境形成的聲音景觀，因而從自然音、語音、音樂到噪音，都在小說中匯聚為上海的整體聲景。其次，因為小說中揭示的並非僅是聲音本身，而是賦予聲音意義，乃至可以明確辨識聲音意義的能力／標準往往並不存在。這或許是因為，聲音書寫並不像視覺技術有較明確具體的仿擬對象／技術，另一方面也可能涉及東方音聲（國際化上海的多重語音、洋涇濱英語）本身的不純正。聲音的不可視性、難以表記，乃至在小說摹寫技術上的單調直截，所透露出的意義不透明，都使得聲音和視覺間呈現出落差。本文意在指出，這樣的落差或許就意味了劉吶鷗小說中的都市經驗，乃至認知／發掘／描寫新感覺的感知策略，並不僅只側重於視覺而已。

（二）不可理解的聲音／噪音

劉吶鷗小說中出現的究竟是可以辨別意義的聲音，還是無法辨義的噪音？如果小說的敘事總是通過特定男性「我」或「他」的角度進行，那麼聲音如何被「我」或「他」聽見，是否能辨別意義，也就能更進一步釐清聲音或噪音可能有的意義。

比起〈遊戲〉中只是以情敵有著「卓別林的鬍子」暗示西方男性的形象，小說〈熱情之骨〉描寫的則是法國青年男子比也爾，因為厭倦了巴黎「灰色的曇空」、於是拋棄了「那灰霧裡的都市」，到「東洋」追尋理想、浪漫的愛情故事。小說開頭敘述比也爾走在秋陽下「被閒靜侵透的街道」，散步走到一間有著玻璃櫥窗的花店。他「看見」被展示的花朵正在「笑語」，而一位東方尤物與商品同樣進入視線。[24] 花店的玻璃櫥窗許諾消費視線的可

---

[24] 劉吶鷗，〈熱情之骨〉，《劉吶鷗全集》文學集，頁 84。

見與透明，因此假想的花朵聲音並非噪音，而是來自西方的凝視者可以輕易辨認意義的談笑、吵鬧、好樂與怕羞。門口的英文標示則從另一方面再次強調聲音／語言的可辨認性。聲音對比也爾而言預先被設定為透明的、可掌握意義的聲響。就連金絲雀的叫聲「啾，啁，啁啾。」都可以直接被想像成「像說著『我也要吃』似的叫了兩三聲。」[25]視線的透明性，暗示著在商業情境中商品／上海／東方女性被展示在可消費的視線中，既是現代化的事物秩序，也是觀看與被觀看的位階。[26]

　　隨著小說進展，比也爾與這位女性（讀者在最後的信件署名才知道她叫做玲玉）的關係越來越緊密，但比也爾並未認識多少關於玲玉的生活經歷。小說更強調比也爾認識玲玉的方式：

> ……至於她的家庭怎麼樣呢，比也爾是不明白的。……他所關心的究竟是她一個人。他若能夠時常聽見她那講起外國話來有特別魅人的聲音。能夠不時看見那對神秘的黑眼睛，他是什麼都可以不問的。[27]

根本而言，比也爾並不十分關心關於玲玉的一切，而主要耽溺於玲玉的聲音與黑眼睛。黑眼睛既是具有異國情調的「神秘」、而講「外國話」的口音也是另一種異國情調的呈現。差異的內涵與深度對比也爾而言無關緊要，因為對於他而言意義是透明的、可以馬上確認理解，正如同觀看玻璃櫥窗中的花。「聲音」在這裡之所以得以被掌握，並非因為語言，而是由於比也爾將觀看的凝視方式也應用在聽覺，而「怕聽見」則暗示了這樣的聽覺策略可能隨時遭遇挑戰。

　　當比也爾對於玲玉的幻想破滅時，比也爾開動引擎，「寂靜的水上被發動機的聲音打破了」，當他們從船上回到岸上，這時比也爾聽見：

> 突然透過一層寒冷的空氣來了一陣長長短短，斷斷續續，嘈雜不齊的汽笛聲。街店的玻璃也在響應了。他這時才知道他忘了這市裡有這麼許多的輪船和工廠。[28]

不論是汽艇引擎聲或是汽笛聲，這些中斷原本「寂靜」的聲響，都是無法加以浪漫化、賦予意義，甚至辨別出意義的噪音。聲響純然只是無意義的聲波傳遞，而比也爾既被打斷、更無法掌握。而當最後玲玉以「不大高明的外國文」寫了一封信諷刺比也爾追求浪漫愛情

---

[25] 同前註，頁 91。

[26] 穆時英在小說〈Craven「A」〉中，也同樣以商店櫥窗譬喻對摩登女郎的凝視與欲望，不同的是在〈Craven「A」〉中凝視的男性並非顧客，而是店員，除了凝視以外更可以在休業時間上下其手。不論是劉吶鷗或是穆時英，都通過商店櫥窗書寫了男性視線對於女性在消費與掌握層面的欲望。參見穆時英著，嚴家炎、李今編，《穆時英全集》，（北京：十月文藝出版社，2008），頁 297-298。

[27] 《劉吶鷗全集》，頁 91-92。

[28] 同前註，頁 95。

的癡想時，第三世界不純正的語言反過來挑戰了比也爾。[29]不論是玲玉說著「外國話」所帶有的亞洲口音，或是不純正的外國文，或許可以藉由德勒茲與瓜達里所說「多數語言的少數使用」說明。[30]玲玉在小說中的象徵意義，正在於呈現凝視視線的不穩固，並且透露被觀看／弱勢者挑戰凝視，追求自主性的可能。

　　在劉吶鷗小說中，視覺的凝視、透明化的觀看，是時常在小說中出現的觀看方式，那麼相同的觀看方式也往往被挪用為聽覺的態度，以及一種聆聽的策略。不論是前引〈遊戲〉中對車聲、對爵士樂的主觀想像，或是在〈熱情之骨〉中通過透明櫥窗而「聽見」的聲音，都可以看出相似的主觀與武斷。但是，在小說中這樣的聽覺、辨別聲音意義的方式時常被挑戰，一旦發覺聲響的意義無法掌握、甚至體認到聲響的位置、聲響和畫面的不協調，往往都帶給觀看／聆聽的男性人物驚詫及挫折。〈風景〉敘述火車上偶然相遇、短暫結合的男女，男主角燃青正肆無忌憚凝視眼前的都會女性，但是聲音卻驟然打斷他的凝視活動並帶來驚詫：

> 最有特長的卻是那像一顆小小的，過於成熟而破開了的石榴一樣的神經質的嘴唇。
> 太太，當然不是，姨太太更不是。女學生，不像這年紀……燃青正在玩味的時候，
> 忽然看見石榴裂開，耳邊來了一陣響亮的金屬聲音。
> ──我有什麼好看呢，先生？
> 燃青稍為嚇了一下，急忙舉起眼睛來時恰嚙了她的視線。兩顆含著微笑的銀星
> ……他的驚愕增大了……[31]

---

[29] 趙家琦從日本「エロ文化」的知性感情觀脈絡，論述上海新感覺派以知性文化觀形塑兩性對照模式，男性人物總是較為感性，相較之下摩登女郎則更為知性現代，郭劍英漫畫中更以「無感傷主義」為摩登女郎的特徵，而劉吶鷗〈熱情之骨〉中追求浪漫愛情的男性與要求過夜資的女性也同樣呈現知性與感性的對照。參見趙家琦，《東京／上海：從日本「新興文學」視域重探日、中新感覺派的多重現代性交涉（1920s-1930s）》，頁 172-173。有趣的是在小說中比也爾與玲玉不僅是性別的差異，更是文化族裔上的多數與少數對照。當半殖民地的東方女性反過來掌握現代化的知性，也就帶有現代性在地化，並反過來挑戰多數（男性／西方）的意義。

[30] 德勒茲與瓜達里的「少數文學」（minor literature），其定義是對多數語言的少數化使用（a minority constructs within a major language），而不是少數族裔或少數語言的使用。在少數文學中，一切都是政治的、具有群體意義。更重要的是，少數文學指向語言的解域（deterritorialization），意指語言相對於飲食，本是一種對於口腔的解域，卻通過意義的再分域以彌補解域。卡夫卡的小說中，在他不正統的德語書寫裡通過聲音、音節的拉長或者重複，讓語音失去已被分配的意義，而走上逃逸路線（a line of escape）。德勒茲與瓜達里指出少數文學的意義，正在於解域與逃逸的革命性。隨著理論不斷深化，在德勒茲後期理論中「少數文學」的概念更加擴大，雷諾·博格（Ronald Bogue）就指出，事實上在德勒茲的《對話錄》中少數文學已經「不是一個特定的文學類型，而是文學之名，文學都該如此。」德勒茲深思的是文學與語言的逃逸路線，是所有書寫脫離僵化機制的可能性。也因此，通過少數文學的概念確實有助於思考劉吶鷗小說中的聲音，除了對法、日文學的技術模擬、都市經驗的再現，或是認知與文學策略的革新以外，是否還可能具有其他深刻意義與反思性。參見 Deleuze and Félix Guattari, "What is a Minor Literature", Kafka:Toward a Minor Literature, trans. By Dana Polan (London: The University of Minnesota Press,1986). pp.16-27；雷諾·博格（Ronald Bogue）著，李育霖譯，《德勒茲論文學》（臺北：麥田出版，2006），頁 274-275。

[31] 小說中的男性主角「燃青」雖然受到摩登女郎聲音及視線的逼迫而顯得有些招架不住，然而他仍然大膽向

　　燃青對於女性的凝視，使他將視線凝聚在女性的嘴唇，並將之物化視為「石榴」，是可以吞食的「食物」，但是當食物破裂、發出聲音時，聲響的突兀與不和諧卻不能直接帶來意義。凝視的視線試圖征服摩登女性，但「食物」，「石榴」的破裂、發出的雜訊卻拒斥順服。

　　男性對女性嘴唇的凝視，將之視為是食物，符合口、齒與舌頭應有的位置：飲食，然而女性發出的聲音，卻使得口腔與舌頭解域，此解域正是對凝視視線的挑戰。視線與聽覺的衝突，或許應當理解為劉吶鷗自身認同的矛盾。當他複製了穆杭小說中凝視東方女性的西方視線時，在文化、語言等層面都顯示出對於法國、日本的模擬與憧憬，但是聲音的解域，卻折射出劉吶鷗對於模擬本身的疑慮，以及自身視線／聲音不夠正統的自覺。

　　在德勒茲與瓜達里的理論中，卡夫卡小說中的解域提供的是逃逸的可能路線，但是對於一個次要者、生於第三世界殖民地卻嚮往並學習歐洲電影、日本文學的劉吶鷗來說，聲響對穩定意義的偏離，噪音中不透明且無法掌握意義的特質，則呈現了對外國優勢文化既仿傚又有所抵抗的雙重性。其小說勾畫出在上海多元化、破碎化殖民情境中對於西方物質現代化的迷戀、對於西方語言及視線的模擬，乃至「奇聲」對凝視的阻斷與挑戰，如此多重且複雜的書寫，或許正指向了半殖民地現代性[32]的所在。

　　如果說「噪音」的無法辨義，允許的其實是逃逸主流語言／主要聲音的可能路線，對於嘗試模擬殖民主義視線、學習各種主流語言的劉吶鷗而言，小說中「噪音」的意義就顯得相當曖昧。小說中試圖複製殖民者視線的男性，以及形式上對法國、日本文學技巧的模擬，或許也可以視為是一種「多數」的「少數化」使用，小說中視覺與聲音的不和諧，正顯示出殖民者視線與少數聲音的解域之間的衝突。相較於對於女性的凝視，小說中的聲音則是不穩定的伏流，時時暗示殖民視線的不穩固，與男性隨時可能受到的挫折。[33]

　　摩登女郎調情。正如同好萊塢老電影中，「蛇蠍美人」仍處在男性人物與男性觀影人的雙重凝視之下，事實上在這篇描繪露水姻緣的小說中，金屬性的奇聲與摩登女郎的凝視，最終似乎匯流於對摩登女郎的慾望中，可見聲音並不必然與視覺完全斷裂，有時也可能是共謀。又如，在〈遊戲〉中通過電話傳來的摩登女郎話聲，讓步青耽溺掂想於對方的姿態，在此現代化的電話聲響、公園與汽車，也共同織就、共謀於投向摩登女性的慾望圖景。這一點受匿名審查人啟發，特此致謝。劉吶鷗，〈風景〉，《劉吶鷗全集》文學集，頁47。

[32]　論者已經指出中國新感覺派的現代性，實際上包含了藝術先鋒性、無產階級抗爭性與都市文明現代化等多重角度的議題，而在其歷史化的論述中，則呈現「現代主義」如何在多重因素動態性交互影響下不斷發展。參見趙家琦，《東京／上海：從日本「新興文學」視域重探日、中新感覺派的多重現代性交涉（1920s-1930s）》，頁 14-37。本文則是從聲音與視覺的關係，進一步探討在劉吶鷗小說中，所呈現出的多重現代性實踐。

[33]　視聲不諧亦出現在其他新感覺派作家的文本中。例如，穆時英小說〈某夫人〉中，〈銀座行進曲〉的歌曲總是聞聲不見人、不斷隔著門牆迴盪於日本軍官耳中，暗示著摩登女郎的性感，然而小說中 Madam X 的裸裎形象卻付之闕如。這或許不僅如郭詩詠所說，是和機械複製技術互文的「視覺的缺席」，從小說最後山本忠貞只能聽著門外的歌聲，而始終無法遂行欲望的安排看來，這位身在東北長春的殖民者無疑是被抵拒與嘲弄的對象，原本是日本流行音樂的〈銀座行進曲〉在「帶一點漢城口音」的、Madam X 不純正的歌聲中，也被翻轉為「多數語言的少數使用」，形成對殖民者的諷刺及抵拒。參見穆時英著，嚴家炎、李今編，《穆時英全集》，頁 127-132。

三、象徵性、噪音與浪蕩子失語：中日新感覺派的不同側重

　　1928 年是劉吶鷗在上海文壇正式登場的一年。這一年他開始發表中文小說創作，並且親自編選、翻譯出版了日本小說集《色情文化》，包含片岡鐵兵（片岡鉄兵，1894-1944）、橫光利一（1898-1947）等小說家的小說，小說集中的第一篇小說是片岡鐵兵的〈色情文化〉，和劉吶鷗後來發表的小說〈風景〉有十分相似的開頭，足見劉吶鷗確實受到日本小說的影響。中日新感覺派，同樣在視覺層面與電影事業投入相當多的關注，然而在聲音實踐上，則存在著差異，下節即針對此點進行考察。

（一）可內化的象徵聲音：片岡鐵兵與橫光利一

　　片岡鐵兵的〈色情文化〉描寫敘事者 B 是一名逃離都市，避居於鄉間的年輕人，而都市文明、火車正在侵入鄉間。小說中不斷重複描寫鄉村中的噪音：小學生們歡快吵鬧玩耍的笑聲與噪音。小學生們的鬧喊充滿生命力並象徵未來的可能性，但是小孩們的聲音卻也不斷被外來的都會女性、火車的都市聲音影響。

> 那天整天我的肚裏不時留著哇啊的歡聲，由我身體的內部奇癢地鼓著我的耳膜。[34]

> 入夜了。我被衝動的鼓勵想從這兒出去找他們的客棧，我疑心我身上像有毒素的幼小的心靈藏匿著一樣，靜靜地聽著耳邊的歡聲。[35]

　　劉吶鷗在《色情文化》的譯者題記中，指出這些所選的小說具有一定程度的群體性與政治意義。[36]片岡鐵兵小說中的小學生，做為群體活動、隨著學校的鐘聲與村落的火車影響其聲音的複數兒童，代表的不只是單一的個體，也可以視為民族的未來可能性。小說中的 B 被小學生的聲音影響、感受到體內小學生的聲音，正因為他們同屬於受到都市文化、資本主義威脅的民族。於是，這樣的一篇小說，也就具有民族寓言的特性。在〈色情文化〉中片岡鐵兵書寫聲音，著重於向內在心靈轉化，具有象徵性與穿透性的面向。無邏輯的、跳脫的聲音雖然帶來不安，但這樣的聲音也可能和內在的聲音互相滲透，而具有國族政治的意涵。

---

[34] 片岡鐵兵，〈色情文化〉，《劉吶鷗全集》文學集，頁 249。
[35] 同前註，頁 249-250。
[36] 劉吶鷗，〈譯者題記〉，《劉吶鷗全集》文學集，頁 229-230。

　　橫光利一的新感覺觀亦並非著重在五官的感知，而是通過主觀、理性之知超越表層五官，達致深層知識。因此新感覺追求統合主客的、具有象徵統合性的認知。表現在《上海》，則小說中的人物往往具有象徵性，[37]重視由表層感知轉化為主客融會、具有象徵意義的認知，因而可與片岡鐵兵小說中的聲音對照解讀。

　　林少陽則指出在《上海》中，橫光利一進行的文學實驗，「該文本的聲音上的特點是將內容上的聲音及語言這一直接引用完全省略」[38]，橫光利一書寫的聲音，排除了直接內容上直接表現的聲音，反而是用動作、視覺，以及整段語詞的發音及節奏感來象徵畫面的聲音。意即，橫光利一並非是忽視文字表音，或是文本內容中實際存在的聲音，但是橫光利一一方面實踐他所主張的文章體，不以狀聲詞而多以漢字偏旁、表音方式來進行文本敘述，另一方面仍通過日語的音節暗示節奏，藉此既不同於音節中心主義的口語化運動，又並非僅是僵固於漢字的使用。[39]

　　從片岡鐵兵的〈色情文化〉到橫光利一的《上海》，問題層次雖然牽涉頗廣，既是文本內容、情節上內外聲音的轉換，而也涉及到文本表述層次上，符號的使用與實踐，乃至背後回應日本近代以口語體書寫的國語運動之脈絡。不過，二者實具一同樣的性質，即在對聲音的認知與表述上，日本新感覺派的實踐，並非是還原聲音的感官性，而是發現聲音的象徵性。正如橫光利一以象徵主義為新感覺派的唯一技巧，[40]所謂的「象徵」實際上意味著具體感官聽覺的可轉化、可認知性。

　　相較於橫光利一與片岡鐵兵轉化、強調聲音的象徵層面，而相對較不重視直覺的、感官的聲音，劉吶鷗的聲音書寫，則經常直接以狀聲詞呈現，或者反過來將聲音陌生化，呈現聲音不可理解的一面，前文論述〈遊戲〉中的爵士樂或鐵槌聲即是案例。

　　不僅是文本內容的聲音，在文本表述上，不同於橫光利一、片岡鐵兵所處的日本脈絡，劉吶鷗面對的並非是在口語體與書面體之間的抉擇與實驗，而毋寧是浪蕩子的混語書寫。[41]在劉吶鷗的小說中，屢次直接書寫法文，呈現語聲自身的混語和差異，[42]不論是歷史脈絡或書寫實踐，都呈現出與日本新感覺派的不同。

　　針對劉吶鷗選譯的《色情文化》，藤井省三指出集中的小說全出自 1927 年，而 1927年正是昭和戰前史的時期，是昭和的正式起點，日本民主主義走向終結，極右派與軍人掌

---

[37] 彭小妍，《浪蕩子美學與跨文化現代性：一九三〇年代上海、東京及巴黎的浪蕩子、漫遊者與譯者》，頁178-192。

[38] 林少陽，《「文」與日本的現代性》（北京：中央編譯出版社，2004），頁 122

[39] 同上，頁 110-127。

[40] 彭小妍，《浪蕩子美學與跨文化現代性：一九三〇年代上海、東京及巴黎的浪蕩子、漫遊者與譯者》，頁178-184。

[41] 同前註，頁 54-81。

[42] 例如在〈禮儀與衛生〉中，劉吶鷗不翻譯而逕自直接寫出法文的對話。劉吶鷗，〈禮儀與衛生〉，《劉吶鷗全集》文學集，頁 113-140。

握權力；而在中國，國民黨則在 1927 年發動清黨。[43]《色情文化》中的小說，往往觸及中日關係，而在藤井省三看來，在動盪的 1927 年選擇、翻譯這七篇日本小說，在這些以中日關係及現代主義為主題的小說集的翻譯過程，劉吶鷗也在建立自己的「世界觀」。[44]

若說在《色情文化》中，表露出劉吶鷗對於日本新感覺派的理解，除了原本的新感覺脈絡以外，也更涉及與劉吶鷗自身更相關的中日關係。對劉吶鷗而言，問題並不只是口語和書面，而是由於歷史情境而導致的雙語乃至多重語言、多重認同的特殊處境。若《色情文化》譯本是劉吶鷗在「述說自己的世界觀」，[45]那麼當劉吶鷗從翻譯轉向小說創作，他在小說中的聲音書寫，或許就延續了他自身「現代主義世界觀」的建構。劉吶鷗小說中的聲音，往往呈現不能化約、馴化的原聲，而聲音難以理解與化約的特性，又往往挑戰了凝視的透明性，而具有潛在的抗爭意義，此外也更著重浪蕩子在面對噪音的驚詫時，失語的狀態，下文繼續就此論述。

（二）摩登噪音與浪蕩子的失語

如果說在〈色情文化〉中，片岡鐵兵書寫的聲音，具有群體性的象徵意義，小學生與 B 的內在聲音可以互相交匯融通，那麼在劉吶鷗的小說中則有不同的聲音樣態。劉吶鷗的小說中，男主角往往孤獨行動，並不與他人共享聲音。不論是都市嘈雜的噪音、或是陌生人的笑鬧細語，都與男主角自己的聲音保持距離。男性更常透過前述〈熱情之骨〉中比也爾觀看玻璃櫥窗的透明視線，挪用做為聆聽的策略。

另一方面，或許因為抗拒聲音／噪音的不協調，男性更安於在女性說話之前的視覺凝視。不管是〈風景〉中的燃青，或是〈兩個時間的不感症者〉中在賽馬場凝視陌生女性的 H，又或是〈流〉中鏡秋窺視主人家中一名女家庭教師的視線皆然。〈流〉中敘述鏡秋在電影院看到的以「外國字」書寫的紙條：「**開映中不許發奇聲，唯手足的施行不妨**」[46]，似乎也可視為對聲音／噪音的拒斥。當小說中男性的視線聚焦在外國影像、追尋著時髦女性「希臘式的鼻子」[47]；「歐化的痕跡顯明的短裾的衣衫」[48]；「透亮的法國綢下」[49]；「她穿的是一套輕軟的灰色的 pyjama」[50]在不同的小說中劉吶鷗反覆重複形容男主角凝視某位女

---

[43] 劉吶鷗 1927 年 4 月 28 日的日記中，就記述了「蔣先生」如何一邊「壓著共產黨」並同時攻打孫傳芳，參見《劉吶鷗全集》日記集，頁 278-279。

[44] 藤井省三，〈台灣新感覺派作家劉吶鷗眼中的一九二七年政治與性事──論日本短篇小說集《色情文化》的中國語譯〉，收於康來新、許秦蓁主編，《劉吶鷗全集：增補集》（台南：台灣文學館，2010），頁 356-375。

[45] 同前註，頁 373。

[46] 劉吶鷗，〈流〉，《劉吶鷗全集》文學集，頁 58-59。

[47] 劉吶鷗，〈遊戲〉，《劉吶鷗全集》文學集，頁 34

[48] 劉吶鷗，〈風景〉，《劉吶鷗全集》文學集，頁 47

[49] 劉吶鷗，〈兩個時間的不感症者〉，《劉吶鷗全集》文學集，頁 101

[50] 劉吶鷗，〈〈禮儀與衛生〉，《劉吶鷗全集》文學集，頁 130

性「近代化的」、「理智」的相貌以及身上歐化的服裝，相較於這些可辨認出的西方形象，聲音或許就顯得並不和諧，是破壞畫面的「奇聲」。聲響與噪音不只挑戰了凝視者的視線，更重要的是戳破中國男性觀看者試圖仿擬西方男性凝視女性的視線背後，將自身假想為殖民凝視者的幻覺。「開映中請勿發奇聲」暗示的，其實是觀影過程奇聲可能打斷電影男性人物與觀眾間共謀的雙重凝視，導致觀眾和男性角色的視線同一性被挑戰。也就是說，模擬西方視線的東方男性的視線，因為奇聲的介入，而破壞了兩重視線重疊的幻象與男性欲望。在小說中，這一方面固然將造成半殖民地男性仿擬西方視線失敗的挫折，但另一方面，展示此一挫折，其實也可能意味著對西方、日本強勢文化／凝視的抵拒。

　　小說〈禮儀與衛生〉中以最極端的方式排除了聲音可能具有的突兀與破壞性，性感的女性「白然」做為臨時的情人，最完美的地方在於她可以像石像一樣裸露而安靜，小說最後如此描寫：

> 他回頭時，看得是早已站在扶梯頭微笑著的白然，可是那可愛的小嘴腳依然是縫著的。[51]

這應是男性人物排拒聲音／噪音的一次經典體現。〈禮儀與衛生〉中男性主角姚啟然的妻子與她的妹妹白然彷彿是摩登女性的一體兩面，小說敘述她們「好像同一個模型造出來的」，妻子熱心於音樂，而白然在小說中則是靜默的繪畫模特兒。相較於與法國人普呂業發生感情的可瓊，靜默等待的白然則是小說中姚啟明的性慾投射對象。在這篇小說中，摩登女郎的雙重性充滿反諷意味。史書美指出上海新感覺派小說中，摩登女郎在「半殖民地」情境中，同時反抗了東方主義視線與民族主義男權體制，小說中的新女性並不順從西方殖民者的幻夢，但也不順從於東方男性的男權體制，而是雙重的反抗。從男性主體性而言，史書美則指出劉吶鷗小說中並未假定穩固的男性主體，反而是質疑了男權制度的基礎。[52]

　　在這樣的基礎上，回過頭來審視〈禮儀與衛生〉中，使理想的性慾對象無聲化，正是小說反諷的意義，正因為摩登女性的聲音，可能破壞殖民者東方主義與本地男權機制之間的「共謀」[53]，而對於男性（不論是外國男性比也爾或是本土男性姚啟明）而言，任何不在預期中的聲音對於他們的視線都是噪音與威脅。最理想的女性情人，是既摩登、色情，又不具備反抗意識或無聲的女性。

　　劉吶鷗表現出的群體政治，或許不是道地上海人或浙江人的感受，劉吶鷗自始就是一名外來者與被殖民者，1905 年的出生地台南，已經做為日本殖民地 10 年之久，而抵達日本就讀中高等學校、到上海學法文，都讓他不斷處在追求主要語言、融入主流的過程中。

51　劉吶鷗，〈禮儀與衛生〉，《劉吶鷗全集》文學集，頁 140。
52　史書美著，何恬譯，《現代的誘惑：書寫半殖民地中國的現代主義（1917-1937）》，頁 311-340。
53　同前註，頁 338。

彭小妍綜合劉吶鷗的日記，以及朋友們的追憶，指出劉吶鷗認同的複雜性。他在語言上嫻熟於法語、英語、日語、上海話、廣東話與閩南話，而他既心儀法國文學，但是又對於西洋人表示厭惡與不滿，然而他對於日本也並未真心認同，或許更接近於一位「世界人」。[54]劉吶鷗小說中的聲音，或許正可以看出他認同的複雜性，雖然模擬了西方小說中的凝視，甚至為自己的小說集取了法文名字，但劉吶鷗並非完全認同於第一世界的文學與文化，反而是在聲音中潛藏了少數文學的反抗性。

　　在另一篇小說〈殺人未遂〉（或許是劉吶鷗敘述聲音／噪音最多的一篇小說）中，以第一人稱的「我」進行敘述，開頭描述一名男子窺視著另一名管理銀行保險庫的女職員。除了觀察白皙的臉、沉靜的視線、穿綠色衣服的身影以外，也觀察她的聲音：

> 她另有一個特長，就是<u>不響，像啞巴一樣</u>。這並不怪她，因為幹那種事務根本用不著講什麼話。我有幾回想找話跟她說，但結果未曾開口。一則我想不出什麼話好說，二則<u>我怕她也許出乎意外響出一種逆耳的聲音來打散我的感覺</u>。就這樣，她在我終於一向是一尊飄渺的無名塑像，沒有溫的血，沒有神經中樞，沒有觸角，只有機械般無情熱的軀殼而已。[55]

這一段敘述可以再次佐證前文的論點，男性敘事者偏好對於女性外觀的凝視，並且享受於女性的安靜。聲音在男性而言是一種威脅，也是一種破壞畫面的「奇聲」，而如「啞巴」一般的女性，則反而更帶給男性窺視者滿足感與安全感。保險室中的安靜、對於室外人聲車聲等噪音的隔絕，則更讓敘事者覺得和女職員離開了「喧嘩的塵世，深深地探入了幽雅的境地」[56]。小說接續敘述「我」與安靜的女職員進到保險室後，這名男性對於女職員產生了強烈的慾望，卻因為對方的冷淡而終於放棄。

　　某次在餐廳意外撞見女職員與情人的相會後，敘事者在窺視到女職員熱情的一面之後，他感覺「街頭的噪音都聽不入耳」[57]，他因為窺看到了女職員展現真實情感的一面，而燃起了更強烈的情慾。在另一次進入保險室時，他開始試圖侵犯女職員，而對方則試圖反抗：

> 她變了臉色，起先似乎由被我的嘴壓住的唇內哼出一兩個呻吟，但掙扎後終於脫開了，叫出了尖銳的一聲似撕破了絹似的。我制止她不住，好，隨她吧，我只管吻，吻下巴，吻頸部，吻肩膀，找著乳房。她仍是掙扎著振動著喉頭高聲叫。真氣殺我。不得已我只得用雙手綁住她雪白的喉頭，用力絞，絞……她停止了掙扎，軟下來，

54　彭小妍，《海上說情慾：從張資平到劉吶鷗》（台北：中研院文哲所籌備處，2001），頁 105-144。
55　劉吶鷗，〈殺人未遂〉，《劉吶鷗全集》文學集，頁 197-198。
56　同前註，頁 198
57　《劉吶鷗全集》文學集，頁 204。

　　　再也叫不出聲，苦喘著，眼睛漸漸閉，像要蹲下去。這時我彷彿聽得見長廊內的快
　　　速的跫音，笛聲，喧聲，很快地迫近。而她已經軟綿綿地仰倒在鋼板上……[58]

小說的重頭戲在於女性的聲音第一次真正被「我」，也是讀者聽見。從一兩聲微弱的呻吟，
到強烈的尖銳的尖叫聲，使得敘事者感到憤怒，而試圖殺死女職員。與此相應，在暴力的
場景之外，各種的聲響：腳步聲、笛聲與喧鬧的人聲傳來，終於敘事者被制伏緝拿。

　　　對於這一名男性窺視者／犯罪者而言，女職員對他而言至少具有雙重的性質。其一是
視覺上的可見性，做為銀行職員，女職員處在視線隨時可以觸及的位置，在視覺上具有透
明的可見性，而男性的觀看者可以長時間凝視觀看，在視線中將她物化。而銀行的辦公室、
建築，則是外在可見的空間。相對於此，不論是女職員自身的聲音、或是銀行深處深鎖的
保險櫃，則都是私密的、個人的，難以被輕易觸碰。正因為無意見撞見女職員私下的生活
樣貌，才讓他再次跟女職員走到銀行深處的保險櫃前時，克制不了自己的犯罪慾望。

　　　小說以女性的無聲開頭，而止於女職員尖銳、高頻振動的尖叫聲，而這些聲音又從金
屬的保險櫃前、從建物的深處中發出，讓人聯想到魯迅鐵屋中叫喊的意象。可是，在劉吶
鷗的小說中，這樣的叫喊卻是他者、女性的聲音，男性卻處於「開映中不許發奇聲」禁制
視線下的無聲中。相較於當時上海乃至中國開始興起的左翼文學團體、主張鬥爭與反抗的
鐵屋中的叫喊，追求純娛樂「軟性電影」[59]、耽溺於書寫性慾與感官的劉吶鷗，他小說中
無聲與有聲的對比，或許也可視為一種時代的對照。相對於左翼文人批判資本主義與商業
剝削的做法，強調文學審美、娛樂性的劉吶鷗[60]，對於資本主義與纏繞西方文化的消費社
會既未抱持單純批判的態度，但是在小說中也呈現既仿傚又反抗的複雜態度。[61]

　　　聲音／噪音對於男性的慾望而言是一種阻斷與威脅，不論是小說開頭擔憂女職員聲音
的不協調，中間兩次書寫「完全被街頭的噪音喚回現實中了」、「街頭的噪音都聽不入耳」，

---

[58] 同前註，頁 206-207。

[59] 關於「軟性電影」已經有許多研究提及，例如彭小妍已就劉吶鷗的電影觀，與上海左翼電影圈的關係進行
討論，本文不再贅述。參見彭小妍：《浪蕩子美學與跨文化現代性：一九三〇年代上海、東京及巴黎的浪蕩
子、漫遊者與譯者》，頁 82-85。

[60] 黃鋼追憶劉吶鷗的文章，提到曾說「像中國這樣一個落後的國家裡，是根本用不著談政治的」。參見黃鋼，
〈劉吶鷗之路（報告）——回憶一個「高貴」人，他的低賤的殉身〉，原刊於 1941 年《大公報》1/30 日二
張八版，收於康來新、許秦蓁主編，《劉吶鷗全集：增補集》，頁 299-301；陳碩文在其研究中，則指出劉
吶鷗並未排斥左翼理論，而是將之視為新興文藝的一部分予以翻譯介紹，但是對於劉吶鷗、邵洵美等海上
作家而言，他們帶有「堅守文藝自由、歌頌都會生活、崇尚巴黎情調的美學習尚」，大抵而言是「第三種人」，
認同都市生活並追求文藝的自由空間。參見陳碩文，《上海三十年代都會文藝中的巴黎情調（1927-1937）》，
頁 136-142、171-176。本文認為通過對小說中聲音的研究，或許可以指出劉吶鷗小說並非不具批判性或現
實性，而是隱含對多重認同的思考，甚至是對殖民視線的批判及思辨半殖民地複雜的多語／複聲情境。

[61] 史書美指出半殖民地的新感覺派，一方面是對都市現代性的迷戀，但是在書寫摩登女性的過程，並未陷入
民族主義或認同民權體制，摩登女性提供的是在男權機制民族主義以外的現代性可能，但是隨著政治現實
與戰爭爆發，這樣的可能性終於瓦解。參見史書美著，何恬譯，《現代的誘惑：書寫半殖民地中國的現代主
義（1917-1937）》，頁 335-340。

到最後的尖叫聲與警衛的笛聲等等，從陌生女性、視線不可見之處（如牆外的喧聲、笛聲與腳步聲）傳來的聲音，總是中斷性欲、威脅性欲，具有不親密的特性與疏離感，聲音似乎帶給男性被閹割的焦慮。

如果說，劉吶鷗的小說總是意識到第三世界男性難以發聲、語塞的狀態，以及隨時可能被無法理解意義、不協調的噪音打斷甚至破壞情欲的焦慮，那麼劉吶鷗小說顯然並不像是部分研究所指出的，只是模擬了西方殖民者的東方主義視線凝視女性。劉吶鷗書寫的既是透明的視線、也是充滿理解障礙的聽覺經驗。突兀的聲音隨時可能出現，在男性沉浸於性幻想的無聲時刻，帶來驚詫與性挫折。劉吶鷗小說呈現的不只是男性對於女性的欲望，也呈現了次要者的對於挫折的恐懼、以及對於偏離主流的焦慮。即使追求融入、模擬第一世界，劉吶鷗通過小說似乎呈現出第三世界偏離主流、成為次要的必然性，而這或許正揭示了劉吶鷗小說中隱含的少數文學的抗爭意義。

通過對於小說中聲音／噪音的探索，本文試圖指出劉吶鷗反覆在小說中書寫摩登女郎／上海對於凝視的阻斷，乃至奇聲的迸現，可能都意味著劉吶鷗對於半殖民地獨特性的特殊觀察，以及上海終究並不純然馴服於東方主義視線的自主性。

四、結語

不同於視覺，劉吶鷗小說中男性主角對於聲音顯示出無法把握的焦慮。從聽覺的角度，往往畏懼於無法掌握意義的噪音，而在發聲位置上，也往往陷入無法出聲的失語症候。噪音與失語揭示穿梭於不同主流語言，在語音上雜揉日語、閩南語的劉吶鷗，他發聲的不純正，身分認同上的曖昧主體。劉吶鷗 1927 年的日記中，呈現諸多語言並用的混雜特性。[62]除了強勢語言的學習應用外，劉吶鷗更意識到自身的語言困境：

> 我很覺得自己講故事的能力小，也許是福建話的單語少，每每不能夠想出適當的話來表現心裡所想的……[63]

---

[62] 在後殖民論述中，混雜（hybrid）與混語（creole）涉及殖民者與被殖民者在語言、文化等認同層面的混融，且涉及殖民者與被殖民者的權力不對等。就劉吶鷗的個案而言，他出入日語、法語及正統中文之間的姿態，展現了半殖民地情境中複雜的權力關係，不僅法、日皆具有一定帝國主義性質，而即便是閩南語亦在「國音」前屬於「方言」，因此如何運用後殖民理論探討劉吶鷗，或許還有值得開展之處。不過另一方面，或許就如陳長文所指出，德勒茲、瓜達里的逃逸路線與後殖民論述存在的差異，在於逃脫態勢是否連結到社會責任，乃至文學的具體抗爭。一者是「游牧」與「逃逸路線」，而另一者是「收復版圖」。從劉吶鷗小說的創作實踐而言，是否適用後殖民論述，應該存在著討論空間。參見陳長文，〈考掘地理、性別與文類的交集：論南非與西印度群島的後殖民文學〉，刊於《中外文學》25 卷 9 期（1997.2），頁 5-43，上述引用處主要出自頁 18-21。

[63] 《劉吶鷗全集》日記集，頁 38-39。

關於表達的困難，在另一則日記中也出現：

> （百合子）她說因為我不大說話，所以許多人都不理解我，甚至有的說我是「中傷」
> ——這個意思很不明亮，任他們吧，さうやすい理解されは困る（容易被理解也很
> 煩人）[64]

自我表述在劉吶鷗而言，顯然困難重重。對他來說母語難以承載想要表達的意念；但面對
日語使用者，卻又不輕易發言，甚至不願意容易被日語使用者輕易理解，似乎抗拒了對於
強勢文化的輕易順從。

　　史書美論述近現代中國情境的半殖民現代性，導致知識份子自行批判本土文化，因此
不同於第三世界被殖民國容易以本土文化反抗殖民文化，很難出現對於反抗殖民的清晰表
達，在追求現代化、進步的知識話語中，反殖民的論述呈現破碎化樣態；但另一方面，劉
吶鷗「曖昧的文化身分」使得民族主義與小說的殖民地男性都受到挑戰，因而其小說中摩
登女郎既拒絕順從西方視線，又抵拒第三世界男權機制，質疑男權制度與不穩定的男性身
分認同，也使得劉吶鷗小說中的都市現代性視角具有特殊意義。[65]

　　反抗的不易出現，並不代表完全不存在。劉吶鷗內在的聲音喑啞難以表述，並不代表
他就要對強勢的西方、日本音聲完全臣服。本文通過研究劉吶鷗小說中的聲響與噪音，嘗
試著討論劉吶鷗在小說中對於聲音、噪音的敘述，展現出的不只是厭女心態，也並非是對
於西方視線、西化或都市現代性的單向批判，而更應該視為是小說家的複雜認同。王德威
論述中國文學的現代性時，指出現代性不惟不應該被視為僅是仿擬西方的舶來品，亦並不
僅只有一種樣態。「被壓抑的現代性」不僅可以指向晚清，也可以指向鴛鴦蝴蝶派、新感
覺派等「不入（主）流的文藝實驗」，而並不僅只有感時憂國的樣貌。[66]正如同「上海1931」
在沈從文、魯迅、劉吶鷗、瞿秋白……的活動中，呈現駁雜萬端的現代性，劉吶鷗游移的
認同，體現於小說中視聽的交錯、共謀與不諧，不啻正揭示了半殖民地現代性其動態交錯、
不可簡單化約的含混曖昧。

　　劉吶鷗既追求模擬西方視線、追求現代感的情慾，但是小說中也從聲音透露出偏離第
一世界、東方主義想像的可能性。不論是聲音或噪音，在小說中的出現，都不應該被當成
僅僅是再現都市環境中出現的各式聲音，而應視為是聆聽聲音、想像聲音的策略。在劉吶
鷗的小說創作中，可以發現第三世界處處發出的奇聲，隱隱存在著抵抗的能量，隨時可能
迸發而出。

---

[64] 同前註，頁138-139，括號中翻譯為本文所加。

[65] 史書美著，何恬譯，《現代的誘惑：書寫半殖民地中國的現代主義（1917-1937）》，頁42-48、337-339。

[66] 王德威，《如何現代、怎樣文學？：十九、二十世紀中文小說新論》（臺北：麥田出版，2007），頁16、27-34、
269-278。

主要參引文獻

一、中文

（一）專書

王德威，《如何現代、怎樣文學？：十九、二十世紀中文小說新論》，臺北，麥田出版，2007。

史書美著，何恬譯，《現代的誘惑：書寫半殖民地中國的現代主義（1917-1937）》，南京，江蘇人民出版社，2007。

李歐梵著，毛尖譯，《上海摩登：一種新都市文化在中國 1930─1945》，香港，牛津大學出版社，2000。

林少陽，《「文」與日本的現代性》，北京：中央編譯出版社，2004

梁慕靈，《視覺、性別與權力：從劉吶鷗、穆時英到張愛玲的小說想像》，台北，聯經出版公司，2018。

彭小妍，《浪蕩子美學與跨文化現代性：一九三〇年代上海、東京及巴黎的浪蕩子、漫遊者與譯者》，台北，聯經出版公司，2012。

彭小妍，《海上說情慾：從張資平到劉吶鷗》，台北，中研院文哲所籌備處，2001。

雷諾‧博格（Ronald Bogue）著，李育霖譯，《德勒茲論文學》，臺北：麥田出版，2006。

劉吶鷗著，康來新、許秦蓁編，《劉吶鷗全集》，台南。台南縣文化局，2001。

穆時英著，嚴家炎、李今編，《穆時英全集》，北京，十月文藝出版社，2008。

嚴家炎編，《新感覺派小說選（修訂版）》，北京，人民文學出版社，2009。

（二）專書論文

CUTIVET Sakina 著，王佩琳、許秦蓁譯，〈劉吶鷗「新感覺派」1927 年日記中的語文表現〉，《劉吶鷗國際研討會論文集》，台南，國立台灣文學館，2005，頁 121-142。

林正芳，〈文明開化──一個日治時期台籍文化人的案例〉，《劉吶鷗國際研討會論文集》，台南，國立台灣文學館，2005，頁 69-90。

藤井省三，〈台灣新感覺派作家劉吶鷗眼中的一九二七年政治與性事——論日本短篇小說集《色情文化》的中國語譯〉，《劉吶鷗全集：增補集》，台南，台灣文學館，2010，頁 356-375。

（三）期刊論文

王志松，〈新感覺文學在中國二、三十年代的翻譯與接受——文體與思想〉，《日語學習與研究》2（2002），頁 68-74。

柳書琴，〈魔都尤物：上海新感覺派與殖民都市啟蒙敘事〉，《山東社會科學》2（2014.2），頁 38-49。

郭詩詠，〈上海新感覺派小說中的聲音景觀〉，《文學》春夏號（2018.11），頁 115-135。

郭詩詠，〈欲望政治與文化身份想像——穆時英小說、流行音樂與跨文化現代性〉，《文學與文化》2（2018），頁 102-110。

陳孟君，〈影戲眼／心眼／心病的多層視窗：上海新感覺派小說中視覺書寫所繪製的心靈圖像〉，《中正大學中文學術年刊》13（2009.6），頁 49-80。

陳長文，〈考掘地理、性別與文類的交集：論南非與西印度群島的後殖民文學〉，《中外文學》25.9（1997.2），頁 5-43。

楊建章、呂心純，〈音聲空間研究的全球趨勢與本土回應初探〉，《關渡音樂學刊》13（2010.12），頁 77-96。

楊彩杰，〈文學風格的回應－保爾・穆杭、橫光利一和劉吶鷗〉，《清華學報》新 47.1（2017.3），頁 117-154。

（四）學位論文

陳碩文，《上海三十年代都會文藝中的巴黎情調（1927-1937）》，臺北，政治大學中國文學系，2008。

趙家琦，《東京／上海：從日本「新興文學」視域重探日、中新感覺派的多重現代性交涉（1920s-1930s）》，新竹，清華大學中國文學系，2014。

二、外文

Deleuze and Félix Guattari, " What is a Minor Literature", *Kafka:Toward a Minor Literature*, trans. By Dana Polan (London: The University of Minnesota Press, 1986). pp.16-27。

R. Murray Schafer, *The soundscape: our sonic environment and the tuning of the world*, (Verment: destiny books, 1994)。

中川成美，《モダニティの想像力——文学と視覚性》，東京，新曜社，2009。

中國現代文學　第三十八期
2020 年 12 月 143-164 頁

前期篇目

現實與美學的交錯
　　——《中國時報》敘事詩文學獎的美感建構　　　　　林秋芳

一般論文

當代詩歌的微觀歷史——從《抒情的盆地》談起　　　　張桃洲
「文革」書寫中的飲食　　　　　　　　　　　　　　　魏美玲
林語堂的「我」：主題聚焦與風格定調　　　　　　　　劉正忠
徐小斌神異世界中勃發的原始慾望　　　　　　　　　　紀昭君
給時間以「巫魔」
　　——論朱天文〈巫時〉與蘇偉貞《魔術時刻》
　　的「時間概念」　　　　　　　　　　　　　　　　蔡林縉

第十五期

2009 海峽兩岸華文文學學術研討會專號
——文學話語轉型與和諧文化建設

析文學想像的想像性資源　　　　　　　　　　　　　　張榮翼
誤讀與文學批評理論話語的轉型
　　——以梁啟超、王國維為例　　　　　　　　　　　吳　豔
郭沫若與道家文化　　　　　　　　　　　　　　　　　劉保昌
國家主義下的繆思——《真理週刊》文藝作品研究　　　李宜涯
葉靈鳳〈拿撒勒人〉中的彌賽亞與超人情結　　　　　　曾陽晴
詠物明志——論「賞玩文學」的源流與意涵　　　　　　鄭　穎
從夏氏兄弟到李歐梵、王德威
　　——美國「中國現代文學研究」與現當代文學　　　程光煒
論宗璞小說〈紅豆〉的人物塑造　　　　　　　　　　　宋如珊
徐遲與現代派　　　　　　　　　　　　　　　　　　　古遠清
邏輯學視野下當代台港推理小說對讀　　　　　劉　曉、趙小琪
〈遊園驚夢〉的身體美學　　　　　　　　　　　劉　蘋、廖　馨

第二十期

專題論文【近三十年亞洲華人劇場】

一般論文

第二十一期

專題論文【臺灣報導文學】

專題論文【新加坡文學與文化】

國族意識、邊緣文化與多元視野：

新加坡文學的價值與意義　　　　　　　　　　　柯思仁、金　進

青春、革命與歷史：賀巾小說與新加坡左翼華文文學　　　魏月萍

文學郭寶崑——劇本世界及其創作心理的分析　　　　　　金　進

困境與掙扎：郭寶崑戲劇文本中的新加坡社會轉型與文化斷裂　沈豪挺

華語語系社群在新加坡——以梁智強和陳子謙的電影為例　　許維賢

從雙語到雙文化：新加坡的華英雙語詩歌　　　　　　　　陳志銳

「我寫，故我在」——論析殷宋瑋「棲身書寫」的存在形式　劉碧娟

一般論文

尋找詩意：大馬新詩史的一個側面考察　　　　　　　　　黃錦樹

物質不滅——《天香》，王安憶的上海繁華過眼錄　　　　鄭　穎

臺灣「80後」小說初探

　　　——以黃崇凱、神小風、朱宥勳的小說為觀察文本　王國安

第二十四期

特稿

「根」的政治，「勢」的詩學：華語論述與中國文學　　　王德威

專題論文【重思鄉土文學】

重思鄉土文學　　　　　　　　　　　　　　　　張文薰、黃　平

【專題特稿】作為契機的鄉土文學　　　　　　　　　　　山口守

漫遊者的都市與鄉村——沈從文都市小說的鄉土關照　　　趙咏冰

地方色彩與國族敘述——以老舍四十年代的小說創作為例　李松睿

趙樹理的現代敘事特徵分析　　　　　　　　　　　　　　劉　旭

從「地方經驗」到「歷史敘事」——以《李家莊的變遷》為中心　吳舒潔

論趙樹理「民族形式」探索的局限　　　　　　　　　　　郭冰茹

第二十六期

特稿

小説作為「革命」──重讀梁啟超《新中國未來記》　　　　　　　　王德威

受人歡迎的宣傳？革命中國的藝術與文化　　　　　　　　　芭芭拉・米特勒

專題論文【民國史觀及民國文學史的建構】

民國史觀及民國文學史的建構　　　　　　　　　　　　　李　怡、張堂錡

【專題特稿】民國文學的史觀建構　　　　　　　　　　　　　　　　陳芳明

民國文學：命運共同體的文學表述　　　　　　　　　　　　　　　　李　怡

「民國文學」研究的時空框架問題　　　　　　　　　　　　　　　　張堂錡

重慶之民，自由之國：

　　　「後 1949」臺灣小説中「民國文學機制」的承繼與演繹　　　張俐璇

一般論文

游移於隱藏與揭示之間──論孫犁的「芸齋小説」　　　　　　　　魏美玲

論余華《兄弟》的當代反思──文革創傷與文革後的危機　　　　　辛明芳

第二十七期

特稿

戰爭敘事與敘事戰爭：延安，金門，及其以外　　　　　　　　　　王德威

專題論文【現代漢詩與地方感】

現代漢詩、地方感與批評想像　　　　　　　　　　　　　張松建、劉正忠

新世紀之初中國大陸詩歌的「地理轉向」

　　　──以雷平陽、「象形」詩群為例　　　　　　　　　　　　錢文亮

西部邊疆史地想像中的「異托邦」世界　　　　　　　　　　　　　吳曉東

戰爭、地方與崇高：

　　　以路易士發表於《中華副刊》的詩與散文為例（1942-1945）　楊佳嫻

越華現代詩中的戰爭書寫與離散敘述　　　　　　　　　　　　　　洪淑苓

召喚西藏的幾種方法：藏族當代漢語詩歌的「地方感」閱讀　　　　楊嵐伊

第三十九期主題徵稿

文學、危機與緊急狀態

截稿日期：2021 年 3 月 30 日

主題策劃：高嘉謙、劉秀美

人類世（Anthropocene）的疾病、戰亂、災荒、自然破壞、科技災變、網絡霸凌、政治動盪、社會暴力，為文明與自然帶來巨大困境、傷害，甚至毀滅。面對這樣的威脅，文學如何承載，描述、與應變，比以往任何時刻更為迫切。由此形成各式的危機敘事，從戰爭到疾病、政治、暴力、災後創傷、末日預言、災異論述的情感反應，在在考驗文字及傳媒的能量。

文學總存在於意識的深淵，世變的皺摺，生存的縫隙，文明的緊急狀態。書寫預示一種見證、療癒、修補、救贖。創作既是穿梭歷史、知往鑒今的嘗試，也是預言生存或毀滅情境的超前部署。

2020 年全球遭遇的疾疫劫，促使我們嚴肅面對人類秩序、生存環境的重整和省思，也凸顯文學觀照危機、重新想像文明的迫切性。本專輯以「文學、危機與緊急狀態」為主題，綜觀危機時代的困境與應變的文學，並探討近現代各種災害經驗與書寫、緊急狀態下的生存與文化現象、以及劫後的人文重建與發想。

專輯針對以下子題的文學與文化論述，公開徵稿：
1.疾病、瘟疫、檢疫與抗疫倫理
2.透明社會與文明危機
3.戰爭、衝突與恐怖時代
4.危機下的抽屜寫作與幽微敘事
5.科技災變、網絡政治的情感反應
6.天啟、末日、劫難與災異預言
7.緊急狀態的文學與文化動員
8.國家暴力與抵抗敘事
9.性政治、階級、種族暴力
竭誠歡迎海內外學界先進惠賜鴻文。

第四十期主題徵稿

東北研究

截稿日期：2021 年 9 月 30 日

主題策劃：宋偉杰、張學昕

　　何為東北，為何東北？如何測繪、定位想像東北的方法？從滿清到民國，流人謫民的文字，闖關東的傳奇，承載關內與關外的流、闖、跨。日俄戰爭在東北的角鬥，藕斷絲連中國現代性之濫觴。東北易幟與九一八事變後，「東北作家群」的羈旅書寫，淪陷區內的忠誠與背叛，寄寓投射戰爭時期的流亡、共謀與抵抗。二十世紀上半葉滿洲/偽滿洲國/東北/東亞/歐亞等多語言、種族、族裔、區域間的衝撞耦合，豐富凸顯文化比較、摩登圖景、隱匿書寫、殖民想像等議題。

　　1949 之後的社會主義意識形態，引導大（群）眾文藝、紅色經典、「共和國長子」的主旋律敘事，同時提供東北工農題材與城鄉關係的新視野，營造抗美援朝的宣傳和影像。文化大革命及其余緒中，「北大荒」成為資深作家以及知青一代流放改造、重整情懷之策源地。改革開放以降，東北則見證先鋒文學的登場，地方知識圖譜的描摹，民族誌、風俗史的銘寫，民間曲藝、薩滿文化的展演。

　　東北老工業基地的驟然解體與艱難振興，「新東北作家群」的提議與命名，以及「東北文藝復興」現象在文學、影視、新媒體之間的跨界播散，則在記錄與虛構、悲情與幽默、苦難與尊嚴、忽悠惡搞與江湖道義之間，再現地理風景，關注環境生態，顯影東北魂魄，重建道德倫理，尋找人文救贖。

　　相對於已成氣候的上海學、北京學、江南學、西北學等論述，「東北學」或「東北研究」的複雜性和現代性有過之而無不及。作為東亞進入現代的「核心現場」之一，多元共生的東北文學文化，如何勾連成跨時間、文化、政治的網絡，影響中國與世界，形成獨特的歷史地位？如何敘說關內與關外、東北與東亞、移民與殖民、遺民與夷民、革命與反革命……？

　　有鑒於此，我們邀請海內外學者針對「東北研究」、「東北學」，深入探討如下議題而不止於此：（1）東北文學文化現代性的來龍去脈；（2）民國時代東北敘事的發生發展及其當代迴響；（3）1949 之後東北文藝創作的潮流、版圖、範式、方法；（4）改革開放時代

以降東北文學文化如何講述、反思「大轉型」以及「雪崩何時何地」的境遇和希冀；（5）多文體、跨媒介、挑戰雅俗的東北文藝復興現象；（6）華語語系世界的東北想像。

華文文學文化研究觀察
徵稿啓事

　　舉凡有關現當代文學文化研究述評、現象觀察之論述，皆歡迎賜稿，自本期起長期徵稿。篇幅以 12000 字為限，截稿日期依本刊各期截稿時間。

《中國現代文學》稿約

一、本刊由「中國現代文學學會」創辦，每年六、十二月出刊，截稿日期為三月三十日、九月三十日。

二、本刊稿件採隨到隨審方式，每篇論文均經兩位相關領域專家學者不具名審查通過。

三、除每期主題徵稿之外，凡有關五四以來華文文學的學術論文（包括通俗文學和民間文學的研究，但不含創作和採錄），皆歡迎投稿，來稿請寄電子檔至 shine32@ms63.hinet.net，並列印一式二份，寄至新北市永和郵政 401 號信箱，「《中國現代文學》編輯室」收。

四、來稿請勿一稿兩投，稿件以不超過貳萬字為原則，並以未曾書面發表者為限，且非屬博、碩士論文之部份內容。稿件請橫排打字，撰稿格式參照本刊撰稿體例，並須檢附三至五個「中英文關鍵詞」、三百字左右「中英文摘要」。

五、來稿請另紙註明作者姓名、服務單位和職稱、聯絡電話、E-mail address。

六、凡經採用的稿件，贈送當期刊物壹冊及抽印本十本。

七、本刊與秀威資訊、華藝數位、智慧藏、凌網科技等公司簽訂出版合作契約，委託前者負責稿件編排、印刷、出版、發行等事宜，後三者負責將稿件收錄於「中文電子期刊服務」或其他資料庫中供用戶檢索、下載等事宜，如不同意者請於投稿時註明。未特別聲明者，凡投稿本刊論文經審查通過後，即視為同意本刊之授權。

《中國現代文學》撰稿體例

一、格式：由左至右橫式寫作，每段第一行前空二格。

二、標點符號：採用新式標號。書名、期刊名、報紙名、劇名、學位論文用《》，文章篇名、詩篇用〈〉。

三、章節符號：各章節使用符號依序為一、（一）、1、（1）等。

四、引文：獨立引文每行低三格，上下不空行；正文內之引文加「」；引文內別有引文則用『』。

五、註釋：採當頁註。註釋號碼用阿拉伯數字隨文標示，格式如下：

　1、專書：作者，《書名》（出版地：出版者，出版時間），頁碼。

　2、專書論文：作者，〈論文名〉，收於編者，《書名》（出版地：出版者，出版時間），頁碼。

　3、期刊論文：作者，〈篇名〉，《期刊名》卷期（年.月），頁碼。

　4、學位論文：作者，《學位論文名》（出版地：出版者，年份），頁碼。

　5、報紙‧網路：

　　報紙：作者，〈篇名〉，《報紙名》版次（或副刊、專刊名稱），年月日。

　　網路：作者，〈篇名〉，網址，瀏覽日期。

六、參引文獻：

　文末一律附加「主要參引文獻」。中文書目請依作者姓氏筆劃為序，如有必要得以出版時間為序，英文書目則以作者姓氏字母為序，以專書、專書論文、期刊論文、學位論文、報紙、網路之序編排。中文在先，外文在後。出版時間統一以西元書寫。

　撰寫格式如下：

　一、中文

　　（一）專書

　　　　作者，《書名》，出版地，出版者，出版年。

　　（二）專書論文

　　　　作者，〈論文名〉，《書名》，出版地，出版者，出版年，起迄頁碼。

　　（三）期刊論文

　　　　作者，〈篇名〉，《期刊名》卷期（出刊年/月），起迄頁碼。

　　（四）學位論文

　　　　作者，《學位論文》，出版地，出版者，出版年。

　　（五）報紙‧網路

　　　　報紙：作者，〈篇名〉，《報紙名》版次（或副刊、專刊名稱），年月日。

　　　　網路：作者，〈篇名〉，網址，檢索日期。

二、外文

　　英文書目請依照作者姓氏字母為序

Li, Wai-yee. "Confronting History and Its Alternatives in Early Qing Poetry"; "History and Memory in Wu Weiye's Poetry," in Trauma and Transcendence in Early Qing Literature, eds. Wilt Idema, Wai-yee Li, Ellen Widmer (Cambridge: Harvard University Asia Center, 2006), pp.73-148.

Wang, C.H. "Ch'en Yin-k'o's Approaches to Poetry: A Historian's Progress," Chinese Literature: Essays, Articles, Reviews 3.1(1981): pp3-30.

《中國現代文學》半年刊　第三十八期

出　　版：中國現代文學學會

通 訊 處：新北市永和郵政 401 號信箱

E-mail：shine32@ms63.hinet.net

發 行 人：李瑞騰

主　　編：劉秀美、高嘉謙

專題主編：陳大為、鍾怡雯

英文編審：李松

執行編輯：賴奇郁

編　　輯：熊瑞英

封面設計：陳容

創　　刊：2004 年 3 月 10 日（季刊）

出　　刊：2020 年 12 月 20 日

刊　　期：半年刊（自 2006 年 6 月 20 日起）

I S S N：1684-4238

印製銷售：秀威資訊科技股份有限公司

　　　　　臺北市內湖區瑞光路 76 巷 65 號 1 樓

　　　　　電話：（02）2796-3638

　　　　　傳真：（02）2796-1377

展售門市：國家書店【松江門市】

　　　　　地址：104 台北市中山區松江路 209 號 1 樓

　　　　　電話：+886-2-2518-0207　傳真：+886-2-2518-0778

零售價格：每冊 300 元（掛號郵資外加 55 元）

全年訂閱：兩期 550 元（掛號郵資外加 110 元）

　　　　　訂購請洽展售門市

【本刊為科技部 THCI 核心期刊】

【本刊論文除特稿外，均經兩位以上相關領域學者專家匿名審查通過】

◆非經本刊書面同意，不得翻印、翻譯或轉載◆